Luis Pazos

BARGELD STATT BUCHGEWINN

Mit Hochdividendenwerten zum passiven Monatseinkommen

FBV | EDITION LICHTSCHLAG

Bibliografische Information der Deutschen Nationalbibliothek
Die Deutsche Nationalbibliothek verzeichnet diese Publikation in der Deutschen Nationalbibliografie; detaillierte bibliografische Daten sind im Internet über http://d-nb.de abrufbar.

Für Fragen und Anregungen:
info@finanzbuchverlag.de

5. Auflage 2022

Türkenstraße 89
80799 München
Tel.: 089 651285-0
Fax: 089 652096

Redaktion: Judith Engst
Korrektorat: Leonie Zimmermann
Umschlaggestaltung: Karen Schmidt
Umschlagabbildung: Nokz/shutterstock.com
Satz: Daniel Förster, Belgern
Druck: CPI books GmbH, Leck
Printed in the EU

ISBN Print 978-3-95972-036-6
ISBN E-Book (PDF) 978-3-96092-052-6
ISBN E-Book (EPUB, Mobi) 978-3-96092-053-3

Weitere Informationen zum Verlag finden Sie unter

www.finanzbuchverlag.de

Beachten Sie auch unsere weiteren Verlage unter www.m-vg.de

Inhalt

Haftungsausschluss und potenzielle Interessenkonflikte

Der Handel mit Wertpapieren ist grundsätzlich mit Verlustrisiken verbunden. Diese können selbst einen Totalausfall der Investition nach sich ziehen. Der Herausgeber übernimmt daher keine Haftung für materielle oder ideelle Schäden, die aus der Nutzung oder Nichtnutzung der angebotenen Informationen resultieren. Ferner wird für deren Aktualität, Korrektheit, Qualität oder Vollständigkeit trotz sorgfältiger Zusammenstellung keine Gewähr übernommen. Zudem sind alle getroffenen Aussagen keinesfalls als Anlageempfehlungen im Sinne des Wertpapierhandelsgesetzes, sondern lediglich als persönliche Meinungsäußerung des Autors aufzufassen. Dieser ist selbst als Investor aktiv. Es besteht daher die Möglichkeit, dass Finanzinstrumente und Wertpapiere besprochen werden, mit denen der Autor selbst Handel zu treiben beabsichtigt oder die sich in seinem Besitz befinden. Hieraus resultierende Interessenkonflikte können somit nicht ausgeschlossen werden.

Fragen und Anmerkungen zum vorliegenden Buch nimmt der Autor gerne unter folgender E-Mail-Adresse entgegen: **pazos@nurbaresistwahres.de**.

Weitere Informationen zum Thema Hochdividendenwerte, ausschüttungsorientierte Investitionsstrategien und passives Einkommen finden sich auf dem Blog zum Buch:
http://nurbaresistwahres.de.

Für Xara, Naim, Hannah und Elia

1. EINLEITUNG

Was treibt den Handel mit Aktien? Die weitaus überwiegende Mehrheit der mit dieser Frage konfrontierten Personen würde wohl antworten: Die Aussicht auf Gewinne! Und was sind Gewinne? Nichts anderes als die positive Differenz zwischen Verkaufspreis und Einkaufspreis. Hierauf weisen schließlich unzählige Börsenweisheiten hin.[1]

Schon der grundlegenden lexikalischen Definition nach dient die Börse »der zeitlichen und örtlichen Konzentration des Handels von fungiblen Gütern unter beaufsichtigter Preisbildung«. Was liegt demnach näher, als Börsenengagements mit der spekulativen Anlage zum Zweck eines gewinnträchtigen Wiederverkaufs gleichzusetzen? Derart disponierende Anleger setzen sich allerdings fast unabdingbar der stets lauernden Kursgewinnfalle aus. Denn Kursgewinn-Investoren, klassische Spekulanten, die sich dem Wohl und Wehe des Differenzgeschäfts hingeben, stehen gleich vor mehreren Herausforderungen, die langfristig fast immer auf die Performance drücken. Die beiden wesentlichen sind dabei die Wahl des richtigen Kauf- und Verkaufszeitpunktes (Market-Timing) sowie die Titelauswahl (Stock Picking), flankiert von den damit einhergehenden arithmetischen Gesetzmäßigkeiten und emotionalen Fallstricken. Diese lassen sich letztlich kaum umgehen, da eine an Kursgewinnen orientierte Strategie die laufende Reflexion von Ziel- und Stoppmarken beziehungsweise Einstiegs- und Ausstiegssignalen erforderlich macht. Allen kolportierten Börsenweisheiten zum Trotz scheinen die meisten Anleger diesen Schwierigkeiten nicht gewachsen zu sein, wie der Kapitalmarktexperte Claus Vogt nach Sichtung Dutzender Studien zum Thema feststellt: »Was die Finanzmärkte aber von den meisten anderen Lebensbereichen unterscheidet, ist die Tatsache, dass der Anteil der langfristig erfolglosen Anleger – gerade unter den Privatanlegern – ausgesprochen groß ist. Tatsächlich verlieren die meisten Privatanleger auf Dauer Geld an der Börse.«

Was dem Privatanleger recht ist, ist allerdings auch dem Experten billig. Die Tatsache, dass es eine Mehrheit der Fondsmanager nicht schafft, die ihren Wertpapierportfolios zugrunde liegenden Vergleichsindizes zu schlagen, ist fast schon ein Gemeinplatz. Das heißt, relativ betrachtet verlieren auch die Professionellen der Zunft auf lange Sicht und nach Kosten Geld. Dieser empirisch umfassend belegten und finanzmathematisch unausweichlichen Tatsache zum Trotz dominiert der latente Informationsbedarf potenzieller Kursgewinn-Investoren die Schlagzeilen einschlägiger Medien sowie die Buchtitel gängiger Finanzpublikationen.

Weitaus weniger Aufmerksamkeit wird in dieser Beziehung hingegen investiv orientierten Anlegern zuteil, die heute mehr denn je einer Alternative zu den klassischen Standards passiver Einkommenserzielung bedürfen, also der Möglichkeit, Arbeitszeit und Einkommen zu entkoppeln.

Zahlreiche Geldwerte innerhalb wie außerhalb der Eurozone sind durch den politisch eingeschlagenen Pfad einer (Staats-)Schuldenreduktion mittels finanzrepressiver Maßnahmen zumindest mittelfristig der Realzinssklerose anheimgefallen.[2] Dies umfasst aus dem Spektrum der noch als relativ sicher geltenden Anlagen einerseits sämtliche Spareinlagen wie Tages- und Festgeld sowie Sparbücher, die aber ohnehin eher der Reservebildung und Liquiditätshaltung dienen.[3] Andererseits sind jedoch auch Investitionszwecken dienende kurz-, mittel- und selbst langfristige Staatsanleihen hochgradig infiziert[4], welche direkt und indirekt über Kapitalsammelstellen gehalten werden. Zu Letzteren zählen dabei nicht nur Rentenfonds, sondern aufgrund der gesetzlichen Rahmenbedingungen de facto auch Kapitallebens- beziehungsweise Rentenversicherungen, Riester- und Rürupverträge, Betriebsrenten respektive sämtliche Durchführungsformen der betrieblichen Altersvorsorge (bAV) sowie Versorgungswerke, welchen zudem in aller Regel eine unvorteilhafte Kostenstruktur sowie ein Mangel an Transparenz anhaftet. Höhere Anleiherenditen müssen innerhalb der Eurozone mit einem zum Teil auch politisch unkalkulierbaren Emittentenrisiko und außerhalb derselben zudem noch mit einem Fremdwährungsrisiko erkauft werden. Alternative Anlageformen wie etwa das Crowd-Investing oder P2P-Kredite sind relativ junge Erscheinungen, denen es (noch) an einer aussagekräftigen Datenbasis und langfristigen Performance-Historie mangelt.

Selbst auf Kapitalerhalt abzielende Anleger kommen daher um sachwertorientierte Anlageklassen wie Rohstoffe, Aktien und Immobilien kaum herum, wobei vor allem die beiden Letzteren für die Erwirtschaftung akzeptabler Ausschüttungsrenditen prädestiniert sind (wie noch zu zeigen sein wird, ist dies allerdings auch bei Rohstoffen möglich). Allerdings weisen auch hier zahlreiche klassische Investitionsmöglichkeiten ein wenig vorteilhaftes Rendite-Risiko-Profil auf. So ist direktes Immobilieneigentum mit hohen Transaktionskosten beziehungsweise Standortrisiken behaftet und stellt je nach Objekt und Region selbst für relativ wohlhabende Anleger ein Klumpen- und Kostenrisiko dar. Ferner ist die Bereitschaft zur Aufnahme von Fremdkapital meist ebenso unabdingbar wie die Furchtlosigkeit gegenüber den damit einhergehenden großen Zahlen. Dem mit diesem Renditehebel verbundenen Haftungsrisiko mag sich vermutlich nur eine Minderheit aussetzen, gleiches gilt für die Aneignung des recht umfassenden Know-hows. Die in Deutschland jahrzehntelang äußerst beliebten offenen Immobilienfonds durchlebten in jüngerer Zeit die schwerste Krise ihrer Geschichte und bescherten ihren Anteilseignern teils herbe Verluste. Zahlreiche der einst über 30 Fonds mussten seit Beginn der Finanzkrise im Jahr 2007 mit zum Teil horrenden Einbußen liquidiert werden. Geschlossene Sachwertanlagen wie Immobilien-, Schiffs- oder Flugzeugfonds wiederum operieren meist mit hohem Fremdkapitaleinsatz, sind intransparent und oft hochkomplex, in der Regel nur mit erheblichen Abschlägen vor Laufzeitende veräußerbar und bringen hohe Verwaltungs- und Vertriebskosten in Abzug, welche die Einlage unmittelbar schmälern. Zudem erweist sich die Güte des über die Laufzeit prognostizierten Zahlenwerks immer wieder als problematisch.

Zu guter Letzt sollte bei Beherzigung des kaufmännisch gebotenen Niederstwertprinzips je nach Alter bestenfalls mit Zahlungen in Höhe der Grundsicherung aus dem als Ponzi-Schema konzipierten und nie gegengezeichneten »Generationenvertrag« kalkuliert werden. Neben der Rentenhöhe sind die Mitglieder der gesetzlichen Rentenversicherung zudem hinsichtlich sämtlicher bedeutenden Parameter dem politischen Willensbildungsprozess auf Gedeih und Verderb ausgeliefert. Letzteres gilt übrigens auch für alle oben aufgeführten Varianten steuerbegünstigter Spar- und Altersvorsorgeverträge, deren Klauseln unter Missachtung des Bestandsschutzes bereits öfter mit richterlichem Segen rückwirkend modifiziert wurden – vor allem zu Ungunsten der Kunden versteht sich.

Es verbleiben mithin im Wesentlichen Aktienengagements. Tatsächlich greift die Auffassung der (Aktien-)Börse als Plattform für Differenzgeschäft historisch wie auch funktional viel zu kurz. Über die längste Zeit ihrer Existenz wurden Aktien vor allem deshalb gehandelt, um ein laufendes Einkommen zu generieren. Allerdings ist diese Erkenntnis heute weitestgehend verblasst, zumal sich im kollektiven Gedächtnis leider nur die historischen Exzesse, allen voran der niederländische Tulpenwahn (1636/1637), die englische Südseeblase (1720), der französische Mississippi-Schwindel (1719/1720), der Dotcom-Crash (2000 bis 2003) sowie die Weltfinanzkrise (2008 bis 2009), haben festsetzen können. Sie alle stellen jedoch die berüchtigten wie punktuellen Ausnahmen von der historischen Regel dar. Die Tatsache, dass Börsen und Wertpapierhandel über eine lange Zeit und jenseits der augenfälligen Kurskapriolen als Instrument eines regelmäßigen Einkommensbezugs dienten, hatte hingegen ganz handfeste Gründe: Sie stellten schlichtweg eine effiziente und kostengünstige sowie oftmals die einzige Möglichkeit der selbstbestimmten (Alters-)Vorsorge dar. Historisch lassen sich entsprechende (Versorgungs-)Einrichtungen sowohl für die Antike als auch erneut ab dem Frühmittelalter in Europa nachweisen.

Dieses Konzept der Einkommenserzielung rückte mit dem Aufkommen der Sozialversicherung im 19. Jahrhundert – im Deutschen Reich fast parallel zum Gründer- beziehungsweise Börsenkrach von 1873 – erstmals und wohl kaum unbeabsichtigt ein Stück weit in den Hintergrund. Dennoch sollten die durchschnittlichen Dividendenrenditen für weitere gut 100 Jahre regelmäßig über denen entsprechender Anleihen notieren. Ihren Einkommens- respektive Versorgungscharakter verlor das börsennotierte Produktivkapital weitestgehend zu Beginn des letzten großen Boom-Zyklus in den frühen 1980er-Jahren. Er läutete bezeichnenderweise nicht nur den Fall der Dividendenrenditen und die Ära der Konzentration auf Kursgewinne, sondern auch eine Phase ausgeprägter Volatilität ein, also spektakulärer Höhenflüge, gefolgt von ebenso plötzlichen wie dramatischen Abstürzen. Der stille Abschied von der dividendenorientierten Unternehmenspolitik wurde dabei durch ökonomische, steuerrechtliche sowie regulatorische Anreize forciert. An dieser Stelle sei exemplarisch zum einen auf die (empirisch widerlegte) Annahme verwiesen, die Auszahlung von Dividenden könne nur auf Kosten des Unternehmenswachstums erfolgen, zum anderen auf die langjährige Ungleichbehandlung von Dividenden und Kursgewinnen sowie schließlich auf die Deckelung der Managementgehälter in den USA in Verbindung mit Einführung der erfolgsabhängigen Vergütung per (Aktien-)Optionen.

Allen Widrigkeiten zum Trotz widersetzen sich an den internationalen Börsen bis heute zahlreiche Instrumente und Wertpapiere dem Trend der letzten drei Jahrzehnte. Gemein ist ihnen allen, unabhängig von Rechtsform, Branche und Region, die selbst auferlegte Verpflichtung, einen anhaltend hohen Cashflow zu generieren und an ihre Anteilseigner auszuschütten. An diesem Punkt, dem Transfer der alten Börsentradition in die Moderne, will die vorliegende Publikation anknüpfen. Hierzu ist es freilich notwendig, überwiegend fern der heimischen Aktienmärkte und abseits bekannter Finanzpfade alternative, laufend Einkommen erzeugende und uneingeschränkt handelbare Wertpapiere ausfindig zu machen.

Zuvor werden in Kapitel 2 und 3 kurz die Vor- und Nachteile möglicher Kapitalgewinn- und Einkommenserzielungs-Strategien diskutiert. In den Kapiteln 4 bis 16 wird ein breites Instrumentarium börsennotierter und im deutschen Sprachraum zum Teil weitgehend unbekannter »Cashgeneratoren« ausführlich behandelt. Das abschließende Kapitel 17 thematisiert schließlich die für einen praxisorientierten Investmentratgeber unerlässlichen Aspekte der Depotbankauswahl, der Recherchequellen und der Titelauswahl, der Portfoliostrukturierung und Anlagestrategie sowie der wichtigsten steuerrechtlichen Aspekte.

2. DAS ELEND DER ARBITRAGE

2.1 Das Kursgewinndilemma

Was nun kann sich als problematisch erweisen, wenn Privatanleger Differenzgeschäfte mit dem Ziel praktizieren, billig zu kaufen und teuer zu verkaufen? Sobald sich ein Anleger einmal darauf festgelegt hat, ist er einer permanenten Doppelwahlsituation ausgesetzt. Er muss zum einen beschließen, ob er in den (Aktien-)Markt investiert oder nicht (Metawahl). Möchte er investieren, muss er sich zudem für ein konkretes Wertpapier entscheiden (Objektwahl). Möchte er nicht investieren oder investiert bleiben, muss er weiter Kasse halten beziehungsweise seine bestehenden (Aktien-)Positionen mit Gewinn oder Verlust verkaufen. Hierzu gesellen sich unausweichlich die sogenannten Opportunitätskosten oder Schattenpreise, die Erträge alternativer Anlagemöglichkeiten. Diese umfassen freilich auch jene der Liquiditätshaltung bei steigenden Kursen; eine der emotional schwersten Bürden, die der Finanzmarkt einem Investor auferlegen kann.

Nun kommt aber noch eine Tatsache erschwerend hinzu: Spekulationsgeschäfte benötigen der Spiegelbildlichkeit ihrer Natur wegen immer einen Käufer, dem ein Konterpart gegenübersteht, ein gleichgewichtiger, aber umgekehrt zu agieren gewillter Verkäufer. Beide eint notwendigerweise die deckungsgleiche Vorstellung sowohl hinsichtlich der Menge als auch des Preises eines bestimmten Wertpapiers, sie haben jedoch genau gegensätzliche Vorstellungen bezüglich der Renditeerwartung. Wäre das nicht der Fall, käme keinerlei Wertpapierhandel zustande. Erst wenn also der Wunsch eines Käufers mit dem eines Verkäufers exakt übereinstimmt, ist eine Börse überhaupt liquide und kann ihrer Rolle als Institution gerecht werden, die zu minimalen Transaktionskosten Finanzaktiva vermittelt.[5]

Genau diese unterschiedlichen Erwartungen von Käufer und Verkäufer sind es jedoch auch, die bei Kursveränderungen nach Abschluss des jeweiligen Handels relativ und gewichtet betrachtet zu jedem Zeitpunkt stets genau einen Gewinner und einen Verlierer ausweisen: Entweder liegt der Käufer mit seiner Prognose steigender Kurse oder aber der Verkäufer mit seiner Prognose fallender Kurse falsch. Einer der beiden Parteien werden also laufend Kosten auferlegt, sei es in Form von Buchverlusten oder in Form von Schattenpreisen, weil diese Partei – in der Rückschau – die falsche Entscheidung getroffen hat.[6] Jeder einzelne Handel erhöht damit im Zeitverlauf die Gesamtwahrscheinlichkeit, irgendwann einmal auch Verluste verbuchen zu müssen.

Der unausweichlichen Arithmetik des Börsenhandels sind dabei nicht nur einzelne Handelspartner unterworfen, sondern auch die Gesamtheit der Anleger. Sie alle teilen sich die Gesamtperformance des jeweiligen Aktienmarktes über eine bestimmte Periode, welche die Benchmark, also der entsprechende Aktienindex, reflektiert. Das heißt, jeder investierten Geldeinheit, die sich besser als ein Vergleichsindex entwickelt, entspricht notwendigerweise eine spiegelbildliche Geldeinheit, die in exakt demselben Ausmaß niedriger als dieser rentiert. In der Hälfte aller geldgewichteten Fälle ist damit die Realisierung überdurchschnittlicher (Kurs-)Gewinne allein aus mathematischen Gründen schlichtweg nicht möglich. Zudem ist jede Marktinteraktion mit Kosten belastet. Von der Bruttoperformance sind daher sämtliche Transaktionskosten abzuziehen, was in logischer Konsequenz bedeutet, dass die Indexperformance für jedwede Betrachtungsperiode immer die Nettoperformance der Anlegergesamtheit übersteigen muss.[7] Sowohl jeder einzelne Handelsabschluss als auch die relative Performance pro Zeiteinheit ist immer ein Nullsummenspiel und setzt den aktiven Kursgewinn-Investor unausweichlich einem Verlustrisiko von mindestens 50 Prozent aus.[8]

Gerade bei realisierten wie nicht realisierten Kursverlusten schlägt zudem die asymmetrische Gewinn-Verlust-Arithmetik unbarmherzig zu: Ein prozentualer Verlust kann stets nur mit einem höheren prozentualen Gewinn ausgeglichen werden; mit der Höhe des Verlustes steigt der zum Verlustausgleich notwendige Gewinn exponentiell an.[9] Der Kursgewinn-Investor gerät damit automatisch in ein Wechselbad aus Lustgewinn (Gier) und Leidensvermeidung (Angst), was die Erzielung systematischer (Kurs-)Gewinne zusätzlich erschwert. Wie viele Anleger mag es geben, die wiederholt eine Aktie in der Nähe eines zyklischen Hochs verkauft und anschließend, auf dem Liquiditätspolster sitzend, deren Kurs im freien Fall beobachtet haben, um dann im Dunstkreis des zyklischen Tiefs wieder einzusteigen?

Ein weiterer Faktor wurde hierbei noch gar nicht berücksichtigt, nämlich das schlichte Verstreichen von Zeit. Die Knappheit dieser Universalressource gibt in unausweichlicher Härte einen (Performance-)Takt vor, der selbst temporären Kursverlusten innerhalb eines Anlegerlebens enge Toleranzgrenzen setzt. Für Kursgewinn-Investoren ist Zeit allein über den Kurs unmittelbar ans Geld gekoppelt, eine Langfristperspektive daher meist wenig tröstlich. Für sie trifft allemal John Maynard Keynes' berühmt-berüchtigtes Diktum zu: »In the long run we are all dead.« Dies gilt umso mehr für Spekulationen auf Kredit, bei denen Verluste aufgrund des laufenden Kapitaldienstes kaum dauerhaft ausgesessen werden können.

2.2 Börsentheorie und Handelsstatistik

Aktien zu finden, die sich mittel- bis langfristig besser entwickeln als der Gesamtmarkt beziehungsweise eine durchschnittsbasierte Referenzgröße, was ja noch nicht einmal heißt, dass die Performance positiv sein muss, ist keineswegs so leicht, wie es einschlägige Ratgeber suggerieren. Dies belegt nicht zuletzt eine aufschlussreiche Untersuchung und Analyse der Einzelperformance von über 8054 US-amerikanischen Aktien, welche die Vermögensverwaltungsgesellschaft Blackstar Funds im Jahr 2008 durchgeführt hat. Die Messung erfolgte dabei inklusive reinvestierter Dividenden und umfasste den Zeitraum 1983 bis 2007. Demnach rentierten 39 Prozent der Papiere über diese Periode betrachtet negativ, die Hälfte von ihnen, also knapp 20 Prozent aller Aktien, verlor dabei mindestens 75 Prozent ihres Wertes. Fast zwei Drittel der in die Betrachtung eingeflossenen Aktien schaffte es dabei nicht, den Vergleichsindex, hier den Russell 3000, welcher die 3000 Unternehmen mit der höchsten Marktkapitalisierung in den USA umfasst, zu schlagen. Lediglich 20 Prozent der Papiere performten über den Gesamtzeitraum betrachtet mit einem Plus von mindestens 300 Prozent signifikant überdurchschnittlich. Genau diese Minderheit, also lediglich eine von fünf Aktien, war damit für den Großteil der Gesamtmarktrendite verantwortlich.[10]

Dieser Umstand schlägt sich auch in der Performance professioneller Anleger wie Fondsmanager und Aktienexperten nieder. Diese wurde systematisch erstmals durch die Cowles Commission for Research in Economics ab 1932 untersucht. Dem Gremium, benannt nach ihrem Gründer, dem US-amerikanischen Ökonom Alfred Cowles, ging es dabei zunächst vor allem um die Frage, warum so gut wie kein Experte den Crash des US-Aktienmarktes von 1929 prognostiziert hat. Hunderte weitere Studien wurden seither zum Thema verfasst. Ihr Tenor ist eindeutig: Langfristig gelingt es faktisch niemandem, durch überlegenes Stock Picking den Markt systematisch zu schlagen. Der legendäre und im wahrsten Sinne des

Wortes unvergleichliche Warren Buffett ist eine berühmte Ausnahme, welche die Regel bestätigt.[11] Er und einige wenige mehr teilen sich als relativen Gewinn die entsprechenden Verluste der Masse der aktiven Anleger, wobei die Vertreter beider Gruppen im Zeitverlauf munter das Lager wechseln und sich, wie ebenfalls zahlreiche Studien über unterschiedliche Perioden belegen, einer systematischen Zuordnung entziehen.

Das sollte zu denken geben. Weltweit trachten Fondsmanager, Analysten, Börsenbriefschreiber, Hedgefondsmanager und sonstige Kursgewinn-Investoren rund um die Uhr ausschließlich danach, besser zu sein als der Durchschnitt und den Markt zu schlagen. Dazu werfen sie eine ganze Armada an Ressourcen in die Waagschale. Sie verfügen über Hochleistungsrechner mit Echtzeitzugang zu allen weltweit verfügbaren Marktdaten. Sie können auf gigantische Datenbanken mit historischen, teils über 100 Jahre zurückreichenden Zahlenreihen zurückgreifen. Mit ausgefeilter Individualsoftware spüren sie jeden mutmaßlichen Trend, jede identifizierbare Korrelation auf und versuchen, diese durch automatisierten Handel auszubeuten. Ferner haben sie Zugang zu allen offiziellen und einer Vielzahl inoffizieller Unternehmenspublikationen sowie zu speziellen Programmen zur computergesteuerten Auswertung derselben. Ganze Analystenteams großer Kapitalanleger reisen zudem permanent um die Welt, besuchen avisierte Unternehmen und verschaffen sich gründliche Erkenntnisse über deren Produkte, Management und Belegschaft. Die Arbeitgeber der Analysten wiederum bauen über die Zeit ein engmaschiges Netzwerk zu privaten wie öffentlichen Institutionen auf, sodass sie wichtige Informationen unverzüglich erhalten, die der Privatanleger gewöhnlich erst vorgesetzt bekommt, wenn sie bereits (Börsen-)Geschichte sind. Dennoch schaffen es all diese Leute langfristig und nach Kosten nicht, den Markt zu schlagen.

Das kann aufgrund der oben beschriebenen relativen Handels- und Performance-Arithmetik zwangsläufig auch gar nicht anders sein. Charles D. Ellis stellt hierzu ergänzend fest: »[Ein Index] bildet den

Markt nach und der von Profis dominierte Aktienmarkt von heute spiegelt die gebündelte Fachkenntnis all jener fähigen Spezialisten wider, die laufend aktuelle Bewertungen abgeben. Erfahren sie etwas Neues, aktualisieren sie ihr Urteil sofort. Das bedeutet, dass dem sogenannten Indexing [der Orientierung an einem Index] stets die neuesten Konsensschätzungen zugrunde liegen.« Berücksichtigt man zusätzlich die Transaktions- und Verwahrkosten, kann der Großteil der Anleger langfristig eine lediglich unterdurchschnittliche Performance erzielen.

Statistisch gesehen steigen die gängigen Aktienindizes unter Schwankungen im Schnitt real um 7 Prozent pro Jahr.[12] Das gilt wohlgemerkt immer nur für den Gesamtmarkt, nie für einzelne Aktien. Daher setzten zahlreiche Investoren dieser historischen Gesetzmäßigkeit folgend auf Märkte statt Einzeltitel, gegebenenfalls ergänzt um ein passendes Timing, welches über die Wahl günstiger Einstiegs- und Ausstiegszeitpunkte die Performance verbessern soll (hiermit operiert freilich auch der eine oder andere Stockpicker).

Zumindest was das erfolgreiche Timing angeht, hat der im Ruhestand weilende Fondsmanager Peter Lynch so seine Zweifel: »Weit mehr Geld wurde verloren von Anlegern, die sich auf eine Baisse eingestellt haben, als in der Baisse selbst. Sie versuchen Börsentiming. Aber in der von ›Fortune‹ veröffentlichten Hitparade der reichsten Leute der Welt war noch nie ein Börsentiming-Experte vertreten.« Erschwerend kommt beim Timing noch ein Umstand hinzu, der statistisch weitaus schwerer wiegt als die im letzten Abschnitt skizzierte Verteilung der Einzelperformance von Aktien: die Konzentration der »guten« und »schlechten« Tage.

Diese wenig beachtete Relation hat die *New York Times* ermittelt und in der Ausgabe vom 13. November 1994 veröffentlicht. Hierzu wurde die Wertentwicklung des Standard & Poor's 500 Index (S&P 500) zwischen 1983 und 1992 betrachtet.[13] Dieser Zeitraum mit insgesamt 2526 Handelstagen war durch einen ausgeprägten Bullenmarkt gekennzeichnet; im Schnitt verzeichnete der S&P 500 einen

Kurszuwachs von 16,2 Prozent pro Jahr. Frustrierend wird es allerdings für timingfreudige Anleger: Ohne die besten 40 Tage, also jene 40 Tage mit dem höchsten Kurszuwachs, sinkt die Rendite drastisch auf nur noch 3,6 Prozent pro Jahr. Dabei machen 40 Tage, auf die Börsenöffnungszeiten des zehnjährigen Zeitraums bezogen, gerade einmal einen Anteil von 1,6 Prozent aus. Selbst wenn das Betrachtungsintervall gestreckt wird, ändert das nichts am entscheidenden Einfluss relativ weniger und kurzer Phasen haussierender Kurse auf die Gesamtperformance einer Aktienanlage.

Eine monatsbasierte Betrachtung dieser Extremwert- oder Pareto-Verteilung hat der deutsche Fondsmanager Michael Keppler für den US-Aktienmarkt anhand einer sehr anschaulichen Modellrechnung nachgezeichnet. Ein einziger im Jahr 1926 angelegter US-Dollar wäre demnach bis 2011 zu einem Gesamtvermögen von 3045 US-Dollar angewachsen. Bei Auslassung der 40 besten von insgesamt über 1000 Börsenmonaten hätte Letzteres hingegen lediglich 21 US-Dollar betragen. In einem solchen Kontext wird Timing selbstredend zum Renditegrab. Analoge Betrachtungen unterschiedlicher Indizes und Zeiträume kommen auch hier immer wieder zu demselben Ergebnis: Positive wie negative Aktienrenditen unterliegen einer extremen Pareto-Verteilung, das heißt, eine kleine Anzahl hoher Veränderungen trägt den ganz überwiegenden Anteil zur Gesamtperformance bei.[14] Erschwerend kommt noch hinzu, dass Tage ausgeprägter Kursanstiege wie auch Kursrückgänge oft dicht beisammen liegen. André Kostolany hat diesen statistischen Umstand in eine wunderbar griffige Formel gekleidet: »Wer die Aktien nicht hat, wenn sie fallen, der hat sie auch nicht, wenn sie steigen.«

Wenn weder Stock Picking noch Market-Timing langfristig zu überdurchschnittlichen Ergebnissen führt, was ist dann mit der guten alten Buy-and-Hold- oder Odysseus-Strategie? Reicht es, wie der deutsche Finanzfachmann Bernd Niquet schreibt, auf die »einzige Gesetzmäßigkeit« zu setzen, die Tatsache, »dass die Aktienkurse im Zeitverlauf stets immer wieder neue historische Höchststände erreichen«, sämtliche Sirenengesänge zu ignorieren und Kostolanys wohl berühmtestem Ratschlag zu folgen? »Kaufen Sie Aktien, nehmen Sie Schlaftabletten und schauen Sie die Papiere nicht mehr an. Nach vielen Jahren werden Sie sehen: Sie sind reich.« Nun, es kommt darauf an. Darauf nämlich, ob erstens die gut 200 Jahre alte Gesetzmäßigkeit der unter Schwankungen stets steigenden Aktienkurse hält, und zweitens, wie ausgeprägt diese Schwankungen sind.[15]

Der letzte große Bullenmarkt startete im Jahr 1982. Er erlebte einen vorläufigen Höhepunkt, als der Dow Jones Industrial Average im Januar 2000 den bis dato historischen Höchststand von 11.722,98 Punkten markierte. Zwölf Jahre später schwankte der Index erneut um denselben Wert, dazwischen lag ein Tal der Tränen und der Hoffnungen. Indexfixierte Kursgewinn-Investoren ohne Timing-Neurose erlitten aufgrund der Geldentwertung und Opportunitätskosten in diesem Zeitraum einen realen Verlust. Erst seit 2013 erklimmt das weltweit wichtigste Börsenbarometer erneut Rekordmarken.

Ganz im Gegensatz übrigens zu vielen europäischen Indizes, worauf mit Stand Mai 2016 der Geschäftsführer und Mitinhaber der Vermögensverwaltung Grüner Fisher Investments, Thomas Grüner, hinweist: »Die vermeintlich ›fetten Jahre‹ der jüngsten Vergangenheit müssen relativiert werden: EuroStoxx 50 und der DAX-Kurs-Index befinden sich heute auf dem Niveau von 1998. Zudem befindet sich der EuroStoxx 50 heute wieder auf dem Niveau vom September 2009. Nur ganze sechs Monate vom Tief der letzten Weltwirtschaftskrise entfernt. Weitere Indizes? Der britische Leitindex FTSE 100 notiert auf demselben Stand wie im März 1998. Auch die Aktienmärkte in Österreich und der Schweiz sehen alles andere als ›fett‹ aus. Der österreichische Leitindex ATX befindet sich heute auf dem Niveau von Juni 2009 und hat ein Chartbild eines ›Emerging Market‹. Der schweizerische Leitindex SMI notiert auf dem Stand vom April 1998. Waren das 18 fette Jahre?« Besagte 18 Jahre untermauern dabei noch einmal die Bedeutung der bei der

Berechnung besagter Kursindizes nicht berücksichtigten Ausschüttungen.

Wie geht es weiter? Zwei Großmeister der Zunft geben Auskunft: »Ich denke nie darüber nach, was die Börse machen wird. Ich weiß nicht, wie man die Börse oder die Zinsen oder die Konjunktur vorhersagen kann. Und ich habe keine Ahnung, ob die Börse in zwei Jahren höher oder tiefer stehen wird.« So Warren Buffett, dem Peter Lynch nur beipflichten kann: »Niemand war je in der Lage, die Börse vorherzusagen. Es ist eine totale Zeitverschwendung.« Fazit: Den idealen Ein- und Ausstiegszeitpunkt gibt es nicht!

Tatsächlich sind Schwankungen, konkret die Intensität und Dauer von Kursverlustphasen, die ganz wesentliche Herausforderung, vor der Kursgewinn-Investoren stehen. So wurde allein in der ersten Millenniumsdekade der Dow Jones Industrial Average drei Mal gehörig gerupft: Zwischen Januar 2000 und September 2001 sowie März und Oktober 2002 verlor der Index jeweils um die 30 Prozent, zwischen 2007 und 2009 sogar über 50 Prozent. Gut zwei Generationen zuvor durchleben Investoren eine hinsichtlich Tiefe und Länge noch intensivere Verlustperiode. Es dauerte über 25 Jahre – bis zum November 1954 –, ehe der Dow Jones Industrial Average seinen Höchststand vom September 1929 wieder einstellen und die kumulierten Verluste von knapp 90 Prozent nominal wettmachen konnte.[16]

An der in der Börsenliteratur oft propagierten, langfristig überlegenen Aktienrendite hat unter anderem der US-amerikanische Unternehmer und Investor Robert D. Arnott in dieser Pauschalität so seine Zweifel, zumindest je nach Definition von Langfristigkeit. Er bezeichnet diese These gar als »the biggest urban legend in finance«, also den »größten modernen Finanzmythos«. Für seine Gegendarstellung hat er die Renditen US-amerikanischer Aktien und Anleihen im Zeitraum von 1802 bis 2010 analysiert. In knapp 20 Prozent aller rollierenden 20-Jahres-Perioden performten Anleihen besser als Aktien bei einer gleichzeitig wesentlich niedrigeren

Schwankungsbreite. Wird der Betrachtungszeitraum allerdings auf 1926 bis 2010 verengt, verschwindet dieser Effekt so gut wie ganz, das heißt, die Aktie wird zum eindeutig dominierenden Anlageinstrument. Ein Grund dafür: Zwischen 1803 und 1857 stagnierte der US-amerikanische Aktienmarkt, die Rendite entsprach in dieser Periode lediglich einem Drittel dessen, was Anleger zeitgleich mit Anleihen bei weitaus niedrigerem Risiko erzielen konnten; erst im Jahr 1871, nach einer ausgeprägten Hausse, konnten Aktieninvestoren den Break-even-Punkt erreichen. Nun dürfte ein durchschnittliches Investorenleben – für das exakt nur ein Versuch zur Verfügung steht – kaum weniger als 54 respektive 68 Jahre umfassen. Den unterschiedlichen Rahmenbedingungen zum Trotz verbleibt bei rein finanzhistorischer Betrachtung der Performance, so Arnott, auch für Buy-and-Hold-Anleger ein nicht ganz unbeträchtliches Langfristrisiko.

Doch auch in der Gegenwart mangelt es nicht an einem mahnenden Exempel. Der Leitindex der Tokioter Börse, der Nikkei 225, erreichte sein Allzeithoch mit 38.957,44 Punkten am 29. Dezember 1989. Er fiel im Verlauf der folgenden zwölf Jahre um knapp 80 Prozent und schwankte mehr als zehn Jahre lang zwischen 8000 und 16.000 Punkten; erst im April 2015 notierte der bedeutendste asiatische Aktienindex erstmals wieder seit dem Jahr 2000 vorübergehend oberhalb von 20.000 Punkten. Trotz Nullzinspolitik sowie gigantischen Investitions- oder Verschuldungsprogrammen der öffentlichen Hand verharren die Kurse in einer für die moderne Börsenhistorie der westlichen Welt beispiellosen Rekordbaisse, während die japanische Volkswirtschaft beständig im Zustand des »Nullwachstums« verharrt. Wie geht es weiter? Hier sei wieder auf das Duo Buffett und Lynch verwiesen: Niemand weiß es.

Als wenn die technische Klaviatur des Investierens den potenziellen Anleger nicht schon vor hinreichend Herausforderungen stellen würde, muss dieser sich auch noch vor zahlreichen mentalen Fallstricken hüten. Das gilt natürlich in besonderem Maße für Kursgewinn-Investoren: Wer vermag schon die enge Bindung zwischen

Kursverlauf und Selbstwert gänzlich aufzuheben?[17] Nicht umsonst gelten Finanzmärkte als teuerster Weg zur Selbsterkenntnis.

Die bisherigen Ausführungen dürften das ewige Dilemma des Handels im oszillierenden Möglichkeitsraum des Börsengeschehens hinreichend plakatiert haben: Wie viel Gewinn und Verlust sind in Höhe und Zeit zu ertragen? Und wie ist die unausweichliche Tatsache zu handhaben, dass aus jedem Handel ein Gewinner und ein Verlierer hervorgeht, mithin in 50 Prozent der geldgewichteten Fälle monetäre und damit immer auch emotionale Verluste produziert werden? Derart hohe Misserfolgsquoten decken sich ja in aller Regel nicht mit den intuitiv gewonnenen Erfahrungen der alltäglichen Lebenswirklichkeit im außerbörslichen Bereich.

Wer möchte schon in der Mehrzahl der Fälle als Verlierer dastehen? Offensichtlich ist selbst das Mittelmaß kaum zu ertragen. Als Selbstüberschätzungs- respektive Overconfidence-Effekt wird die Tendenz bezeichnet, das eigene Wissen und Können zu über- beziehungsweise das anderer zu unterschätzen. Egal ob Autofahrer, Lehrer, Schüler oder Liebhaber – regelmäßig hält sich die Mehrheit einer bestimmten Gruppe für außergewöhnlich gut, der überwiegende Rest zumindest für durchschnittlich, nur vereinzelt werden etwaige Unzulänglichkeiten reflektiert. »Kaum etwas kann man sich so schwer vorstellen wie die Tatsache, dass man nicht klüger ist als der Durchschnitt«, so der Wirtschaftsnobelpreisträger Daniel Kahneman,[18] die aktuell wohl bekannteste Kapazität auf dem Gebiet der heuristischen Urteilsfindung, also der Unausweichlichkeit überschlägiger Denkansätze oder mentaler Faustregeln, um bei unvollständigen Informationen in akzeptabler Zeit zu dann in aller Regel suboptimalen, aber hinreichend zielführenden Entscheidungen zu gelangen.

Dass 80 Prozent der Autofahrer ihr Können für überdurchschnittlich gut halten, ist dabei fast schon ein Gemeinplatz. Nun ist Autofahren aber eine Tätigkeit, deren Ergebnisgüte sich schwer messen lässt beziehungsweise vom Blickwinkel des Betrachters abhängt.

Viel erstaunlicher ist, dass ganze 74 Prozent der Fondsmanager, also der nahezu das gesamte Handelsgeschehen dominierenden professionellen Geldverwalter, ihre Leistungen ebenfalls für überdurchschnittlich gut halten. Das ist, siehe oben, mathematisch unmöglich.[19] Dies ist umso rätselhafter, als deren Leistung sich auf eine einzige Zahl verdichten lässt. Offensichtlich unterliegen also nicht nur Privatanleger dem gesamten Arsenal kognitiver Verzerrungen, welches die Behavioral Finance oder verhaltensorientierte Finanzmarkttheorie in den letzten zwei Jahrzehnten zutage gefördert hat. Darauf dürfte auch ein Gutteil der gigantischen Verluste zurückzuführen sein, die zahlreiche Banken einzelnen angestellten Finanzmarktexperten zu verdanken haben.[20]

Der Overconfidence-Effekt ist dabei nur eine kognitive Verzerrung, die sich unmittelbar aus den Unzulänglichkeiten ergibt, mit denen sich jede Form menschlichen Handelns als permanente Optimierung zu erwartender Kosten-Nutzen-Relationen verfügbarer Entscheidungsalternativen konfrontiert sieht.[21]

Zahlreiche Finanzmarktexperten und Publizisten raten aus diesem Grund auch dazu, ausschließlich automatisiert zu handeln. Dies aber übersteigt offensichtlich die Selbstdisziplin der meisten Anleger. Zugegebenermaßen übt die scheinbare Gunst des Augenblicks eine betörende Sogwirkung aus, welche geradewegs zur Aufweichung der selbst auferlegten Regeln verführt. Ist das scharfsinnige Ego dem stumpfen Automatismus zumindest in bestimmten (Börsen-)Szenarien nicht doch überlegen? Handeln aber, welches nicht automatisiert erfolgt, ist dann notwendigerweise immer auch intuitiv. Und jede Intuition wird von kognitiven Verzerrungen mitbestimmt.

»Achtzig Prozent der Spekulanten sind nicht wirklich darauf aus, Geld zu verdienen« schrieb der unter dem Pseudonym Adam Smith publizierende US-amerikanische Finanzjournalist George Goodman schon Ende der 1960er-Jahre zur tendenziell geldvernichtenden Rolle des Egos. Charles Schwab, Gründer und Geschäftsführer des gleichnamigen internationalen Finanzmaklers, verortet das Spekulationsmotiv ebenfalls nicht in der ökonomischen Sphäre: »Es macht Spaß herumzuspielen [...], es liegt in der Natur des Menschen, zu versuchen, auf das richtige Pferd zu setzen [...].« Demnach stellt die Börse für viele Akteure tatsächlich ein Ersatzcasino dar, eine Lotterie, die im Gegensatz zum offensichtlichen Glücksspielcharakter des Originals schon eher suggeriert, die Ermittlung der Gewinnzahlen unterläge prognostizierbaren Gesetzmäßigkeiten.

Der Zusammenhang zwischen Aktienhandel und Lotteriespiel war sogar Gegenstand mehrerer empirischer Untersuchungen. Dabei wurde mehrfach festgestellt, dass in Zeiten, in denen ein ungewöhnlich hoher Jackpot ausgespielt wird, die Anzahl der kleinen, also überwiegend von Privatanlegern in Auftrag gegebenen Aktienorders zurückgeht. Besonders eklatant machte sich dieser Zusammenhang nach der erstmaligen Einführung einer staatlichen Lotterie im Jahr 2002 in Taiwan bemerkbar, worauf die Handelsaktivitäten insgesamt um beachtliche 25 Prozent zurückgingen.

In Summe erklärt dies auch, warum – wie im Eingangskapitel zitiert – »die meisten Privatanleger auf Dauer Geld an der Börse« ebenso wie in der Lotterie zu verlieren bereit sind.[22] Dies weiß auch Jürgen Trümper, Geschäftsführer des Arbeitskreises gegen Spielsucht e. V., aus seiner täglichen Beratungspraxis zu bestätigen – vor allem in der Zeit um die letzte Jahrtausendwende: »Wie jedem Spieler geht es auch dem notorischen Spekulanten nicht eigentlich ums Geld, sondern um das Glücksgefühl beim Spielereignis.« Ein Umstand, den auch der deutsche Fondsmanager Markus Elsässer zur Genüge aus eigener Anschauung kennt: »Aus meiner langjährigen Beobachtung ist die Wurzel des schlechten Geldanlegens häufig im beruflichen oder privaten Umfeld zu suchen. Besonders Menschen mit Berufsgattungen, die oft als repetitiv oder langweilig betrachtet werden, sind stark gefährdet. [...] Da bietet sich das Geldanlegen, das Spekulieren, sozusagen als Flucht in eine andere Welt an. Der Nervenkitzel eines Finanzabenteuers wird unterbewusst regelrecht gesucht.« Wobei der Übergang zwischen pathologischer und kontrollierter (Kursgewinn-)Spekulation freilich fließend ist.

2.3 Das Prognoseparadoxon

Die uralte Faszination, welche die Börse seit jeher auf zahllose Laien wie Profis ausübt, dürfte sich nicht zuletzt aus dem systembedingten Kontrast zwischen simpler Ordnung und unbeherrschbarem Chaos speisen, was ihr als kybernetischem System geradezu inhärent ist. Relativ wenige Elemente, sprich handelbare Wertpapiere, und einfache Interaktionsregeln, sprich in Menge und Preis fixierte Orders, entfalten ein komplexes Interaktionsgeflecht, welches sich wiederum laufend in einer dynamischen Größe verdichtet: dem Kurs.

Jede Kursentwicklung zeichnet sich dabei durch zwei wesentliche Faktoren aus. Zum einen durch Nichtlinearität, also eine nicht proportionale Änderung im Zeitverlauf, zum anderen durch Rückkopplung, das heißt durch den Einfluss des aktuellen Kurses auf die folgenden Handlungen und damit auch auf die nächste Kursstellung. Nun sind aber rückgekoppelte, nichtlineare Systeme, zu denen jeder hinreichend große Markt zählt, durch prinzipiell nicht vorhersagbare Chaoszustände gekennzeichnet. Kursverläufe sind daher unmöglich zu prognostizieren, völlig unabhängig von der Qualität der zugrunde liegenden Theorie und deren Modellierung sowie den zur Verfügung stehenden Werkzeugen.

Dieses den Wertpapiermärkten innewohnende Theoriedilemma hat das Universalgenie Sir Isaac Newton nach einer kapitalen Fehlspekulation im Rahmen des sogenannten Südseeschwindels von 1720 treffend zusammengefasst: »Ich kann zwar die Bewegungen der Himmelskörper berechnen, aber nicht die Verrücktheit der Menschen.« Der visionäre Engländer erkannte hier sehr richtig, dass es zwischen der Theoriebildung in der naturwissenschaftlichen Sphäre einerseits und der sozialwissenschaftlichen Sphäre andererseits einen fundamentalen Unterschied gibt: Die eine stützt sich auf die Analyse von Objekten, die andere auf die von Subjekten. Letztere, sprich Menschen, sind aber im Gegensatz zu Dingen nicht zur tatenlosen Passivität verdammt, sondern jederzeit in der Lage, endogen, also aus sich selbst heraus, zu handeln, aktiv auf die Umwelt und damit auf andere Subjekte einzuwirken oder zu reagieren. Und das schließt sämtliche sie betreffende Theorien mit ein.

Allein diesbezügliche Kenntnisse versetzen Menschen also in die Lage, durch entsprechendes Verhalten die Theorie zu bestätigen oder zu widerlegen. Bernd Niquet, der dem Themenkomplex ein ganzes Buch gewidmet hat, bezeichnet eine solche Situation als »Reflexivität«, konkret als »›Hineinwirken‹ von Theorien in ihren Gegenstandsbereich«. Reflexivität kann demnach zu sich selbst erfüllenden oder aber sich selbst widerlegenden Prophezeiungen führen – je nach Rezeption und Reaktion der betroffenen Handlungssubjekte.[23]

Da nun einmal an Vermögensmärkten wie zum Beispiel Wertpapierbörsen nur dann Kurse zustande kommen können, wenn hierüber – wie bereits dargelegt – unterschiedliche Zukunftseinschätzungen aufeinandertreffen, ist es zudem »logisch völlig undenkbar, dass es jemals eine Theorie geben könnte, die den Aktienmarkt anerkanntermaßen zutreffend erklären und prognostizieren könnte«. Jede Börsentheorie, die korrekte Prognosen herleitet, wird durch ihr Bekanntwerden schlagartig inkompatibel zum Funktionsmechanismus von Kapitalmarkttransaktionen und sie wird umgehend falsifiziert. Der vermeintliche Erfolg führt also letztlich zu ihrer Selbstzerstörung. Dies bedeutet im Umkehrschluss nichts anderes, als dass Theorievielfalt eine Grundvoraussetzung für das Zustandekommen des Wertpapierhandels darstellt.

Niemand hat die Essenz des Kursgewinndilemmas prägnanter auf den Punkt gebracht als André Kostolany: »Börsenerfolg ist eine

Kunst und keine Wissenschaft.« Dies kann nunmehr auch nicht wirklich überraschen, zudem müssten hierzu regelmäßig (Börsen-) Prognosen mit einer Treffsicherheit von mehr als 50 Prozent realisiert werden können, was, wie dargelegt, der Logik beziehungsweise Arithmetik des Börsenhandels widerspricht.

Eine interessante empirische Erhebung zu diesem Punkt hat wiederum Kostolanys langjähriger Geschäftspartner, der Finanz- und Börsenfachmann Gottfried Heller durchgeführt. Zwischen 1986 und 1992 wurden hierzu die Teilnehmer von Börsenseminaren gebeten, die Veränderung des Dow Jones Industrial Average, des US-Dollarkurses, des Goldpreises, der Rendite zehnjähriger Bundesanleihen und der amerikanischen Anleihen auf Jahressicht anzugeben. Gefordert war dabei lediglich eine Trendprognose, also ob in zwölf Monaten jeweils mit einem höheren, mit einem gleichen oder mit einem niedrigeren Kurs- beziehungsweise Preisniveau zu rechnen sei. Der Durchschnitt der richtigen Antworten auf sämtliche Fragen aus allen Erhebungen lag bei gut 40 Prozent, die Profis unter den Teilnehmern schnitten dabei geringfügig schlechter ab als die Privatanleger. Dies stützt zudem die These, dass ausgewiesene Experten noch stärker am Selbstüberschätzungseffekt leiden als Laien.

Eine ähnliche Befragung führte das Magazin *Börse Online* durch. Zwischen 1990 und 1995 wurden dazu die Chefvolkswirte von 25 Banken gebeten, jeweils 65 Prognosen auf Sicht von zwölf Monaten abzugeben. Die Ergebnisse entsprachen weitestgehend denen der Erhebung Gottfried Hellers, das gilt auch für ähnliche Umfragen unter US-amerikanischen und Schweizer Profis. Obwohl die Befragten intelligent, professionell, gebildet und ehrgeizig waren, so Heller, verursachen Herdentrieb, die scheinpräzisen und scheinwissenschaftlichen Prognosedaten komplexer Computersimulations-Rechnungen sowie massenpsychologische Phänomene Ergebnisse, die selbst der Zufall zu schlagen in der Lage ist.

Wenn die Börse, wie Kostolany nicht müde wurde zu betonen, das stete Zusammenspiel aus Geld und Psychologie reflektiert, dann ist aktuell nicht nur der zweite, sondern auch der erste Part schlichtweg unkalkulierbar. Seit 1971 experimentiert de facto die gesamte Welt erstmals mit rein stoffwertlosen Währungsordnungen, bei denen Geld noch nicht einmal mehr teilweise durch substanzielle Werte oder zumindest gute Sicherheiten gedeckt ist, sondern zunehmend durch prekäre Zahlungsversprechen, ganz gewöhnliche Schulden. In diesem Zuge sind spätestens seit 2008 fast alle Zentralbanken der Industrienationen zu einer ultralockeren Geldpolitik übergegangen, die eines jeden historischen Vergleichs entbehrt. Selbst der ehemalige Chefvolkswirt der Europäischen Zentralbank (EZB), der Wirtschaftsprofessor Jürgen Stark, hat im Rahmen einer Konferenz im Mai 2014 unumwunden zugegeben, dass es keinerlei Erfahrungswerte mit einer derart langen Phase tiefer Zinsen und hoher Liquidität gebe und dass der Ausgang dieser »experimentellen Geldpolitik« völlig offen sei.

Hohe Staatsverschuldungen, wachsende Budgetdefizite, strukturelle Probleme monetärer Ordnungen und daraus resultierend der ökonomische Niedergang ganzer Länder und Regionen, aufgeblähte Zentralbankbilanzen und demografische Umbrüche vor allem in der Ersten Welt: Dies bietet in den kommenden Jahrzehnten reichlich Potenzial für Schwarze Schwäne; jene Metapher steht für höchst unwahrscheinliche Umbrüche, die Nassim Nicolas Taleb in seinem gleichnamigen Bestseller weltberühmt gemacht hat. Das gilt, sowohl was die Risiken als auch was die Chancen an den globalen Kapitalmärkten angeht.

Doch wer weiß schon, wann, wie und wo genau sich was manifestieren wird? Es ist schlichtweg nicht möglich, aus diesen zweifelsfrei börsenwirksamen Szenarien Wahrscheinlichkeiten zu extrahieren und in Gewinne umzumünzen.[24] Vor diesem Hintergrund lässt sich das Kursgewinndilemma einzig und allein durch eine strikte Buy-and-Hold-Strategie aufheben, sofern der ökonomische Trend seit Beginn der industriellen Revolution auch weiterhin anhalten sollte. Diese konvergiert, wie im nachfolgenden Kapitel noch dargelegt werden wird, langfristig allerdings ohnehin automatisch in Richtung einer (Hoch-)Dividendenstrategie, sodass diese zwecks gezielter Ausnutzung des Effekts auch gleich an den Anfang des Investitionsprozesses gesetzt werden kann. Die Stärke dieses Ansatzes käme besonders dann zum Tragen, wenn besagter Trend über längere Zeit abflachen oder gar in eine Stagnation übergehen sollte, was ebenfalls Gegenstand des nächsten Kapitels sein soll. Hoffnungsfroh sollte indes der Umstand stimmen, dass der an unheilvollen Extremszenarien überreiche Zeitraum zwischen 1800 und 2010 langfristig einer gedeihlichen Entwicklung des Produktivkapitals keinerlei Abbruch getan hat.[25]

3. CASH IS KING

3.1 Einkommen versus Gewinn

Wenn sich Kursgewinnstrategien aus fundamentaler, technischer, psychologischer, mathematischer und logischer Sicht als derart problematisch erweisen, wenn es jedoch aus vielerlei Hinsicht auch keine Option ist, dem Börsentreiben fernzubleiben, so gilt es, sich einer schlichten Volksweisheit zu besinnen: Nur Bares ist Wahres! Also weg von den Kursgewinnen, hin zu den Einkommen, konkret zu den Barausschüttungen.

Schon die ältesten noch erhaltenen schriftlichen Dokumente des europäischen Mittelalters legen Zeugnis ab von einem äußerst regen finanzwirtschaftlichen Verkehr. Die Finanzzentren jener Epoche waren vor allem Klöster. Dies hatte in erster Linie praktische Gründe. Als Schriftkundige konnten Mönche Verträge aufsetzen und beurkunden sowie in ihren Gemäuern sicher verwahren. Hunderte solcher heute noch erhaltener Urkunden hatten die Bündelung und Abtretung landwirtschaftlich genutzter Liegenschaften zum Gegenstand, oft ließen sich die ohne Erben gebliebenen Veräußerer den Kaufpreis in Form von Leibrenten auszahlen, von denen sie ihren Lebensabend bestritten. Damit war es erstmals nach dem Untergang des Römischen Reichs wieder möglich, »Stamm«

und »Früchte« von Vermögenswerten getrennt zu handeln. Hiervon wurde selbst vor der Entfaltung numismatischer Ordnungen rege Gebrauch gemacht, indem die Ausschüttungen in Naturalien erfolgten. Konsequenterweise waren es dann schließlich auch die Betreiber jener Finanzmärkte, unter ihnen vor allem die sogenannten (Spät-)Scholastiker der Schule von Salamanca, die ab dem 16. Jahrhundert das theoretische Fundament der modernen Wirtschaftswissenschaften erarbeiteten.

Nur wenige Jahrzehnte später und bereits gestützt auf zahlreiche edelmetallbasierte Geldwirtschaften wurden in Europa die ersten modernen Börsen gegründet, deren grundlegende Handelstechniken bis heute unverändert fortleben. Nun sind es aber wie erwähnt gerade die historischen Ausnahmesituationen in Form exzessiver Kursgewinnspekulationen, die sich bis heute mannigfaltiger literarischer Rezeption erfreuen. Zugegeben, die Normalität nimmt sich hierzu auch vergleichsweise langweilig aus. Sie manifestierte sich tatsächlich gerade nicht in der Konzentration auf künftige Kursgewinne, sondern auf laufende Einnahmen. Das hatte auch einen ganz einfachen Grund, der in den Wirtschaftswissenschaften als Prinzipal-Agent-Konflikt im Rahmen der gleichnamigen Theorie behandelt wird:[26] Wie können Aktionäre sicherstellen, dass das Management ihres Unternehmens weitestgehend in ihrem Interesse handelt?

Ein ganz entscheidender Beitrag hierzu war (und ist) die Ausschüttung von Cash. Fantasien und Versprechen kennen bekanntlich kein Limit. Hingegen ist der Nachweis eines tragfähigen, soliden Geschäftsmodells nur möglich, indem eine regelmäßige, möglichst konstante Dividende ausgezahlt wird. Sie ist bis heute der einzige finale Beweis für die Finanzkraft eines Unternehmens. Ohne Dividendenzahlungen gab es mithin keinen Grund, entsprechende Aktien zu kaufen. Umgekehrt war eine lange, konstante Dividendenhistorie ein verlässlicher Gradmesser bezüglich der Solidität einer Gesellschaft. Diese auf gesundes Misstrauen gestützte Vorsichtsmaßnahme hat bis heute nicht an Aktualität eingebüßt. Die zeitgenössische Aussagekraft von Wirtschaftskennzahlen resümieren die beiden deutschen Ökonomen Marc Friedrich und Matthias Weik wie folgt: »Es gibt in der unternehmerischen Rechnungslegung und in der volkswirtschaftlichen Gesamtrechnung verschiedene Definitionen von Rentabilität. [...] Selbst Profis fällt es bisweilen schwer, zu ermitteln, ob Firmen, die sich wie Schlangen jährlich häuten, zwischendurch auch mal echtes Geld verdienen.«

Tatsächlich lag die durchschnittliche Ausschüttungsrendite US-amerikanischer Aktien seit Erhebung belastbarer Daten bei gut 5 Prozent. Sie übertraf dabei in 60 Prozent der Jahre zwischen 1870 und 2014 die Rendite US-amerikanischer Anleihen.

Dieser historische Normalzustand lag darin begründet, dass die Halter der schwankungsanfälligeren Wertpapiergattung selbstverständlich auch höhere Barrenditen als Kompensation für das eingegangene Risiko forderten. Die ausgezahlten Dividenden machten dabei über drei Viertel der Gesamtperformance von Aktien aus. Allerdings setzte, wie eingangs erläutert, vor allem ab Anfang der 1980er-Jahre des letzten Jahrhunderts mit Beginn des bis dato größten Bullenmarktes der Weltgeschichte ein erheblicher Rückgang der Dividendenforderungen und -renditen ein. Wohl kaum zufällig kam in derselben Epoche die Mär von den Dividendenzahlungen auf, die angeblich die Wachstumschancen hemmten. Dieser hemmenden Wirkung könne nur durch Verbleib der Gewinne im Unternehmen entgegengewirkt werden, so hieß es.

Eine solche Auffassung steht im Widerspruch zur finanztheoretischen Ermittlung eines jeden Preises von Kapitalgütern. Dieser entspricht der auf die Gegenwart abgezinsten Summe sämtlicher künftiger Zahlungsströme. Auf Aktien übertragen sind das selbstverständlich die Dividenden als Zweck der Unternehmenstätigkeit, nicht die Gewinne als Mittel hierzu. Dies ist bei anderen gängigen Vermögensgegenständen auch die weitestgehend gelebte Praxis. Zwei Beispiele sollen das verdeutlichen:

- Kaum ein Bestandsimmobilien-Investor würde ein Objekt ohne die Aussicht auf laufende Mieterlöse, allein auf einen irgendwann in der Zukunft eventuell realisierbaren Wiederverkaufsgewinn hin erwerben. Letzteres ist gerade ein Kennzeichen heißgelaufener Märkte. Tatsächlich ist die auf dem laufend erzielbaren Ertrag respektive der eingesparten Miete basierende (Bar-)Rendite neben dem Zinsniveau die wesentliche preisbestimmende Schlüsselgröße.
- Gleiches gilt beim Erwerb nicht börsennotierter Unternehmen wie beispielsweise einer Gesellschaft mit beschränkter Haftung (GmbH). Mit wenigen Ausnahmen würde sich kein Eigenkapitalgeber mit der Option auf Anteilswertsteigerungen abspeisen lassen. So geht auch die deutsche Rechtsprechung von der Erzielungsabsicht eines laufenden Einkommens aus und setzt aus diesem Grund beispielsweise enge Grenzen hinsichtlich einer finanziellen »Austrocknung von [GmbH-] Gesellschaftern«.

Wenn aber schon der Haupterwerbszweck nicht börsennotierter Unternehmen sowie von Wohn- und Gewerbeimmobilien in der Generierung von Ausschüttungen besteht, ist es wenig plausibel, warum dies beim Erwerb ebensolcher Vermögenswerte über die Börse nicht der Fall sein sollte.

Dies wird besonders anhand des folgenden Gedankenexperiments deutlich: Angenommen, eine Aktie dürfte beziehungsweise könnte nach dem Erwerb nie oder erst nach einer sehr langen Haltefrist von mehreren Jahrzehnten (Buffetts bevorzugte Anlagedauer, siehe Anmerkung 11) wieder verkauft werden: Wie würde sich deren Wert errechnen? Einzig und allein die über diesen Zeitraum erzielbare Summe an Dividenden wäre hierfür maßgeblich und letztlich auch das entscheidende Kaufkriterium. Gleiches würde natürlich für lange Phasen ausgeprägter Kursstagnation gelten.

3.2 Die Cashgenerator-Strategie

Der Erwerb börsennotierter und ausschüttungsstarker Wertpapiere über die Börse stellt in Summe eine effiziente, flexible und kostengünstige Methode zum Auf- und Ausbau sowie zur dauerhaften Nutzung eines passiven Einkommens dar, der Aufzucht jener sprichwörtlichen »Gans, die goldene Eier legt«. Kein anderes Gleichnis – eine Variante findet sich bereits beim griechischen Dichter Aesop – kolportiert dabei so treffsicher den allzu menschlichen Wunsch nach ökonomischer Autarkie sowie das regelmäßige Scheitern desselben an überzogenen Ansprüchen, wie es das Schlachten der Gans um des kurzfristigen (Konsum-)Glücks willen reflektiert.[27]

Ein passives Einkommen wiederum wird vor allen Dingen durch die systematisch betriebene Anlage in zahlreiche Cashflow generierende und regelmäßig ausschüttende Vermögenswerte mit hoher Marktgängigkeit erreicht. Dies kann in Zeiten, da ein hoher Anteil solider Geldwerte bereits nominal eine negative Rendite aufweist, in erster Linie durch Investitionen in Sach- beziehungsweise Produktivwerte gelingen. In diesem Sinn ist die zuletzt in der Finanzpresse vermehrt aufgegriffene Sentenz von der Dividende als dem neuen (und alten) Zins durchaus zutreffend.[28]

Genau diese Vermögenswerte – konkret: internationale börsengehandelte Investments mit hohen ausschüttungsfähigen Einnahmeüberschüssen (»Cash available for Distribution«, CAFD) und vorwiegend unterjährigen Ausschüttungsintervallen – sollen im Folgenden behandelt werden. Ziel einer solchen Cashgenerator-Strategie ist, einen möglichst konstanten Zahlungsstrom zu generieren, welcher einem (Zweit-)Einkommen gleich dem Anleger monatlich oder quartalsweise als Eigentümerlohn überwiesen wird. Dabei soll die Strategie für potenzielle Einkommens-Investoren jederzeit einfach, kostengünstig und ohne hohen Zeitaufwand umsetzbar sein, unabhängig davon, ob bestehendes Vermögen als Einmalbetrag angelegt wird oder mittels Sparraten erst aufgebaut werden soll.

Der bis hier skizzierte Ansatz einer Cashgenerator-Strategie geht dabei weit über bekannte Standard-Dividendenstrategien hinaus. Letztere bleiben üblicherweise auf die bedeutenden Indizes einzelner Länder oder Währungsräume und damit überwiegend auf Investitionen in bekannte und große Unternehmen beschränkt. Im Fokus dieser Blue Chips steht nun allerdings in wenigen Fällen eine an langfristig hohen Ausschüttungen orientierte Dividendenpolitik, vielmehr handelt es sich hierbei um nur eine von zahlreichen strategischen Variablen. Dieser Umstand spiegelt sich in der durchschnittlichen Dividendenrendite der entsprechenden Leitindizes unmittelbar wider: Sie beträgt für den DAX von 2004 bis 2014 zwischen 2 und 4 Prozent, wobei die obere Grenze zwei deutlich positive Ausreißer der Jahre 2009 und 2012 markieren.

Ein weiterer Nachteil insbesondere der deutschen Aktiengesellschaften (AG) ist das Ausschüttungsintervall. So ist vor allem in angelsächsischen Ländern, aber auch vielen asiatischen Staaten, wo der Aktienerwerb traditionell auch der Einkommenserzielung respektive Altersvorsorge dient, die Zahlung einer unterjährigen Abschlagsdividende als Vorauszahlung auf die nach dem Jahresabschluss endgültig festzulegende (Jahres-)Dividende üblich, was mindestens quartalsweise, teils sogar monatliche Ausschüttungen nach sich zieht. Ein solches Vorgehen wäre in Deutschland aufgrund regulatorischer Vorgaben nur unter ganz restriktiven Bedingungen möglich und ist daher absolut unüblich. Daher dominiert hierzulande die klassische Jahresdividende. Aus Sicht eines Einkommens-Investors stellt diese im Vergleich zu unterjährigen Zahlungsintervallen einen risikoreicheren, hinsichtlich des Zahlungsstroms weitaus schwankungsanfälligeren und damit schwieriger zu prognostizierenden Payoff dar.

Tatsächlich kombiniert die Cashgenerator-Strategie vielmehr die allgemeinen Vorteile der Standard-Dividendenstrategie mit den speziellen Vorzügen einer Anlage in besonders ausschüttungsstarke Wertpapiere, gepaart mit einem langfristigen Buy-and-Hold- beziehungsweise Hold-and-Take-Ansatz. Die Vorteile im Einzelnen:

- Ausschüttungen sind Eigentümerlohn. Dieser Eigentümerlohn ist die einzige nicht manipulierbare, objektiv messbare Finanzkennzahl. Ob und wie zweckmäßig das angestellte Management hingegen einbehaltene Unternehmensgewinne im Sinne der Eigentümer einsetzt, ist für den einzelnen Anleger nicht nachvollziehbar.
- Da regelmäßige Ausschüttungen zumindest langfristig im Mittel verdient werden müssen und nicht dauerhaft dem Eigenkapital entzogen werden können, halten sie das Management zur Finanzdisziplin an. Die fest terminierten Auszahlungen zwingen die Unternehmensführung dazu, für einen langfristig konstant positiven Cashflow aus der Geschäftstätigkeit zu sorgen. Diese operative Kernleistung macht zudem die Leistung des Managements unmissverständlich transparent.
- Ausschüttungsstarke Wertpapiere reduzieren durch den periodischen Mittelentzug und die Erwartungshaltung der Anleger das Unternehmensrisiko, indem es das Management gegen teure Expansionen und Zukäufe ohne klaren Fokus auf einen hinreichend solide kalkulierbaren Cashflow immunisiert. Mit einer eindeutigen Bindung an diese objektive Größe ist ein Handeln des Managements im Sinne der Anleger eher sichergestellt als ohne eine solche Verpflichtung.
- Oft stehen hinter ausschüttungsstarken Wertpapieren Unternehmen mit etablierten und regulierten Geschäftsmodellen und daher tendenziell geringeren Kurs- und Bestandsrisiken, was freilich auch nicht vor Kursabstürzen schützt oder gar eine Insolvenz verhindert.
- Der kontinuierliche Mittelzufluss aus stetigen Ausschüttungen erlaubt eine laufende, flexible Steuerung des angelegten Vermögens durch aktives Cash-Management ohne die sonst bei Umschichtungen anfallenden doppelten Transaktionskosten für Kauf- und Verkaufsorder. Teilweise bieten Unternehmen und Kapitalanlagegesellschaften ihren Anlegern sogar spesen- und gebührenfreie Wiederanlagepläne an.
- Dividenden sind ein bedeutender Bestandteil des Gesamterfolges. Sie machen allein beim DAX zwischen 1988 und 2011 gute

50 Prozent beziehungsweise 324 der insgesamt 643 Prozent Performance aus (siehe ergänzend auch Anmerkung 13), beim US-amerikanischen S&P 500 Total Return zwischen 1926 und 2011 fast ebenso hohe 45 Prozent. Dividenden zu ignorieren heißt also, auf die Hälfte des möglichen Gewinns zu verzichten.[29]

- Die Kurse ausschüttungsstarker Titel schwanken in der Regel weniger stark als marktbreite Indizes. In der Doppelcrash-Dekade zwischen 2000 und 2009 beispielsweise schwankten Aktien mit hoher Dividendenrendite laut einer Studie der Fondsgesellschaft DWS um 30 Prozent weniger als die des Gesamtmarkts. Durch die Wiederanlage der Ausschüttungen können zudem Kursschwankungen geglättet und die Dividendenrendite erhöht werden. Hier kann sich der Anleger die Tatsache, dass die Dividende regelmäßig weniger stark schwankt als Gewinne und Kurse, sogar systematisch zunutze machen.
- Ausschüttungsorientierte Strategien enthalten eine psychologische Komponente, die das Durchhaltevermögen des Anlegers erheblich fördert. Denn selbst wenn die Kurse fallen, bleiben dem (Einkommens-)Investor immer noch die regelmäßigen, oftmals weiterhin konstanten Auszahlungen. Die Konzentration auf das Einkommen hilft dabei, emotional belastende Kurskapriolen beziehungsweise unüberlegte Reaktionen darauf auszublenden.
- Halbjährlich, quartalsweise oder sogar monatlich vorgenommene Ausschüttungen erhöhen durch den unterjährigen Zinseszinseffekt die effektive Jahresrendite, sofern sie unmittelbar wieder angelegt werden.[30] Zudem wirken unterjährige Ausschüttungen ebenfalls kursglättend, sie reduzieren in aller Regel die Kursschwankungen, da ihre Titel konsequenterweise weniger spekulative Anleger anziehen. Ferner machen unterjährige Ausschüttungen den Anleger unabhängig von einem einzigen Zahlungstermin im Jahr, bei welchem die Höhe der Dividende viel eher von der jeweils aktuellen Marktlage und Unternehmensentwicklung abhängig und damit weniger planbar ist.

- Auf Ausschüttungen basierende Anlagestrategien machen eine breite Diversifikation unzweifelhaft zweckmäßig. Während bei aktiven Kursgewinnstrategien die (meist vergebliche) Fokussierung auf wenige Titel zwingend notwendig ist, sollte sich ein risikominimales Portfolio dividendenstarker Wertpapiere stets auf eine Vielzahl von Einkommensquellen stützen. Das gilt gleichermaßen für Einzeltitel wie für Sammel- beziehungsweise Fondsanlagen.
- Zumindest die Vorselektion der grundsätzlich infrage kommenden Wertpapiere ist einfach: Titel, die nicht, wenig oder nicht konstant ausschütten, können vernachlässigt werden – alle anderen müssen dafür konsequent dem Fünf-Punkte-Check unterzogen werden.
- Aufgrund der zumindest in Deutschland gültigen Abgeltungsteuer auf Kapitalerträge, auf die zudem in aller Regel ausländische Quellensteuern voll angerechnet werden können, wird das Zusatzeinkommen aus der Cashgenerator-Strategie für unbeschränkt steuerpflichtige Inländer wesentlich günstiger besteuert als beispielsweise Arbeitseinkommen oder Mieteinnahmen.

Darüber hinaus gibt es zwei weitere Argumente, die für einen auf hohen Ausschüttungen basierenden Investmentansatz sprechen: Das historische Abschneiden einer einkommensorientierten Strategie sowohl unter inflationären als auch deflationären Rahmenbedingungen.

In einem inflationären Szenario rentieren Dividendentitel normalerweise überdurchschnittlich stark. Zumindest bezüglich der statistisch verlässlich dokumentierten Beobachtungszeiträume schneiden sie bei Inflationsraten von bis zu 10 Prozent pro Jahr besser ab als der Gesamtmarkt. Bei höheren Inflationsraten kehrt sich das Verhältnis allerdings um. Gleiches scheint auch für Phasen überdurchschnittlich stark steigender Inflationsraten respektive Zinsen der Fall zu sein.[31] Jenseits etwaiger Ausschüttungen sind ertrags- und substanzstarke Titel im Gegensatz zu Geldwerten zudem durchaus geeignet, Vermögen in Phasen hoher Inflationsraten real zu erhalten. Einkommens-Investoren dient die in der Regel damit einhergehende Höherbewertung der Unternehmenssubstanz als nominaler Vermögensausgleich, sofern die (Wieder-)Beschaffungskosten des Anlagevermögens und der gegebenenfalls fällige Investitionsbedarf ausreichend berücksichtigt werden und nicht überproportional steigen.[32] Haben Unternehmen gar die Möglichkeit, die gestiegenen Herstellungskosten vollständig auf die Kunden überzuwälzen, können sie mit der Lohn-Preis-Spirale Schritt halten und Unternehmensgewinn wie Dividende inflationsbereinigt mindestens konstant halten. Zudem lässt sich das Risiko potenzieller Kaufkraftverluste durch eine Diversifikation über mehrere Währungsräume reduzieren, wenn nicht gar eliminieren, zumindest sofern es sich hierbei um ein lokal oder regional begrenztes Phänomen handelt.

Überraschenderweise weisen Dividendenaktien aber auch in einem deflationären Umfeld ein überdurchschnittlich attraktives Chance-Risiko-Profil auf – ganz im Gegensatz zu Titeln, die keine oder lediglich geringe Ausschüttungen vornehmen. Das heißt freilich nicht, dass Dividendenaktien nicht auch zum Teil hohe Kursverluste erleiden können, allerdings bieten diese oftmals günstige Einstiegschancen mit doppelter Hebelwirkung, wie Jeremy Siegel am Beispiel der Großen Depression demonstriert: Nach über 25 Jahren, am 14. November 1954, schloss der Dow Jones erstmals wieder über dem bis dato historischen Höchstkurs von 381,17 Zählern, welchen er am 3. September 1929 erklommen hatte. So lange mussten Kursgewinn-Investoren warten, die am Höhepunkt der Hausse eingestiegen waren und ihre Positionen gehalten hatten, um ihren nominalen Einstandskurs wiederzusehen (siehe hierzu auch Kapitel 2.2). Investoren jedoch, welche unter denselben Voraussetzungen die Dividenden der 30 Indextitel laufend reinvestierten, konnten ihr Kapital in diesem Vierteljahrhundert mehr als vervierfachen und damit insgesamt einen doppelt so hohen Ertrag erzielen wie mit langlaufenden US-amerikanischen Staatsanleihen.

Der Grund: Die Dividenden der im Dow Jones vertretenen Aktien sanken zwischen 1929 und 1933 nominal um 55 Prozent, die Kurse jedoch um 90 Prozent.[33] Das heißt, wiederanlegende Investoren profitierten durch den Baisse-Effekt, die Kombination aus fallenden Kursen und unterproportional stark sinkenden Ausschüttungen, gleich doppelt: Zum einen ermöglichte der relativ niedrige Anteilspreis den Erwerb einer höheren Stückzahl, zum anderen wiesen die erworbenen Anteile eine höhere Dividendenrendite aus. Durch eine Konzentration auf besonders dividendenstarke Titel hätte sich diese zweifache Hebelwirkung sogar weiter steigern lassen.

Siegel macht in diesem Zusammenhang auf folgenden interessanten Umstand aufmerksam: Hätte es die Große Depression mit dem beispiellosen Crash am Aktienmarkt nicht gegeben und hätten die Kurse ab Herbst 1929 ein Vierteljahrhundert lang ihr Niveau einfach konstant gehalten, dann hätten obige wiederanlegende Investoren ihr Kapital selbst bei moderat steigenden Dividenden noch nicht einmal um den Faktor drei steigern können. Die Wiederanlage der Ausschüttungen erwies sich in der bisher heftigsten Kursverlustphase der Moderne durch die auseinanderfallende, in einer höheren Barrendite mündende Entwicklung von Kurs und Dividende als zusätzlicher Hebel sowohl für die Kursperformance als auch für das Einkommen. Denn selbstverständlich zogen auch die Dividenden der zu Tiefstkursen eingesammelten Papiere mit der späteren wirtschaftlichen Erholung wieder an.

Genau derselbe Baisse-Effekt entfaltete zuletzt auch im Land der aufgehenden Sonne seine Wirkung. Seit Anfang der 1990er-Jahre stagniert die Wirtschaft Japans allen Ankurbelungsversuchen zum Trotz, während der Leitindex der Tokioter Börse seit seinem Allzeithoch im Dezember 1989 fast 75 Prozent verloren hat (siehe ebenfalls Kapitel 2.2) und im Frühjahr 2015 den längsten Zeitraum zwischen zwei Rekordständen des Leitindex einer Industrienation von gut 25 Jahren erfolgreich brechen konnte und nach wie vor fortsetzt. Von diesem langfristigen Trend konnten sich allerdings Aktien mit hoher Dividendenrendite entkoppeln. Sie verloren bis kurz vor der Jahrtausendwende lediglich 50 Prozent an Wert, entwickelten sich seither aber im Vergleich zum Gesamtmarkt nicht nur überproportional gut, sondern vor allem auch absolut betrachtet deutlich positiv. Zwischen 1998 und 2012 erzielten japanische Dividendenaktien inklusive der Wiederanlage aller Ausschüttungen eine Rendite von knapp 300 Prozent, während der Gesamtmarkt insgesamt negativ abschnitt.

In besonders plakative Worte hat Charles D. Ellis den Baisse-Effekt gehüllt, der hierzu abschließend zitiert sei: »Wie wir Kühe kaufen, weil sie Milch geben, und Hühner, weil sie Eier legen, kaufen wir Aktien wegen ihrer aktuellen und künftigen Erträge und Dividenden. Wenn Sie eine Molkerei besäßen, würden Sie es dann nicht vorziehen, wenn die Kühe im Einkauf billig sind, damit Sie aus Ihrer Investition in die Tiere mehr Liter Milch herausholen können? [...] Als Sparer und Aktienkäufer [...] liegt Ihr echtes langfristiges Interesse seltsamerweise darin, dass Sie mehr Aktien zu niedrigen Kursen anhäufen und so auf Ihre investierten Ersparnisse mehr Dividenden erhalten. [...] Das ist möglicherweise eine bahnbrechende Erkenntnis, die Ihnen zu mehr Anlageerfolg und gleichzeitig zu größerem Seelenfrieden im Zuge Ihrer Anlegerkarriere verhelfen kann. Vielleicht erkennen Sie mit der Zeit sogar etwas Positives in Bärenmärkten. Wenn Sie sie rein rational betrachten, ganz bestimmt.«

Doch auch in prosperierenden beziehungsweise haussierenden Zeiten profitieren langfristig orientierte Einkommens-Investoren regelmäßig durch einen Dividendenhebel auf den ursprünglichen Kaufkurs respektive Dividendenerhöhungseffekt. So führen steigende Unternehmensgewinne im langfristigen Mittel (siehe Anmerkung 10) einerseits zu einem steigenden Kursniveau, andererseits bilden sie wiederum die unabdingbare Basis für zusätzliche Ausschüttungen. Bezogen auf den ursprünglichen, einst niedrigeren Kaufkurs ergibt sich dann automatisch eine höhere Dividendenrendite. Der Dividendenerhöhungseffekt kann dabei über die Jahre erhebliche Ausmaße annehmen. Ein Beispiel: Ende 1996 notierte der Kurs der BASF-Aktie bei 8,21 Euro; als Dividende wurden im selben Jahr 0,36 Cent ausgezahlt, was bezogen auf den Jahresschlusskurs einer Dividendenrendite von knapp 4,4 Prozent entsprach. Zwanzig Jahre später, Anfang Mai 2016, schüttete der Chemiekonzern eine Dividende von 2,90 Euro bei einem Kurs von über 70 Euro aus. Bezogen auf den Tageskurs entsprach dies einer im Vergleich zu 1996 kaum veränderten Rendite von 4,1 Prozent, bezogen auf den Jahresschlusskurs von 1996 jedoch einer Rendite von über 35 Prozent.

Werden also Aktienengagements als Einkommens- und nicht als Kursgewinnvehikel aufgefasst, profitieren entsprechend positionierte Investoren von ausgeprägten Marktzyklen. Steht die Dividende und nicht der Kurs im Fokus, fördern die periodischen Einnahmen und ihre Wiederanlage je nach Investitionsansatz, siehe hierzu Kapitel 17.3, automatisch ein antizyklisches Handeln; dies gilt insbesondere für den Fall, dass Wiederanlagepläne eine Reinvestition zu vorteilhaften Konditionen ermöglichen.

3.3 Das Investitionsspektrum

Im Kontext einer einkommensorientierten Strategie muss selbstredend auch ein geeignetes Risikomaß definiert werden, da traditionelle Kennzahlen im Wesentlichen auf die Schwankungsintensität der Wertpapierkurse, nicht jedoch auf die der Ausschüttungen abzielen. Tatsächlich ist die Volatilität oder Standardabweichung, also die aus der Vergangenheit abgeleitete Streuung der Preis- oder Kursnotierungen um ihren Mittelwert, mit deren Hilfe Kursgewinn-Investoren das Risiko einer Geldanlage taxieren, keine taugliche Kennzahl für ohnehin auf sparsame Handelsaktivitäten und eine lange Haltedauer ausgelegte Cashflow-Investments. So ist denn auch die dauerhafte Absenkung der Dividende unter die Zielrendite beziehungsweise gar deren Aussetzung für Einkommens-Investoren der einzig zwingende Grund, eine Depotposition zu veräußern.

Eine zweckmäßige Risikoanalyse sollte daher der Sicherheit des Mittelzuflusses, also eines langfristig möglichst stabilen, aus Dividenden gespeisten Einkommens, Priorität einräumen. Hierzu kann statt der Kurs- die (statistisch niedrigere) Ausschüttungsvolatilität herangezogen werden. Diese lässt sich ebenfalls aus entsprechenden Vergangenheitswerten ableiten, wobei insbesondere die Dividendenentwicklung während wirtschaftlicher Schwächephasen Rückschlüsse auf die Stabilität des Cashflows und Geschäftsmodells sowie Qualität und Verlässlichkeit des Managements erlaubt. Neben zahlreichen Finanzportalen informiert in aller Regel auch eine gesonderte Rubrik auf der Unternehmenshomepage über die Dividendenhistorie. Ferner gibt die (Finanz-)Berichterstattung wertvolle Hinweise zur tatsächlichen und geplanten Ausschüttungspolitik der Unternehmensführung. So kommunizieren zahlreiche unterjährig ausschüttende Firmen regelmäßig ihre diesbezüglichen Planungen, teilweise in gesonderten Unternehmensmitteilungen.[34]

Andere Firmen wiederum zwingt bereits die Rechtsform zu einer weitgehend automatisierten Berechnung und Auszahlung der Dividende. Allerdings leisten zahlreiche, aus Sicht des Einkommens-Investors durchaus attraktive Papiere zyklisch schwankende Zahlungen. In diesen Fällen hilft die Untersuchung und Abschätzung des mittelfristigen Trends weiter. Gleiches gilt für Unternehmen, die in traditionell volatilen Branchen wie beispielsweise der Rohstoffförderung oder dem Großhandel agieren.

Wichtig im Rahmen der Rendite-Risiko-Analyse ist zudem die Beurteilung des Gesamtportfolios beziehungsweise Gesamteinkommens, nicht die einzelner Positionen, sofern diese jeweils dem nachfolgenden Fünf-Punkte-Check standhalten. Tendenziell gleichen sich die Schwankungen in der Dividendenhöhe sowie die Fremdwährungseffekte verschiedener Einzeltitel eines breit über Branchen, Regionen und Anlageklassen diversifizierten Portfolios mittel- bis langfristig aus. Abweichungen bieten sogar die Möglichkeit, mittels Baisse-Effekt sowie Rebalancierung, also der periodischen Wiederherstellung einer bestimmten Portfoliostruktur, das Rendite-Risiko-Verhältnis zu optimieren. Hierauf wird in Kapitel 17.3 detaillierter eingegangen.

Die Cashgenerator-Strategie konzentriert sich auf börsengehandelte, gemeinhin wenig geläufige Finanzinstrumente, die eine konsequente Orientierung an langfristigen Ausschüttungen auszeichnet und die daher besonders geeignet sind, ein dauerhaftes Zusatzeinkommen für Investoren zu generieren.

Oft repräsentieren entsprechende Titel Nischenwerte, die bisweilen allerdings über eine erhebliche Marktkapitalisierung verfügen und daher nicht zwangsläufig im Segment der Nebenwerte beziehungsweise Mid oder Small Caps beheimatet sind. Folgende Aspekte verdienen bei der Auswahl besondere Beachtung (Fünf-Punkte-Check):

1. Die Ausschüttungsrendite sollte in klassisch-historischer Tradition mindestens 5 Prozent zuzüglich Inflationsrate bei möglichst konstanter beziehungsweise positiver Entwicklung der periodischen Ausschüttung betragen. Das entspricht aktuell einer Zielrendite von durchschnittlich 6 bis 8 Prozent.

2. Die Ausschüttungspolitik sollte sich im Mittel am CAFD orientieren und nicht zum Substanzverzehr führen. Das heißt, die Dividende muss regelmäßig aus dem Cashflow abzüglich notwendiger Erhaltungsinvestitionen finanziert werden können. Ausnahme: Bestimmte Wertpapierinstrumente (siehe Kapitel 8) sind ihrer Natur und Rechtskonstruktion nach zum Teil auf kontrollierten Substanzverzehr ausgelegt, weshalb entsprechende Ausschüttungen in einen Gewinn- und einen Kapitalrückzahlungsanteil aufgeteilt und vom Investor entsprechend gehandhabt werden müssen.

3. Die Ausschüttungsfrequenz sollte dem Wunsch des Einkommens-Investors nach periodischen, möglichst konstanten Erträgen entsprechen. Ein Indiz hierfür sind unterjährige Zahlungsintervalle, vorzugsweise als Monats- oder Quartalsdividende. In Verbindung mit hohen, aber gedeckten Ausschüttungsquoten ermöglichen diese ein effektives passives Zusatzeinkommen.

4. Die Ausschüttungshöhe sollte nicht aus einem übermäßigen Fremdkapitaleinsatz resultieren (Leverage-Effekt). Egal ob Einzelunternehmen oder Sammelanlage: Die jeweilige Gesellschaft sollte eine solide Bilanz beziehungsweise eine konservative Finanzierungsstruktur aufweisen. Eine Orientierungshilfe hierfür bietet die noch zu thematisierende US-amerikanische Gesetzgebung, die bei zahlreichen Anlageinstrumenten einen Verschuldungsgrad von maximal einem Drittel bezogen auf das Gesamtvermögen erlaubt.

5. Ein den Punkten eins bis vier entsprechendes Investment muss schließlich über eine Notierung an einer liquiden und verlässlichen Wertpapierbörse verfügen, welche rechtssichere Handelbarkeit bei akzeptablen Transaktionskosten gewährleistet.

Auch wenn der Fünf-Punkte-Check auf den ersten Blick sehr restriktiv erscheinen mag, finden sich nach Filterung anhand obigen Kriterienkatalogs weltweit immer noch mehrere Hundert interessante Investitionsmöglichkeiten. Insbesondere seit der Jahrtausendwende sind vermehrt ausschüttungsorientierte Wertpapiere neu an den Börsen gelistet worden, die das hier vorgestellte Spektrum enorm vergrößert haben, Tendenz steigend. Vor allem im angelsächsischen Raum, wo traditionell ein großer Teil des Altersvorsorgevermögens direkt oder indirekt über die Kapital- beziehungsweise Aktienmärkte gemanagt wird, existieren zahlreiche Wertpapieranlagen, deren Ausschüttungspolitik exakt auf den Typus des Einkommens-Investors zugeschnitten ist.

Ein entscheidender Pluspunkt des hier vertretenen Ansatzes besteht in der Möglichkeit, letztendlich fast jede Anlage- oder Assetklasse über derartige Investments abzudecken. Eine Diversifizierung sowohl nach Sektoren und Instrumenten – Branchen, Unternehmen, Rohstoffe, Immobilien, Anleihen, Spezialitäten – als auch nach Regionen und Währungen ist somit problemlos möglich. Ein weiterer Vorteil: Es existieren mehrere spezielle Anlageklassen, die auf Unternehmensebene von der Körperschaftsteuer befreit und dafür im Gegenzug gesetzlich verpflichtet sind, einen hohen Anteil des frei verfügbaren Cashflows an die Anteilseigner auszuschütten. Ferner verfügen viele der infrage kommenden Investitionsobjekte über hohe Liquiditätspolster infolge eines Geschäftsmodells mit relativ gut kalkulierbaren Erträgen.

Einkommens-Investoren sollten es letztendlich mit Aesop halten und Gänse züchten, die goldene Eier legen, dabei jedoch unbedingt den Fehler vermeiden, das gehegte Federvieh zu schlachten. Auf die hierfür infrage kommenden speziellen Instrumente und Wertpapiere soll nun im Folgenden eingegangen werden.

4. BUSINESS DEVELOPMENT COMPANIES

Zusammenfassung

Bei der Business Development Company (BDC) handelt es sich um eine gesetzlich streng reglementierte Form börsennotierter Beteiligungs- und Sanierungsgesellschaften in den USA. Als Eigen-, vor allem aber auch als Fremdkapitalgeber für nicht börsennotierte Unternehmen mit eigenem Aufsichtsrecht lassen sie sich am ehesten als Firmenkreditinstitute klassifizieren, auch wenn sie über keine Banklizenz verfügen. Ihre Existenz verdanken sie einem über 30 Jahre alten Bundesgesetz, mit dem das US-amerikanische Aktienrecht modifiziert wurde.

Entwicklung und Besonderheiten

Ausgangspunkt dafür war eine wesentliche Einschränkung der Finanzierungsmöglichkeiten kleiner Wachstumsunternehmen, die der sogenannte Investment Company Act aus dem Jahr 1940 (Act of 1940) hinsichtlich möglicher Eigen- und Fremdkapitalgeber auferlegte. Dieses heute noch immer bedeutendste Börsen- und Aktiengesetz der Vereinigten Staaten verbot kleinen, nicht an einer Börse notierten Gesellschaften, Wertpapiere direkt oder indirekt an mehr als 100 wirtschaftlich berechtigte Personen auszugeben. Damit waren de facto alle Kapitalanlagegesellschaften (KAG) mit breiter Publikumsbeteiligung von jeglicher Beteiligungsmöglichkeit in diesem Segment abgeschnitten und die Finanzierung über klassische (Bank-)Kredite war normalerweise unumgänglich.

Insbesondere Private-Equity- sowie Venture-Capital-Gesellschaften, die ja per Definition außerbörsliches Beteiligungskapital bereitstellen, machten in den 1970er-Jahren – es war die Zeit der Stagflation, also einer wirtschaftlichen Rezession bei gleichzeitig steigenden Inflationsraten und damit einer Phase des Anlagenotstandes – die Mitglieder des US-Kongresses auf die mangelnden Beteiligungsmöglichkeiten an kleinen und mittleren Unternehmen ohne Börsennotierung beziehungsweise umgekehrt auf deren einseitige Abhängigkeit von traditionellen Kapitalgebern aufmerksam. Im Jahr 1980 erließ der US-Kongress mit dem sogenannten Small Business Investment Incentive Act die rechtliche Basis für die Gründung und den Betrieb von BDCs. Aktienrechtlich werden diese seitdem als Sonderform eines öffentlich gehandelten, sprich börsennotierten, geschlossenen Fonds beziehungsweise CEF klassifiziert. CEFs wiederum repräsentieren eine von insgesamt drei Kategorien US-amerikanischer Kapitalanlagegesellschaften (KAGs), sogenannter »Investment Companies«.[35]

Der erklärte Zweck dieses Gesetzes bestand jedoch nicht nur darin, die Gründung börsennotierter Finanzierungsgesellschaften zu fördern, sondern auch den kleinen, nicht börsennotierten US-Unternehmen langfristig Fremd- oder Eigenkapital zur Verfügung zu stellen. Nicht zuletzt durch eine nach wie vor relativ strenge Regulierung dieser neuen KAGs sollte der Zugang zu Wagniskapital insbesondere auch für Kleinanleger attraktiv gestaltet, eine allzu hohe Konzentration von Risiken daher vermieden werden. So muss eine BDC (wie auch jede andere »Investment Company«) stets sicherstellen, dass von ihr verbrieftes Fremdkapital, so zum Beispiel begebene Anleihen, stets zu mindestens 200 Prozent durch Vermögenswerte gedeckt ist, was im Regelfall die maximale Verschuldungsquote eines Fremdkapitalnehmers auf 50 Prozent seiner Bilanzsumme begrenzt.[36] Auch sind die Möglichkeiten zur direkten Kreditaufnahme via Bankdarlehen streng limitiert und lediglich bis zu einer Höhe von maximal 5 Prozent der Vermögensmasse der BDC und nur für fest definierte und zeitlich befristete Zwecke zulässig.

BDCs sind bis heute in den USA die einzigen börsennotierten und damit liquide handelbaren KAGs, deren Fokus auf der Finanzierung nicht börsennotierter Gesellschaften liegt. Sie genießen in der Regel erhebliche steuerliche Vorteile, sind dafür allerdings hinsichtlich der realisierten Vermögensgewinne und laufenden Erträge gesetzlich an eine restriktive Ausschüttungspolitik gebunden. Letzteres ergibt sich aus dem Umstand, dass jede BDC ihren Hauptsitz in den USA haben muss und somit immer an US-amerikanisches Recht gebunden ist. Außerdem können BDCs gemäß dem Act of 1940 ihren Status nur wie folgt ändern, was freilich den Verlust aller spezifischen Rechte und Pflichten nach sich zieht:

- entweder mit Zustimmung von mehr als 50 Prozent der insgesamt im Umlauf befindlichen Stimmrechte
- oder mit Zustimmung von mindestens 67 Prozent der auf einer (Haupt-)Versammlung direkt oder indirekt anwesenden Stimmrechte, sofern mehr als 50 Prozent der insgesamt im Umlauf befindlichen Stimmrechte der Versammlung beiwohnen

Eine weitere Besonderheit ist die Verpflichtung von BDCs, die Gesellschaften, an denen sie Beteiligungen halten, zu beraten beziehungsweise ihnen Beratungsdienstleistungen zu vermitteln. Um das Geschäfts- und damit Ausfallrisiko der Anteilseigner zu begrenzen, ist den BDCs außerdem ihr Investitionsspektrum strikt vorgegeben. Innerhalb desselben dürfen sie sich höchstens mit 25

Prozent ihres Vermögens an einem einzelnen Unternehmen beteiligen, was sie dazu zwingt, ihre Beteiligungen zu diversifizieren. Mindestens einmal im Quartal müssen BDCs ihre nicht börsennotierten Beteiligungen bewerten. Ebenfalls zum Schutz der Anleger enthält der Act of 1940 Verbote und Restriktionen hinsichtlich möglicher Finanztransaktionen zwischen einer BDC und ihrem – oftmals externen – Management sowie involvierten Banken.

Gemäß den gesetzlichen Vorgaben dürfen BDCs keine anderen als die im Act of 1940 genannten Anlagen tätigen. Diese ausdrücklich zugelassenen Investitionen werden dabei als »Qualifying Assets«, also »zugelassene Vermögenswerte« bezeichnet. Zum Zeitpunkt einer jeden Investition müssen diese inklusive der beabsichtigten neuen Beteiligung mindestens 70 Prozent der gesamten Anlagen der BDC ausmachen. Sie dürfen dabei ausschließlich das folgende Investitionsspektrum umfassen:

- Außerbörslich von »geeigneten Portfoliounternehmen« (zu diesem Begriff siehe unten) emittierte Wertpapiere.
- Wertpapiere »geeigneter Portfoliounternehmen«, die bereits von einer BDC kontrolliert werden und deren Geschäftsführung eine der BDC »nahestehende Person« repräsentiert.[37] Eine zur Kontrolle berechtigende Beteiligung ist dabei regelmäßig bei einem Erwerb von mehr als 25 Prozent der stimmberechtigten Anteile gegeben.
- Außerbörslich emittierte Wertpapiere von Unternehmen, über die ein Konkurs- oder Insolvenzverfahren eröffnet wurde, die sich in einer Sanierungs- oder Umstrukturierungsphase befinden oder anderweitig nicht in der Lage sind, ihren finanziellen Verpflichtungen ohne externe Unterstützung nachzukommen.
- Bargeld, Bankguthaben, Wertpapiere der US-Regierung oder Schuldtitel hoher Bonität mit maximal einem Jahr Restlaufzeit ab dem Investitionszeitpunkt. Dieses Instrument dient vor allem der Anlage beziehungsweise Verwaltung liquider Mittel.

- Die Ausgaben für die Büro- und Geschäftsausstattung der BDC, die Miet- oder Finanzierungskosten für die notwendigen Büroräumlichkeiten sowie alle sonstigen Aufwendungen zur Aufrechterhaltung der Geschäftstätigkeit.

Ein »geeignetes Portfoliounternehmen« respektive eine »Qualified Portfolio Company« bezeichnet in diesem Zusammenhang ein inländisches, also US-amerikanisches Unternehmen, das

- entweder nicht an einer US-amerikanischen Börse notiert ist
- oder aber dessen Aktien zwar an einer US-amerikanischen Börse gelistet sind, das jedoch eine Marktkapitalisierung von jeweils maximal 250 Millionen US-Dollar für Stamm- und Vorzugsaktien (zum Unterschied zwischen Stamm- und Vorzugsaktien siehe Kapitel 9) aufweist.

In jedem Fall darf es sich bei einem »geeigneten Portfoliounternehmen« nicht beziehungsweise nur in wenigen Ausnahmefällen selbst um eine KAG handeln, da die Investitionstätigkeit ganz überwiegend dem realwirtschaftlichen Sektor zugutekommen soll. Eine Ausnahme ist nur dann möglich, wenn eine KAG bereits durch eine BDC kontrolliert wird oder es sich dabei um ein Kleinunternehmen mit weniger als 4 Millionen US-Dollar an Vermögenswerten handelt. Im Gegensatz zu fast allen anderen US-amerikanischen KAGs sind BDCs hinsichtlich ihrer Beteiligungen nicht auf die Rolle des passiven Investors festgelegt. Vielmehr wird von einer BDC sogar verlangt, dass sie zumindest den »geeigneten Portfoliounternehmen« in ihrem Vermögensbestand eine laut Gesetz »signifikante Managementunterstützung« zukommen lässt. Diese meist kostenpflichtige Unterstützung oder aber ihre Vermittlung muss dabei vertraglich vereinbart werden und kann sich sowohl auf die strategische Ausrichtung der Gesellschaft als auch auf ihr operatives Geschäft erstrecken.

Sofern kein externes Fachpersonal beauftragt wird, erfolgt die Beratung durch die BDC beziehungsweise durch ihre Geschäftsführung, leitende Angestellte oder Teilhaber. Alternativ dazu besteht auch die

Möglichkeit, entsprechende Posten im jeweiligen Zielunternehmen durch geeignete Personen direkt zu besetzen. Eine Ausnahme von dieser Regelung hat der Gesetzgeber allerdings zugelassen: Gewährt die BDC einer »qualifizierten Portfoliogesellschaft« ein Darlehen, erfüllt dies ebenfalls die Bedingung einer »signifikanten Managementunterstützung«. Insgesamt sollen diese doch recht einschränkenden Bestimmungen sicherstellen, dass die Finanzierungs- und Beratungsdienstleistungen der BDC ausschließlich heimischen Klein- und Mittelbetrieben jenseits der Finanzwirtschaft zugutekommen, die über keinen beziehungsweise keinen problemlosen Zugang zu entsprechenden Unterstützungsmöglichkeiten verfügen.

Vielleicht waren diese Regulierungen aber auch dafür verantwortlich, dass sich die Begeisterung für die neu geschaffenen BDCs zunächst in Grenzen hielt. Bis zur Jahrtausendwende wurden nur wenige BDCs gegründet und es wurden auch wenige bestehende KAGs in solche umgewandelt. Von den heute notierten BDCs waren lediglich zwei, American Capital (NASDAQ: ACAS, ISIN: US02503Y1038) und Medallion Financial (NASDAQ: TAXI, ISIN: US5839281061), bereits vor dem Jahr 2000 aktiv. Erst einige Zeit nach dem Platzen der Dotcom-Blase und damit nach dem Wegfall der Geschäftsgrundlage zahlreicher KAGs kam es zu einer markanten Zunahme in diesem Segment. Waren 2003 erst vier BDCs handelbar, sind aktuell knapp drei Dutzend an den US-amerikanischen Börsen NYSE sowie NASDAQ notiert.

Besagte Restriktionen werden allerdings vor allem aus Sicht eines jeden Einkommens-Investors durch zwei ganz entscheidende Vorteile der BDCs aufgewogen: die steuerliche Behandlung ihrer Gewinne sowie die zwingend daran gekoppelte Ausschüttungspolitik.

Kosten und Besteuerung

Entscheidet sich eine BDC – was regelmäßig der Fall ist – gegen eine steuerliche Behandlung als gewöhnliches Unternehmen und für den Status als »regulierte KAG« beziehungsweise »Regulated Investment Company« (RIC), bleiben sämtliche Erträge auf Unternehmensebene steuerfrei.[38]

Den optionalen Status als RIC und damit die Anwendung steuerrechtlicher Sondervorschriften können BDCs allerdings nur dann beanspruchen, wenn sie mindestens 90 Prozent ihres jährlichen steuerbaren Einkommens an die Anteilseigner ausschütten. Das Einkommen selbst muss dabei wiederum zu mindestens 90 Prozent aus Dividenden, Zinsen und Kapitalgewinnen, also aus den Investitionen der BDC, stammen. Sofern diese Vorgaben erfüllt werden, sind BDCs von der Körperschaftsteuer befreit. Eine Versteuerung der Ausschüttungen erfolgt nunmehr individuell auf Ebene der Anteilseigner im Rahmen ihrer Veranlagung zur Einkommensteuer. Ist die BDC von der Körperschaftsteuer befreit, werden zudem die Abschreibungen auf das Anlagevermögen ebenfalls den Aktionären und nicht der Gesellschaft zugerechnet.

Zu diesem Zweck schlüsselt eine BDC nach jedem abgelaufenen Geschäftsjahr die realisierten Ausschüttungen in einem standardisierten Dokument (»Tax Information« oder »Tax Treatment«), einer sogenannten K-1-Erklärung, auf, das über die Internetseite der Gesellschaft oder auf Anfrage bezogen werden kann. Die drei möglichen Komponenten sind »Invest Income« (laufende Einkommen aus Investitionen), »Capital Gains« (realisierte Kapital- beziehungsweise Kursgewinne) und »Return of Capital« (ROC) oder »Nondividend Income« (Rückzahlung eines Teils des investierten Kapitals). Ausschüttungen, die auf Kapitalgewinnen beruhen, werden bei US-Investoren nicht wie das »Investment Income« der Einkommensteuer, sondern einer günstigen »Capital Gain Tax« unterworfen, Kapitalrückzahlungen sind konsequenterweise komplett von der Steuer befreit.

Ausschüttungen an ausländische Anleger werden pauschal mit einem Quellensteuerabzug von 15 Prozent belegt. Gemäß deutsch-amerikanischem Doppelbesteuerungsabkommen (DBA) können sich deutsche Anteilseigner nach Ausschöpfung des Sparerfreibetrages die ausländische Quellensteuer auf die Abgeltungsteuer anrechnen lassen. Die Anrechnung erfolgt entweder durch das in Deutschland ansässige Finanzinstitut beziehungsweise die Depotbank oder aber, sofern die Anteile an der BDC bei einer im Ausland beheimateten (Depot-)Bank verwahrt werden, im Rahmen der Einkommensteuererklärung (Anlage KAP in Verbindung mit Anlage AUS).

Ein Wermutstropfen bei der Anlage in BDCs sind die relativ hohen Kompensationen und Gebühren, die in der Regel für das Management – etwa die Hälfte der existierenden BDCs wird durch externe Manager geführt – und den Geschäftsbetrieb fällig werden und damit die Rendite schmälern. Im Wesentlichen fallen folgende vier Vergütungskomponenten ins Gewicht:

- Managementgebühr: Diese beträgt in der Regel 1,75 bis 2,50 Prozent des durchschnittlichen Bruttovermögens der BCD pro Jahr und wird quartalsweise ausgezahlt.
- Verwaltungskosten: Üblicherweise trifft jede BDC eine gesonderte Vereinbarung mit dem externen Management respektive Dienstleister hinsichtlich der Übernahme administrativer Aufgaben gegen die Zahlung einer festen oder variablen Vergütung.
- Bonus auf Nettoerträge: Eine BDC ermittelt quartalsweise die Nettoerträge aus der Investitionstätigkeit ohne Berücksichtigung realisierter Kursgewinne und Kursverluste. Diesen Wert setzt sie ins Verhältnis zum durchschnittlich gemanagten Vermögenswert und vergleicht ihn anschießend mit der festgelegten prozentualen Schwelle zur Gewinnvergütung, der sogenannten »Hurdle Rate«. Die »Hurdle Rate« liegt bei den meisten BDCs bei rund 2 Prozent pro Quartal. In jedem Quartal, in dem die »Hurdle Rate« überschritten wird, erhält das Management in der Regel 20 Prozent der die Rate übersteigenden Nettoerträge als erste Komponente der erfolgsabhängigen Vergütung ausbezahlt.
- Bonus auf Vermögenszuwachs: Pro Jahr wird das Management zudem mit in der Regel ebenfalls 20 Prozent der kumu-

lierten und realisierten Kursgewinne abzüglich Kursverlusten und der nicht realisierten Abschreibungen auf das verwaltete Vermögen als zweite Komponente der erfolgsabhängigen Vergütung entlohnt.

Der Personalapparat einer BDC umfasst meist nur wenige Angestellte, die vor allem mit Recherche-, Beratungs- und Verwaltungsaufgaben betraut sind.

Chancen und Risiken

Summa summarum bieten BDCs den Einkommens-Investoren den Vorteil de facto vorgegebener Ausschüttungsquoten und damit relativ hoher Dividendenrenditen, die in der Vergangenheit bei circa 8 bis 12 Prozent pro Jahr lagen. Als einzige liquide handelbare Wertpapiergattung ermöglichen sie den Zugang zum ansonsten dem Durchschnittsanleger versperrten Markt nicht börsennotierter Gesellschaften in den USA. Dabei liegt der Fokus klar auf der Sanierung beziehungsweise Expansion bestehender Unternehmen, an den wesentlich riskanteren Neugründungen beteiligen sich BDCs in der Regel nicht.

Positiv sind zudem die maximale Verschuldungsgrenze und der Zwang zur Diversifikation zu bewerten. Ersteres nötigt eine BDC auf Expansionskurs regelmäßig zu (Eigen-)Kapitalerhöhungen durch Ausgabe neuer Anteile über eine Wertpapierbörse; Letzteres führt im Ergebnis dazu, dass das typische Beteiligungsportfolio einer BDC mehrere Dutzend Gesellschaften umfasst, die in der Regel über zahlreiche Branchen gestreut sind. Insgesamt von Vorteil ist sicherlich auch die aktive Einflussnahme der BDC auf das Management der Portfoliounternehmen, wodurch zudem regelmäßige, wenn auch nicht wesentliche Zusatzeinnahmen erzielt werden. Weiterhin können BDCs über die US-amerikanische Aufsichtsbehörde Small Business Administration (SBA) öffentliche Kreditausfall-Bürgschaften zumindest für Teile des vergebenen Fremdkapitals abschließen.

Schließlich verdienen BDCs nicht nur an der Finanzierung und in geringem Umfang an der Beratung nicht börsennotierter Unternehmen, sondern auch am Verkauf beziehungsweise Börsengang (»Initial Public Offering«, IPO) derselben. Gerade Letzteres macht das Geschäftsmodell der BDCs besonders attraktiv, liegt doch das durchschnittliche Preis-Gewinn-Verhältnis (PGV) nicht börsennotierter Gesellschaften im langjährigen Mittel mit fünf bis acht deutlich unter dem entsprechenden Kurs-Gewinn-Verhältnis (KGV) börsennotierter Unternehmen von circa 15. Zu guter Letzt sollten die Kurse dieser außerhalb der USA nahezu unbekannten Wertpapiergattung von der sich wohl auf Jahre hinaus abzeichnenden Phase niedriger Zinsen bei steigenden (Emittenten-)Risiken und entsprechendem Anlagemangel eher profitieren, zumal BDCs auch bei US-amerikanischen Investoren eher ein Nischendasein fristen.

Auf der anderen Seite sind BDCs Risikokapitalgeber für Beteiligungs- und Sanierungsgesellschaften, ihre Kurse sind historisch sehr hohen Schwankungen ausgesetzt. Den hohen Ertragschancen der einzelnen Investitionen stehen trotz sorgfältiger Auswahl entsprechend hohe Ausfallrisiken gegenüber, die nicht nur von beeinflussbaren betriebswirtschaftlichen (systematischen Risiken) sondern auch von unbeeinflussbaren volkswirtschaftlichen Faktoren (unsystematischen Risiken) bestimmt werden. Diese ohnehin schon ausgeprägte Zyklik wird zudem durch den – wenn auch limitierten – Einsatz von Fremdkapital naturgemäß verstärkt.

Weiterhin prozyklisch und ebenfalls typisch für Risikokapitalgeber wirkt sich in der Regel die Erwartungshaltung der Anleger aus. In »guten« Zeiten werden BDCs oftmals mit einem Agio oder Aufgeld gehandelt, das heißt zu einem Börsenkurs, der über der Summe der Vermögenswerte der BDC notiert. Dieser Umstand reflektiert die hohen Erwartungen, welche in die Geschäftsführung beziehungsweise die Portfolioentwicklung gesetzt werden. In schlechten Zeiten verkehrt sich diese Dynamik jedoch ebenso regelmäßig in ihr Gegenteil, was wiederum die Chance beinhaltet, Anteile einer BDC mit einem gehörigen Abschlag oder Disagio auf den

Marktwert ihrer Beteiligungen zu erwerben. Erschwerend kommt besonders im Fall einer Rezession hinzu, dass die meisten Beteiligungen einer BDC gerade wegen ihrer fehlenden Börsennotierung nicht oder nur schwer liquidierbar sind, BDCs also gegebenenfalls gezwungen sind, »schlechte« Beteiligungen lange zu halten oder mit hohen Preisnachlässen zu veräußern. Dieser Umstand wurde in der Vergangenheit bisweilen von Short-Spekulanten, Investoren also, die auf fallende Kurse setzen, dazu genutzt, durch gezielte Einflussnahme auf die Berichterstattung über einzelne Portfoliounternehmen den Kurs bestimmter BDCs negativ zu beeinflussen. Kurz: BDCs sind nichts für schwache Nerven.

Die in beide Extreme steigerbare Dynamik lässt sich dabei hervorragend im Zuge der Finanzkrise nachvollziehen. Von ihrem durchschnittlichen Höchststand im Jahr 2007 stürzten die Kurse sämtlicher BDCs nach der Lehman-Pleite im September 2008 um über 80, teilweise sogar über 90 Prozent ab. Ungeachtet der Fundamentaldaten jeder einzelnen BDC wurde der gesamte Sektor in Sippenhaft genommen und abgestraft. Erstaunlicherweise traf es damit die BDCs im Durchschnitt schlimmer als den (Investment-)Bankensektor, obwohl Letzterer bekanntermaßen mit weitaus höheren Relationen von Eigen- zu Fremdkapital – teilweise 1:30 und mehr – operierte als Erstere, wo das Verhältnis gesetzlich auf 1:1 limitiert ist.

Jedenfalls legte die Finanzkrise die unterschiedliche Qualität der einzelnen BDCs schonungslos offen. Während beispielsweise die bis dato seit Jahrzehnten konstant erfolgreiche BDC Allied Capital de facto pleiteging, verringerten andere ihre Ausschüttungen oder setzten diese aus;[39] teilweise natürlich auch, um den gesetzlichen Vorgaben des Act of 1940 hinsichtlich der Schuldendeckungsquote Genüge zu leisten (Stichwort »Deleveraging«). Einige wenige jedoch konnten ihre Dividenden weiterhin stabil halten und zudem zu äußerst günstigen Bedingungen neue Beteiligungen akquirieren. Anleger, die mutig genug waren, um den zyklischen Tiefpunkt herum in BDCs zu investieren, wurden zunächst mit exorbitanten Dividendenrenditen und in den folgenden drei Jahren mit Kurssteigerungen von mehreren Hundert Prozent belohnt – Letztere umfassten wie beim Absturz ebenfalls durchweg den gesamten Sektor. Letztlich bleiben BDCs in besonderem Maße von den Erwartungen hinsichtlich der wirtschaftlichen Entwicklungen in den USA abhängig – mit allen sich daraus ergebenden Chancen und Risiken einschließlich gattungsspezifischer Trends und Jurisdiktion. Denn schließlich hängt über jedem begünstigenden Steuerstatus das Damoklesschwert fiskalischer Interessen. Aktuell ist im Bereich der BDCs keine Änderung absehbar, zumal es sich um einen sehr übersichtlichen Finanzmarktsektor handelt. Wie schnell sich das jedoch ändern kann, dafür sind die in Kapitel 6 thematisierten Income Trusts ein unrühmliches Beispiel.

Fazit

Insgesamt sind BDCs als Beimischung für das Depot eine lukrative Option für einen an hohen Ausschüttungen interessierten Investor – allemal im Zuge eines zugegebenermaßen schwierig abzuschätzenden antizyklischen Einstiegs. Immerhin waren BDCs in den Jahren vor Ausbruch der Finanzkrise die Wertpapierklasse mit der durchschnittlich höchsten Gesamtrendite. Umgekehrt belegen die Auswirkungen der Finanzkrise, wie wichtig Diversifizierung auch innerhalb kleiner Teilsektoren für Einkommens-Investoren sein kann.

Beispiel

Ares Capital (NASDAQ: ARCC, ISIN: US04010L1035) ist hinsichtlich der Marktkapitalisierung und eines verwalteten Nettovermögens jenseits von 12 Milliarden US-Dollar aktuell die größte BDC. Das Unternehmen ist sowohl mit Eigen- als auch mit Fremdkapital an insgesamt über 340 Firmen quer durch alle US-amerikanischen Wirtschaftssektoren beteiligt. Nach der Pleite von Lehman Brothers im Jahr 2008 stürzte der Kurs der BDC von über 20 auf unter 4 US-Dollar, die Quartalsdividende sank indes nur sehr mäßig von 42 auf 35 Cent.

5. MASTER LIMITED PARTNERSHIP

Zusammenfassung

Ebenso wie die im vorangegangenen Kapitel besprochene BDC ist die Master Limited Partnership (MLP) außerhalb der USA annähernd unbekannt. In Deutschland wird das Kürzel bestenfalls noch mit dem gleichnamigen börsennotierten Allfinanzvertrieb für Akademiker in Verbindung gebracht. Dabei sind die US-amerikanischen MLPs wie kaum eine andere Wertpapierklasse in der Realwirtschaft beheimatet, sie betreiben überwiegend substanzstarke, volkswirtschaftlich zum Teil unverzichtbare Vermögenswerte. Rechtlich kann die MLP als eine börsennotierte Kommanditgesellschaft (KG) klassifiziert werden, besitzt somit also verglichen mit der nicht börsennotierten deutschen KG den Status einer Kapitalgesellschaft.[40]

Hierzu werden die Rechtsbeziehungen zwischen den beschränkt haftenden Gesellschaftern einerseits – die das Kapital zur Verfügung stellenden Kommanditisten beziehungsweise »Limited Partners« (LPs) – und den unbeschränkt haftenden Gesellschaftern andererseits – die das Management organisierenden Komplementäre beziehungsweise »General Partners« (GPs) – in einem handelbaren Wertpapier gebündelt. Die auf den ersten Blick komplex anmutende Gesellschaftsstruktur ermöglicht es der MLP, den Großteil ihrer Erträge steuerfrei auszuschütten. Dieser Umstand und die vergleichsweise konservativen Geschäftsmodelle mit langfristig gut kalkulierbaren Einnahmen prädestinieren sie geradezu als Investment für einkommensorientierte Anleger.

Entwicklung und Besonderheiten

Der Status der MLP geht auf ein Gesetz zurück, das der US-Kongress im Jahr 1987 verabschiedete (The Revenue Act of 1987). Hintergrund war der Wunsch des Gesetzgebers, den kapitalintensiven Aufbau der Energie- und Rohstoffversorgung in den USA flächendeckend zu gewährleisten. Als Anreiz für Anleger dürfen entsprechende (Infrastruktur-)Investitionen in der juristischen Form der MLP ihre Erträge seither unter bestimmten Voraussetzungen und innerhalb bestimmter Grenzen steuerfrei ausschütten.

MLPs betreiben meist Produktions- und Verarbeitungsanlagen sowie Lager- und Transportkapazitäten entlang der Energieversorgungskette.[41] Hierzu gehören vor allem sogenannte »Hard Assets«, also reale Vermögenswerte wie Raffinerien, Pipelines, Lagertanks, Terminals und Schiffe. Der auch in den USA überdurchschnittlich stark regulierte Energiesektor ermöglicht es den MLPs nach wie vor, auf Basis langlaufender Verträge stetige und gut kalkulierbare Erträge zu generieren. Die Gewinne werden in der Regel abzüglich etwaiger Erhaltungs- und Erweiterungsinvestitionen zu mindestens 90 Prozent an die Anleger ausgeschüttet, maximal 10 Prozent müssen auf Unternehmensebene versteuert werden (sofern sie aus »nicht qualifizierten« Quellen stammen, siehe unten).

Eine MLP ist im Gegensatz zur zuvor besprochenen BDC keine »Investment Company«. Als solche unterliegt sie daher auch nicht den gesetzlichen Restriktionen des Act of 1940, der eine Verschuldungsobergrenze festlegt. Daher schlägt sich der hohe

Kapitalbedarf zur Finanzierung der ebenso teuren wie langlebigen Sachanlagen bilanziell bisweilen in einer entsprechend hohen Aufnahme von Fremdkapital nieder. Andererseits ist dessen Bedienung durch die gut kalkulierbaren und kaum schwankenden Erträge wenig risikobehaftet. Somit sind sowohl der Verschuldungsgrad, also das Verhältnis von Fremdkapital zu Eigenkapital, als auch der Kapitaldienstdeckungsgrad, das Verhältnis vom Gewinn vor Zinsen, Steuern und Abschreibungen zu Zinsaufwendungen und Tilgungszahlungen, wichtige Kriterien zur Beurteilung der finanziellen Solidität einer MLP.[42]

Beide Kennzahlen geben an, wie stark das Unternehmen und damit die Investition gehebelt oder »geleveraged« ist. Je höher der Hebel, desto höher das Zahlungsausfall- und Insolvenzrisiko, je niedriger das Leverage, desto höher ist der zur Verfügung stehende Finanzierungsspielraum – zum Beispiel für weitere Expansionen. Als vorteilhaft erweist sich dabei der Umstand, dass MLPs keine Steuern auf im Unternehmen verbleibende Erträge aus »qualifizierten Quellen« (siehe unten) zahlen müssen, was die Innenfinanzierungskraft respektive Kapitaldienstfähigkeit dieses Gesellschaftstyps deutlich erhöht.

Der Status als MLP hängt in erster Linie vom Geschäft beziehungsweise der Herkunft der Umsatzerlöse ab. So müssen die Einnahmen einer Gesellschaft zu mindestens 90 Prozent aus »qualifizierten Quellen« gemäß Vorgabe des Internal Revenue Service (IRS, Bundessteuerbehörde der USA) stammen, um als MLP firmieren zu dürfen. Zu den »qualifizierten Quellen« gehören vor allem die Produktion, Verarbeitung sowie der Transport und Vertrieb von Erdöl, Erdgas, Propangas und Kohle. Darüber hinaus sind auch bestimmte Aktivitäten im Bereich der Immobilienbewirtschaftung, der Schifffahrt sowie der Versorgung und Entsorgung zugelassen. Ferner schlägt sich der MLP-Status unweigerlich auf die Struktur der Gesellschaft nieder. Diese besteht, wie oben beschrieben, aus zwei organisatorischen Einheiten. Die LPs, sprich die Gemeinschaft der Anleger, bringen das Kapital in die Gesellschaft ein und sind Eigentümer aller

Vermögenswerte. Als beschränkt haftende Gesellschafter (Kommanditisten) haben die LPs zwar kein Stimmrecht, erhalten jedoch quartalsweise vertraglich festgesetzte Ausschüttungen. Die GPs, sprich das Management, betreiben als unbeschränkt haftende Gesellschafter (Komplementäre) das operative Geschäft der MLP und erhalten im Gegenzug als Vergütung sogenannte »Incentive Distribution Rights« (IDR). Diese sind in aller Regel an die Höhe des erwirtschafteten und ausgeschütteten Cashflows gekoppelt.

2015 wurden über 80 MLPs mit einer Marktkapitalisierung von über 300 Milliarden US-Dollar an US-Börsen gehandelt. Zum Vergleich: Zu Anfang des letzten Jahrzehnts, nach dem Platzen der Internetblase, waren gerade einmal 20 Gesellschaften mit einer Marktkapitalisierung von 20 Milliarden US-Dollar notiert. Die Aussichten auf einen weiteren Ausbau der MLP-typischen Geschäftstätigkeiten stehen gut. Nach wie vor sind die USA einer der weltweit größten Energieverbraucher, wobei fossile Brennstoffe auch weiterhin auf absehbare Zeit dominieren werden.

So prognostiziert eine Studie der Interstate Natural Gas Association of America (INGAA), dass in den kommenden 25 Jahren allein zur Deckung der Erdgasversorgung in den USA circa 200 Milliarden US-Dollar zusätzlich in die dafür notwendige Infrastruktur investiert werden müssen. Darüber hinaus muss selbstverständlich auch das bereits bestehende, gut zwei Millionen Kilometer lange Versorgungsnetz mit seinen 160 Pipelines, 500 Verarbeitungsanlagen, 100 Lagerbetreibern und knapp 30 Vertriebszentren beständig gewartet und aufrechterhalten werden.

Demnach besteht also auch künftig kein Mangel an Sachwertbeteiligungen mit langfristig berechenbaren und stabilen Zahlungsströmen. Dieser Umstand schlägt sich auch in der Wertentwicklung der Anlageklasse nieder. Zwischen 2001 und 2011 erzielte der Alerian MLP-Index – er umfasst als Benchmark dieser Wertpapierklasse die 50 größten MLPs – eine Performance von circa 15 Prozent pro Jahr, deutlich mehr als der S&P 500 Total Return, der es im gleichen

Zeitraum lediglich auf 3 Prozent pro Jahr brachte. Die Überrendite der MLPs ist insofern bemerkenswert, als gerade diese Periode mehrere extreme Ereignisse aufweist, so beispielsweise zwei ganz massive Einbrüche am Aktienmarkt.

Kosten und Besteuerung

Der große Vorteil der MLP-spezifischen Organisation in Kombination mit »qualifizierten« Umsatz- und Erlösquellen ist die Befreiung von der Körperschaftsteuer, die sowohl der Gesellschaft als auch den Anteilseignern zugutekommt. Durch die Kombination der beiden Partnerschaften können die steuerlichen Vorteile einer »Limited Partnership« – keine Besteuerung der Gewinne aus »qualifizierten Quellen« auf Unternehmensebene (da Personengesellschaften in den USA wie in der Bundesrepublik Deutschland körperschaftsteuerbefreit sind), sondern erst nach Ausschüttung beim Anteilseigner – mit denen der Liquidität einer börsengehandelten Gesellschaft kombiniert werden.

De facto schütten MLPs annähernd den gesamten Bruttogewinn netto an die Anleger aus. Hiervon können allerdings nur US-Amerikaner beziehungsweise US-Steuer-Inländer unmittelbar profitieren. Denn – und das ist der große Wermutstropfen dieser Anlageform – der Anteilseigner ist Kommanditist und nicht Aktionär. Das heißt, jeder, auch jeder ausländische Erwerber, ist mit seinen Einkünften aus Beteiligungen an einer MLP in den USA einkommensteuerpflichtig. Bei ausländischen Investoren wird daher von jeder Ausschüttung prophylaktisch der Höchstsatz von 35 Prozent als Abschlagzahlung auf die US-amerikanische Steuerschuld direkt an der Quelle abgezogen. Die zu viel bezahlten Abzüge können sich ausländische Investoren erstatten lassen, sofern sie eine US-Steuernummer beantragen und eine US-amerikanische Steuererklärung abgeben. Die Abschlagzahlung kann zumindest in der Bundesrepublik Deutschland auch nicht auf die Abgeltungsteuer angerechnet werden, da es sich bei den Ausschüttungen aufgrund des Status der MLP als börsennotierte Kommanditgesellschaft nicht um Zinsen oder Dividenden, sondern um Betriebsstättengewinne und bei den Abzügen nicht um eine Quellensteuer, sondern um eine Steuervorauszahlung handelt, für die das Doppelbesteuerungsabkommen zwischen Deutschland und den USA keine Anrechenbarkeit vorsieht. Ferner folgt aus der Klassifizierung der Ausschüttung als Betriebsstättengewinn auch, dass diese nach deutschem Steuerrecht nicht mit der Abgeltungsteuer, sondern mit dem persönlichen Steuersatz belastet wird. Quellensteuerhöhe, fehlende Anrechenbarkeit, Belegung der Einkünfte mit dem persönlichen Steuersatz sowie ein kompliziertes bürokratisches Erstattungsprozedere machen die direkte Anlage für (Steuer-)Ausländer unattraktiv, da die Ausschüttungen einen wesentlichen Faktor der Gesamtperformance darstellen.

Allerdings gibt es zwei Ausweichmöglichkeiten. Zum einen können Anleger auf Sammelanlagen oder Fondslösungen zurückgreifen. So existieren mittlerweile zahlreiche an US-Börsen notierte aktiv wie passiv gemanagte CEFs beziehungsweise ETFs (siehe Kapitel 16.2 und 16.3), die sich auf die Anlage in MLPs spezialisiert haben und deren Ausschüttungen als Dividenden lediglich der auf die deutsche Abgeltungsteuer anrechenbaren US-Quellensteuer von 15 Prozent unterliegen. Eine weitere Alternative ist der Kauf sogenannter Offshore-MLPs. Hierbei handelt es sich zwar ebenfalls um börsengehandelte Kommanditgesellschaften, deren Hauptsitz allerdings nicht in den USA, sondern in einer Auslandsdestination angesiedelt ist, deren Gesetzgebung weder eine Gesellschaftsbesteuerung noch die Erhebung von Quellensteuern auf Kapitalerträge vorsieht. Die Ausschüttungen einer Offshore-MLP fließen also auch für ausländische Investoren brutto für netto. Insbesondere bei zahlreichen Schifffahrtsgesellschaften erfreut sich diese Rechtsform hoher Beliebtheit (siehe Kapitel 11).

Darüber hinaus erlaubt die Rechtskonstruktion einer MLP deren in- wie ausländischen Anteilseignern eine unter börsennotierten Wertpapieren einmalige Option. Diese können nämlich ihren (steuerrechtlichen) Status von dem eines anonymen Anteilseigners in den eines ausgewiesenen Kommanditisten ändern, sofern sie sich bei der Gesellschaft namentlich registrieren lassen, was in aller Regel auf elektronischem Weg problemlos möglich ist. Üblicherweise müssen ausländische Anleger hierzu die Gesellschaft persönlich anschreiben und die Anschaffungskosten ihrer Investition, also Anzahl der Anteile und Preis je Anteil, übermitteln. Mit der Registrierung wird für die neuen Kommanditisten ein Kapitalkonto entsprechend der veranlagten Investitionssumme eingerichtet. Vorteil: Ausschüttungen der MLP werden in diesem Fall als steuerfreie Kapitalrückzahlung vorgenommen, das anteilige Gesellschaftskapital hierzu in Höhe der getätigten Ausschüttung herabgesetzt. Eine Mitteilung über den Stand und die Veränderung des Kapitalkontos erfolgt jährlich in Form der bereits bekannten K-1-Mitteilung, die auch von der deutschen Steuerverwaltung anerkannt wird. Die Ausschüttungen einer MLP bleiben so lange von der Abgeltungsteuer befreit, bis das Kapitalkonto des Anlegers komplett abgeschrieben ist.

Dies gilt ausdrücklich auch im Fall der Investition in eine Offshore-MLP. Deren Auszahlungen werden – wie erwähnt – weder auf Gesellschaftsebene mit Körperschaftsteuer noch auf Anlegerebene mit Quellensteuern belastet, sodass die Steuerquote zumindest phasenweise auf null gedrückt werden kann. Die K-1-Mitteilung enthält neben der Entwicklung des Kapitalkontos die »einheitliche und gesonderte Gewinnfeststellung« der (Offshore-)MLP, welche den anteiligen ausländischen Betriebsstättengewinn beziehungsweise -verlust ausweist. Verluste sind nicht mit anderen (positiven) Einkünften in Deutschland veranlagter Investoren verrechenbar, wohl aber mit zukünftigen Gewinnen aus derselben Betriebsstätte. Diese unterliegen in Deutschland dem steuerlichen Progressionsvorbehalt, das heißt, sie erhöhen gegebenenfalls den Steuersatz, nicht jedoch das zu versteuernde Einkommen.

Eine Besonderheit der MLP stellt ferner die Entlohnung des Managements beziehungsweise der GPs dar. Diese erfolgt, wie bereits weiter oben angeführt, über sogenannte Incentive Distribution

Rights (IDR). Wie es der Name bereits andeutet, soll die Vergütung dem Management einen Anreiz geben, eine Politik möglichst hoher wie auch konstanter Ausschüttungen zu verfolgen. Die IDR werden bereits bei Gründung der MLP festgelegt und räumen den GPs das Recht auf einen stufenweise steigenden Prozentanteil am zur Ausschüttung vorgesehenen Cashflow (Distributable Cashflow) ein, den sogenannten LP-GP-Split. Dabei werden die IDR allerdings grundsätzlich bei einem bestimmten, als »High Split« bezeichneten Prozentsatz gedeckelt, der jedoch je nach Gesellschaft variieren kann.

Somit ist zum einen sichergestellt, dass eine Vergütung des Managements nur dann erfolgt, wenn ein positiver Cashflow erzielt wurde, und das auch nur in dem Maße, wie dieser tatsächlich an die Anleger ausgeschüttet wird. Das Risiko einer Selbstbereicherung durch Bonus-Exzesse ist damit ebenso minimiert wie Ausschüttungen aus der Unternehmenssubstanz, da als Grundlage der Ermittlung nicht der Gewinn, sondern der weitaus weniger manipulierbare Cashflow herangezogen wird. Üblicherweise startet der Anteil der GPs am DCF bei 2 Prozent und erhöht sich stufenweise für jedes vorab festgelegte Ausschüttungsniveau auf beispielsweise 15, 25 und 50 Prozent. Dabei bezieht sich der jeweils höhere Prozentsatz jedoch lediglich auf den zusätzlich erwirtschafteten Ausschüttungsbetrag, nicht auf den Gesamtbetrag der Ausschüttung.

Das heißt, um im obigen Beispiel zu bleiben, dass der Ausschüttungsbetrag der ersten Stufe mit 2 Prozent, der Ausschüttungsbetrag der zweiten Stufe mit 15 Prozent und jener der letzten Stufe mit 50 Prozent vergütet wird. Bei den meisten IDR liegt der »High Split« dabei tatsächlich bei 50 Prozent. Dieses IDR-Reglement ist allerdings nicht zwingend vorgeschrieben, sodass manche MLPs abweichende beziehungsweise niedrigere Deckelungen zahlen oder aber, was jedoch selten der Fall ist, ganz auf ein IDR verzichten und eine individualvertragliche Vergütung mit dem Management vereinbaren.

Chancen und Risiken

Rückblickend betrachtet haben sich MLPs als hochprofitables und über Jahrzehnte hinweg stabiles Ertragsmodell für Einkommens-Investoren erwiesen. Die aktuelle Ausschüttungsrendite der im Alerian-MLP-Index vertretenen Gesellschaften beträgt 6 Prozent pro Jahr, zahlreiche Einzelwerte rentieren mit über 10 Prozent. Wie oben ausgeführt, rechnen Branchenkenner mit einem beträchtlichen Wachstum des Segments. So sollte sich der milliardenschwere Ausbau der ökonomisch überaus bedeutenden Energie-Infrastruktur positiv auf die weitere Entwicklung der Wertpapiergattung auswirken. Die öffentliche Regulierung des Sektors erlaubt zudem relativ verlässliche Prognosen über künftige Erträge.

Damit verbindet eine MLP die Vorteile einer substanzhaltigen Anlage in Sachwerte (Pipelines, Raffinerien, Immobilien, Schiffe) mit denen konstanter Erträge aus Geldwerten (Obligationen, Anleihen), auch wenn Letztere ihrer Höhe nach nicht garantiert sind. Zudem ist in dieser Anlageklasse ein vierteljährliches Ausschüttungsintervall vorgeschrieben. Im Vergleich zu den aktuell meist unterhalb der Inflationsrate notierenden, noch als relativ ausfallsicher eingestuften Staatsanleihen weisen MLPs ein insgesamt durchaus attraktives Chance-Risiko-Verhältnis auf.

Angesichts dessen stellt sich natürlich die Frage, inwieweit MLPs langfristig in der Lage sind, trotz Steuerbefreiung auf Unternehmensebene relativ hohe Ausschüttungen vorzunehmen. Wie bei zahlreichen Anlageklassen und Wertpapieren, die sich durch hohe Dividendenrenditen auszeichnen, ist dies eine Frage des zugrunde liegenden Geschäftsmodells sowie der Abschreibungen auf die ertragsgenerierenden Vermögensgegenstände. Ein »normales« Unternehmen muss in der Regel einen beträchtlichen Anteil des erwirtschafteten Cashflows reinvestieren, um seine Anlagen und die Geschäftsausstattung zu ersetzen, technologisch mit den neuesten Entwicklungen Schritt zu halten, wettbewerbsfähig zu bleiben und expandieren zu können. Ferner verringern sogenannte zahlungsunwirksame Positionen, hierunter vor allem die bisweilen beträchtlichen Abschreibungen auf langlebige Vermögensgegenstände, den Bilanzgewinn der jeweiligen Periode, wobei die Abschreibung den Wertverlust über die Lebensdauer des Vermögensgegenstandes reflektieren soll.

Erst nachdem die (Re-)Investitionen und Abschreibungen verbucht sind, können die dann verbleibenden Mittel in Form von Dividenden an die Anteilseigner ausgeschüttet werden. Die Hauptvermögenswerte einer MLP wie beispielsweise Raffinerien, Pipelines oder Depots zählen in aller Regel zu den langlebigen Sachanlagen. Sie benötigen relativ wenig Wartungs- und Instandhaltungsleistungen und sind kaum vom technologischen Wandel oder physischer Abnutzung betroffen. Das heißt, die buchhalterisch zulässigen Abschreibungen auf derartige Anlagen spiegeln meist einen höheren Wertverlust wider, als dies tatsächlich der Fall ist. Aus diesen Gründen kann eine MLP einen sehr hohen Anteil ihres erwirtschafteten Cashflows an die Anteilseigner ausschütten, ohne die Ertragskraft ihres Geschäfts zu gefährden. Daher sollten Investoren eine MLP auch auf Basis des Discounted Cashflows und nicht des Unternehmensgewinns bewerten.

MLPs unterliegen wie alle anderen Arten börsennotierter Wertpapiere den gängigen Risikoparametern. Neben dem Kursrisiko, dem möglichen Fall des Preises unter den Kaufkurs, ist für Anleger außerhalb der USA das Wechselkursrisiko zu beachten. Da sowohl die Vermögenswerte als auch die Geschäftstätigkeit einer MLP fast ausschließlich in den USA angesiedelt sind, erfolgen Bewertungen, Umsätze und Ausschüttungen in US-Dollar. Entsprechende Wechselkurseffekte muss ein ausländischer Anleger daher in seine Investitionsentscheidung einbeziehen.

Der hohe Sach- beziehungsweise Substanzwert einer MLP sollte sich in Kombination mit ihrer Ertragskraft allerdings gerade bei Währungsturbulenzen eher als vorteilhaft erweisen. Gleiches gilt für den extremen Fall einer wie auch immer gearteten Währungsreform, der vor allem die Eigentümer von Geldwerten trifft. Nicht unterschätzt werden sollte bei einer MLP-Anlage das Liquiditätsrisiko. Zahlreiche Gesellschaften verfügen lediglich über eine geringe Marktkapitalisierung, mangels Volumen können daher sowohl Käufe wie auch Verkäufe teilweise nicht oder nur zu einem weitaus ungünstigeren Kurs als beabsichtigt getätigt werden. Das gilt vor allem bei Handelsplätzen außerhalb der USA. Order sollten aus dem Grund auch immer mit einem Limit versehen werden. Bei den MLP-Schwergewichten sowie entsprechenden Sammelanlagen ist dieses Risiko jedoch sehr gering.

Ferner unterliegen MLPs in besonderem Maße einem Zinsänderungsrisiko. Statistisch betrachtet reagieren ihre Kurse signifikant auf Änderungen der Rendite festverzinslicher Wertpapiere. Dies ist auch nicht weiter verwunderlich. Als Anlageinstrument mit regelmäßigen und konstanten Ausschüttungen konkurrieren die MLPs in gewissem Sinne mit Anleihen. Bei festverzinslichen Papieren kann nun aber die Rendite nur über den aktuellen Kurs einem (neuen) Marktzins angepasst werden. Daher sinken deren Kurse bei steigenden Zinsen und umgekehrt, eine Entwicklung, die MLPs als »Konkurrenzprodukte« mitmachen. In einem von steigenden Zinssätzen geprägten Umfeld entwickeln sie sich daher typischerweise unterdurchschnittlich.

Das wohl größte Risiko für einen MLP-Anleger ist jedoch ein politisches und betrifft die Änderung des Steuerstatus seiner Anlage, was gleichbedeutend mit dem Wegfall der Steuerfreiheit auf Unternehmensebene ist. Wie hoch ist dieses Risiko einzuschätzen? Kenny Feng, Präsident der auf MLP-Anlagen spezialisierten Investmentgesellschaft Alerian aus Dallas, Texas, hält es für eher gering: »Im Januar 2012 hat ein Steuerprüfungskomitee des Kongresses einen Bericht veröffentlicht, wonach die Bundesbehörde im Falle einer Besteuerung der MLPs gerade einmal 300 Mio. US-Dollar im Jahr einnehmen könnte. In Anbetracht eines Staatsdefizits von 1,3 Bio. US-Dollar. wäre dies lediglich ein Tropfen auf den heißen Stein. Da MLPs in dieselbe Kategorie notwendiger Infrastruktur für das Land fallen wie Straßen und Spitäler, erscheint eine Änderung der bisherigen Praxis wenig wahrscheinlich.«

Im Gegensatz zu den im folgenden Kapitel behandelten kanadischen Income Trusts hat der Gesetzgeber zudem bereits in den 1980er-Jahren die Anwendung der MLP-Struktur auf die heute noch gültigen Geschäftsfelder limitiert und somit einer massiven Ausweitung der MLPs als Steuersparmodell einen Riegel vorgeschoben. Anlass dafür war unter anderem die Umwandlung der Boston Celtics, eines Basketballvereins, in eine MLP im Jahr 1986.

Fazit

Für Einkommens-Investoren bieten MLPs eine attraktive Kombination aus relativ konstanten wie hohen Ausschüttungen, gepaart mit substanzhaltigem Anlagevermögen. Die typischen Geschäftsfelder einer MLP verfügen meist über kontinuierliche und gut kalkulierbare Cashflows, zum Beispiel auf Basis langfristiger Liefer- oder Pachtverträge. Einzelanlagen lohnen sich allerdings aufgrund des hohen Steuereinbehalts beziehungsweise des aufwendigen Erstattungsverfahrens kaum für steuerlich nicht in den USA veranlagte Personen. Hier erschließen jedoch auf dieses Segment spezialisierte Sammelanlagen die erwähnten Vorteile, wobei gleichzeitig die Risiken durch eine Investition in mehrere MLPs gestreut werden.

Beispiele

- Kinder Morgan Energy Partners LP (NYSE: KMP) ist der größte unabhängige Eigentümer und Betreiber von Ölpipelines in den USA. Die MLP befördert pro Tag über zwei Millionen Barrel Benzin, Diesel, Kerosin und Flüssiggas durch ihr Transportnetz. Seit 1992 zahlt das Unternehmen durchgehend eine noch nie gekürzte oder gar ausgesetzte Quartalsdividende. Selbst in den Krisenjahren 2008 und 2009 konnte die Ausschüttung stabil gehalten werden, parallel dazu brach der Kurs vergleichsweise nur leicht ein.

- Teekay Offshore Partner L.P. (NYSE: TOO, ISIN: MHY8565J1010) ist ein von Bermuda aus operierendes Schifffahrtsunternehmen in der Rechtsform einer (Offshore-)MLP, das sich auf die Produktion, die Lagerung und den Transport von Öl spezialisiert hat. Hierzu unterhält sie eine Flotte von knapp 50 Tankern und speziellen Förder-, Umschlags- und Lagerschiffen sowie schiffbaren Plattformen für die Offshore-Ölindustrie. Derzeit ist das Unternehmen besonders in der Nordsee und im Atlantik vor Brasilien engagiert.

6. INCOME TRUSTS

Zusammenfassung

Wie bei kaum einem anderen Wertpapier dokumentieren Aufstieg und Fall der kanadischen Income Trusts Glanz und Elend der »Windfall Profits« beziehungsweise »Windfall Losses«.[43] Trotz ihres oft ertragsstarken Geschäftsmodells und der für Einkommens-Investoren vorteilhaften Ausschüttungspolitik – fast alle Income Trusts pflegen ein monatliches Auszahlungsintervall – ist diese Anlagekategorie außerhalb Kanadas nur wenigen Anlegern bekannt. Income Trusts sind kanadische Unternehmen mit spezieller Rechtsform, welche wie gewöhnliche Aktien an der Toronto Stock Exchange (TSX) gehandelt werden. Zu erkennen sind entsprechende Papiere an dem Zusatz ».UN« hinter dem aus Buchstaben bestehenden Wertpapierkürzel. Das durch die Rechtsform unterstützte Grundkonzept besteht ähnlich den US-amerikanischen MLPs in der regelmäßigen Weiterleitung des auf Unternehmensebene unversteuerten Cashflows, was sich in einer vergleichsweise hohen Ausschüttungsrendite niederschlägt.

Um diese konstant und kalkulierbar halten zu können, handelte es sich bei Income Trusts ursprünglich um etablierte Unternehmen in reifen Branchen ohne große Wartungs- und Instandhaltungskosten, um konservative Geschäftsmodelle der »Old Economy«

also, deren Vermögenswerte jedoch verlässliche Renditen lieferten. Den frei verfügbaren Cashflow abzüglich Erhaltungs- und Erweiterungsinvestitionen müssen sie kraft Gesetz in der Regel monatlich ausschütten, Gleiches gilt für verdiente Abschreibungen, die nicht reinvestiert werden. Nicht zuletzt unterliegen Income Trusts aufgrund ihres besonderen Rechtsstatus und der damit verbundenen Regularien einer gesonderten staatlichen Aufsicht seitens der kanadischen Behörden.

Anders als bei der MLP hat es der kanadische Gesetzgeber allerdings unterlassen, die für einen Income Trust zulässigen wirtschaftlichen Aktivitäten und Sektoren einzugrenzen, was aufgrund der verlockenden Steuervorteile zu einer Ausdehnung der rechtlichen Konstruktion auf die gesamte Unternehmenslandschaft führte. Dieser Umstand sollte einem Großteil der Income Trusts letztlich den regulatorischen Todesstoß versetzen.

Entwicklung und Besonderheiten

Parallel zu den USA mit ihren BDCs und MLPs wollte der nördliche Nachbar Kanada ebenfalls in den 1980er-Jahren Investitionen in kapitalintensiven Sektoren fördern, vor allem in Energie- und Rohstoffunternehmen. Ferner sollte die neue Wertpapiergattung die Bildung beziehungsweise Verwertung von privatem Altersvorsorgekapital ermöglichen. Von Anfang an wurde also auf die möglichst langfristige Beteiligung einer breiten Basis jüngerer und älterer »Dividendenrentner« abgezielt. Und damit ging gleichzeitig eine Abschreckung spekulativer Kurzfrist-Investoren einher. So wurden Income Trusts schließlich sogar als Anlageklasse für die zertifizierten Altersvorsorgevermögen zugelassen, sie finden sich noch heute regelmäßig in den Portfolios zahlreicher kanadischer Pensionskassen. Aus diesem Grund werden sie auch nach wie vor staatlich überwacht.

Die außerordentliche Beliebtheit bei Kanadiern und Anlegern anderer Staatsbürgerschaft sowie der Boom der Anlageklasse belegen, dass nicht nur bei Rentnern ein starkes Interesse an einkommensorientierten Investitionsobjekten mit solidem Chance-Risiko-Profil besteht. Mit dem kanadischen Öl- und Gasproduzenten Enerplus Income Trust, heute Enerplus Corporation, erfolgte im Jahr 1986 der erste IPO einer Gesellschaft nach der seinerzeit neuen Trust-Gesetzgebung.

Das »Trust« im Namen weist auf die rechtliche Grundstruktur der Anlageklasse hin.[44] Das internationale Haager Übereinkommen von 1. Juli 1985 definiert einen Trust als ein Rechtsverhältnis, bei dem bestimmte Vermögenswerte eines Treugebers (Settlor) an einen Treuhänder (Trustee) übertragen werden, der diese in Übereinstimmung mit den Trustbestimmungen und einer Treuhandvollmacht für einen bestimmten Geschäftszweck verwaltet. Der Trust selber ist im Gegensatz zur juristischen Person der GmbH oder AG ein rechtlich getrenntes Sondervermögen ohne eigene Rechtspersönlichkeit. Der Treuhänder handelt also alleine für den Trust, ohne dass dieser Bestandteil seines Vermögens ist, wobei nur er und nicht der Trust Rechtsgeschäfte tätigen kann. Das wirtschaftliche Eigentum am Trust steht in jedem Fall den Treugebern zu.

Wie sieht die Praxis im Falle der Income Trusts aus? Die Anteilseigner (Unitholder) fungieren als Treugeber, die den Treuhänder mit der Verwaltung des angelegten Vermögens beauftragen. Der Treuhänder wiederum kauft gegebenenfalls unter Zuhilfenahme von Fremdkapital Beteiligungen an einem oder mehreren Unternehmen und beauftragt ein internes oder externes Management mit der Geschäftsleitung der Unternehmensaktivitäten. Die Treuhandvollmacht regelt dabei unter anderem die maximale Fremdfinanzierungsquote und schließt eine persönliche Haftung der Unitholder über die Einlage hinaus aus. Gleiches gilt für die (Verwaltungs-) Kosten, die allein aus dem Trustvermögen zu decken sind.

Ferner schütten Income Trusts regelmäßig ihr steuerbares Einkommen (»Taxable Income«) an die Anteilseigner aus. Dies ist zwar keine regulative Vorgabe, aber die rechtliche Voraussetzung dafür, dass die Erträge auf Unternehmens- beziehungsweise Trustebene nicht besteuert werden, sondern erst beim Anleger. In der Regel sind dies 70 bis 95 Prozent des Cashflows abzüglich Kapitaldienst sowie Instandhaltungs- und Investitionsrücklagen. Mangels Beschränkung des Geschäftsgegenstandes haben sich im Laufe der Zeit vier grundlegende Kategorien von Income Trusts herausgebildet:

- Royalty Trusts (Rechte für die Verwertung von Rohstoffvorkommen)
- Power-/Energy-/Pipelinetrusts (Energieversorger sowie Öl- und Gasproduzenten)
- Immobilientrusts (kanadische Real Estate Income Trusts, CanREITs)
- Business Trusts (sonstige Geschäftsmodelle verschiedener Branchen)

Die Anlageklasse der Income Trusts ist nicht zuletzt aufgrund des Status als zertifizierte Altersvorsorgeform in erster Linie für Kanadier beziehungsweise Gebietsansässige konzipiert. Nicht gebietsansässige Ausländer dürfen daher maximal 50 Prozent der ausgegebenen Anteile an einem Income Trust erwerben. Auch diese Beschränkung wird behördlich überwacht. So kam es in der Vergangenheit gelegentlich vor, dass einzelne Income Trusts auf Anordnung des kanadischen Finanzministeriums innerhalb vorgegebener Fristen eine überschrittene Quote wieder auf das vorgeschriebene Mindestmaß herunterfahren mussten, was unter anderem zu temporären Verkaufsüberhängen und damit Kurseinbußen führte. Zahlreiche Income Trusts bieten zudem sogenannte Dividenden-Wiederanlagepläne (Dividend Reinvestment Plan, DRIP) für die Barausschüttungen an, die ebenfalls nicht durchgängig für Ausländer offen sind.[45]

Noch bis Mitte der 1990er-Jahre fristeten die kanadischen Income Trusts ein Schattendasein, die gesamte Marktkapitalisierung des Sektors betrug 1995 gerade einmal knapp 2 Milliarden kanadische

Dollar. Nicht nur im Zuge der in dieser Dekade einsetzenden allgemeinen Börseneuphorie ging es dann allerdings rasant aufwärts. Bereits 2004 betrug die Marktkapitalisierung über 120 Milliarden kanadische Dollar, gut zwei Jahre später – auf dem Höhepunkt des Sektors vor dessen jähem Fall – war der Börsenwert auf mehr als 200 Milliarden kanadische Dollar gestiegen. Zu diesem Zeitpunkt machten Income Trusts etwa 25 Prozent der im S&P/TSX Composite Index vertretenen Werte aus.[46] Insgesamt firmierten zu diesem Zeitpunkt mehrere Hundert Unternehmen als Income Trust.

Diese Entwicklung wurde nicht nur von kanadischen Rentnern beflügelt, die zunehmend Vertrauen in diese ein monatliches Zusatzeinkommen abwerfende Anlageklasse gewannen. Zuletzt hielten etwa eine Million Ruheständler Income Trusts in ihren Wertpapierdepots, weitere drei Millionen Kanadier hielten direkt oder indirekt Anteile an ihnen. Auch zahlreiche – nicht nur kanadische – Pensionskassen investierten zunehmend in diesen für sie attraktiven Sektor konservativer Unternehmensbeteiligungen mit regelmäßigen und relativ verlässlichen Ausschüttungen. Insgesamt entwickelte sich die Anlageklasse in Kanada zur wichtigsten Säule der steuerbegünstigen Altersvorsorge (Registered Retirement Savings Plan, RRSP).

Am 31. Oktober 2006 machte der kanadische Finanzminister schließlich dem Income-Trust-Modell mit einem neuen Steuergesetz beziehungsweise der Ausweitung der sogenannten Specified investment flow-through Tax (SIFT) weitgehend den Garaus:

- Neu gegründete Income Trusts mussten ab sofort ihre Gewinne auf Unternehmensebene einem Körperschaftsteuersatz von 34,5 Prozent unterwerfen, der ab Januar 2011 auf 31,5 Prozent abgesenkt wurde.
- Zu diesem Zeitpunkt bestehende Income Trusts blieben von der Körperschaftsteuer bis 2011 befreit, danach griff auch bei ihnen der einheitliche Steuersatz von 31,5 Prozent.

Die Ankündigung der neuen Besteuerungsregeln führte bei den börsennotierten Income Trusts unmittelbar zu herben Kursverlusten von zum Teil weit über 20 Prozent in wenigen Tagen. Von diesem sogenannten Halloween-Massaker konnte sich die gesamte Anlageklasse nie wieder ganz erholen, zahlreiche Rentner, Sparer und auch ausländische Investoren zogen sich aus dem Segment zurück. Auch der auf die Ankündigung folgende Sturm der Entrüstung, nicht nur vonseiten erboster Rentner, sollte an der Umsetzung des Vorhabens nichts mehr ändern. Besonders pikant oder eben doch typisch hieran war die Tatsache, dass die erst am 23. Januar 2006 gewählte Regierungspartei unter anderem mit dem Wahlversprechen angetreten war, den Steuerstatus der Income Trusts unverändert zu lassen.

Was hat den Gesetzgeber zu diesem drastischen Schritt und unzweifelhaften Wortbruch bewogen? Zum einen könnte die (allerdings lang bekannte) Sorge um das Schwinden der Einnahmen aus der Körperschaftsteuer die neue Regierung hierzu veranlasst haben. Da es hinsichtlich potenzieller Geschäftsfelder keine Restriktionen gab, war es natürlich auch für zahlreiche Großunternehmen steuerlich attraktiv, sich in einen Income Trust umzuwandeln. Dieser Umstand hat sich nicht zuletzt in der kontinuierlich steigenden Marktkapitalisierung des Sektors niedergeschlagen.

So planten neben einigen Banken beziehungsweise ihren Tochtergesellschaften sowohl das größte kanadische Telekommunikationsunternehmen BCE als auch der größte Energieversorger Encana diesen Schritt für das Jahr 2006. Allerdings ist es fraglich, ob der steuerrechtliche Status der Income Trusts dem Fiskus per Saldo tatsächlich Einnahmeverluste beschert hat beziehungsweise hätte. Denn zum einen wurden und werden die Erträge zwar nicht auf Ebene der Unternehmen mit Körperschaftsteuer, dafür aber auf Ebene der Investoren mit Einkommensteuer belegt, deren (Grenz-) Steuersätze sich mit zwei Ausnahmen deutlich oberhalb der Körperschaftsteuer bewegen. Diese Ausnahmen sind beziehungsweise waren ...

- ... die steuerbegünstigte (Wieder-)Anlage im Rahmen von RRSP-Sparplänen bei späterer Auszahlung im Rentenbezugsalter zu relativ niedrigen Steuersätzen.
- ... die Auszahlung der auf Ebene der Income Trusts steuerfreien Erträge an steuerbefreite oder steuerbegünstigte Investoren (Pensionskassen, ausländische Anleger).

Zudem zogen die beliebten Income Trusts erhebliche Investitionszuflüsse in- und ausländischer Anleger nach sich, von denen vor allem die kanadische Realwirtschaft profitierte. Nicht zuletzt aus diesem Grund konnte die Regierung in den Jahren vor der jüngsten Finanzkrise stets einen Haushaltsüberschuss verzeichnen. Da dieser Umstand weniger auf der Bescheidenheit kanadischer Politiker basierte denn auf kontinuierlich steigenden Mehreinnahmen, kann das Steuerausfallargument durchaus mit einem Fragezeichen versehen werden.

Eventuell kam der Impuls zur faktischen Abschaffung eines Großteils der Income Trusts von jener Interessengruppe, die im Wettbewerb mit der selbstbestimmten Gestaltung einer effizienten Privatrente um ihre Ertragsbasis fürchtete. Es ist gut möglich, dass Banken und Versicherungen ihren politischen Einfluss geltend gemacht haben, um den Verkauf ihrer gebührenintensiven Lebens- und Rentenversicherungen sowie sonstiger nach wie vor steuerlich begünstigter Altersvorsorgeprodukte über den Gesetzgeber zu fördern und somit auch die Verwaltung von Wertpapiervermögen dem Anleger zu entziehen beziehungsweise im eigenen Verantwortungsbereich zu konzentrieren.

Infolge des Halloween-Massakers wurde eine Vielzahl kleinerer Income Trusts von anderen Unternehmen übernommen, die meisten änderten jedoch bis zum Jahr 2011 ihre Rechtsform in die einer regulären AG. Ein Teil dieser Gesellschaften verfolgt auch weiterhin eine anlegerfreundliche Ausschüttungspolitik und bildet eine neue Kategorie sogenannter »Hochdividenden-Gesellschaften« beziehungsweise »High Yield Corporations«. Einige Dutzend Income

Trusts blieben jedoch bestehen, da der Gesetzgeber das Steuerprivileg für zwei Ausnahmen erhalten hat. Zum einen handelt es sich dabei um die gesamte Kategorie der Immobilientrusts, welche in Form der REITs ohnehin keine spezifisch kanadische Wertpapiergattung darstellen und daher mit ihren internationalen Pendants im Wettbewerb stehen. Zum anderen wurden unabhängig von der Kategorie alle außerhalb Kanadas erzielten Gewinne von der 2011 eingeführten Besteuerung freigestellt. Das hatte zur Folge, dass Income Trusts mit wesentlichen Vermögenswerten und Ertragsquellen außerhalb ihres Heimatlandes unverändert fortbestehen. Hierbei handelt es sich vor allem um Unternehmen im Rohstoffsektor, die beispielsweise Ölvorkommen jenseits kanadischen Territoriums ausbeuten und verarbeiten.

Doch auch jenseits dieser beiden Ausnahmen sind einige Income Trusts bestehen geblieben, vor allem jene, welche die neue steuerliche Belastung zunächst durch hohe Verlustvorträge kompensieren konnten. Über die Internetseite der TSX können sämtliche handelbare Income Trusts, derzeit gut 50 Titel, tagesaktuell abgerufen werden.

Kosten und Besteuerung

Als börsennotierte Treuhandvermögen unterliegen Income Trusts bei Anwendung der erläuterten regulatorischen Vorgaben nicht der Gewinnbesteuerung auf Unternehmensebene, sind mithin von der Körperschaftsteuer befreit. In aller Regel schütten sie daher fast den gesamten Cashflow abzüglich Kapitaldienst, also Zinsen auf das Fremdkapital, sowie den Kosten für Instandhaltungen und Ersatzbeschaffungen zur Aufrechterhaltung des Geschäftsbetriebes aus. Darin enthalten sind auch die Abschreibungen auf die historischen Anschaffungskosten des Anlagevermögens, welche ebenfalls an die Anleger ausgekehrt werden. Dementsprechend besteht die Ausschüttung (»Cash Distribution«) eines Income Trusts aus mehreren Komponenten, die wiederum dem Ertragsanteil oder dem Kapitalrückzahlungsanteil zuzuordnen sind:

- »Dividend Income« (Erträge aus Dividenden)
- »Other Income« (Erträge aus sonstigen Einkünften wie zum Beispiel Zinsen)
- »Capital Gain« (Erträge aus realisierten und nicht realisierten Kapital- beziehungsweise Kursgewinnen)
- »Return of Capital« (Kapitalrückzahlungen)

Alle Income Trusts sind verpflichtet, für jedes Kalenderjahr ein sogenanntes T3-Formular (Statement of Trust Income Allocation and Designation) zu erstellen, aus dem die Quellen der Barausschüttungen exakt hervorgehen. Die T3-Formulare werden auf der Internetseite des jeweiligen Income Trusts unter der Rubrik »Tax Information« veröffentlicht. Alternativ können sie auch beim kanadischen Börseninformationsdienst CDS Innovations neben zahlreichen anderen verpflichtenden Unternehmensveröffentlichungen kostenfrei abgerufen werden, wie beispielsweise Quartalsberichte, Jahresabschlüsse, Hauptversammlungstermine.

Erfreulicherweise akzeptiert der heimische Fiskus das so protokollierte steuerliche Ergebnis kanadischer Income Trusts. Der deutsche Anleger erzielt demnach ausländische Einkünfte aus Kapitalvermögen, für die allerdings lediglich der Ertragsanteil der Barausschüttung gemäß T3-Formular herangezogen wird. Das heißt, dass darauf lediglich die Abgeltungsteuer von aktuell 25 Prozent zuzüglich Solidaritätszuschlag und gegebenenfalls Kirchensteuer anfällt. Hiervon kann zudem die von Kanada erhobene Quellensteuer in Höhe von 15 Prozent abgezogen werden. In der Praxis erweist sich das Prozedere allerdings als wenig anlegerfreundlich. Zum einen kann das steuerliche Ergebnis und damit der Ertragsanteil eines Income Trusts erst im Nachhinein festgestellt werden, also nur für das Vorjahr, nicht jedoch für das laufende Jahr.

Zum Zweiten existiert ein Erlass des Bundesministeriums der Finanzen (BMF), der aus genau diesem Grund die Anrechnung der kanadischen Quellensteuer auf die durch die inländische Bank im laufenden Jahr abzuführende Abgeltungsteuer ausschließt. Eine in Deutschland steuerpflichtige Person, die einen Income Trust bei einer deutschen Bank verwalten lässt, zahlt also zunächst doppelt: Erst werden von der Barausschüttung 15 Prozent kanadische Quellensteuer abgezogen, danach – und zwar auf den ursprünglichen Ausschüttungsbetrag bezogen – 25 Prozent Abgeltungsteuer zuzüglich Solidaritätszuschlag und gegebenenfalls Kirchensteuer. Insgesamt bekommt der Anleger so erst einmal lediglich knapp 60 Prozent der Barausschüttung ausbezahlt. Erst im Zuge der Veranlagung zur Einkommensteuer kann sich der Anleger erstens die kanadische Quellensteuer und zweitens den Kapitalrückzahlungsanteil der Barausschüttung gemäß T3-Formular anrechnen lassen.

Umgehen kann der Anleger das unvorteilhafte Vorauszahlungsverfahren, wenn er entsprechende Titel bei einer ausländischen Bank beziehungsweise einem Depot im Ausland verwahren lässt. Hier werden jedoch abhängig von dem jeweiligen Doppelbesteuerungsabkommen zwischen dem Verwahrland und Kanada bis zu 25 Prozent Quellensteuer abgezogen, von denen sich jedoch höchstens 15 Prozent auf die deutsche Abgeltungsteuer anrechnen lassen. Die Rückvergütung der restlichen 10 Prozent muss beim kanadischen Fiskus beantragt werden. Abhilfe schafft ein Depot bei einer kanadischen Bank oder dem Ableger einer solchen in Europa. Vorteil: Hier werden nicht nur 15 Prozent kanadische Quellensteuer einbehalten, nach Ablauf jeden Kalenderjahres kümmert sich das Institut auch selbstständig um die Erstattung der auf den Kapitalrückzahlungsanteil einbehaltenen Quellensteuer.

Die (Betriebs-)Kosten eines Income Trusts entsprechen denen einer gewöhnlichen AG beziehungsweise dem des Income Trusts zugrunde liegenden operativen Geschäfts zuzüglich einer Gebühr oder Erfolgsbeteiligung für den Treuhänder. Letztere ist nicht normiert und kann von Fall zu Fall variieren. Genau dokumentiert werden diese »Administrative Expenses« oder »Management Fees« in den jeweiligen Geschäftsberichten, die jeder Income Trust regelmäßig auf seiner Homepage unter der Rubrik »Investor Relations«

publiziert. Bezüglich der Kostenstruktur ist ein Income Trust somit am ehesten mit einem offenen Investmentfonds zu vergleichen.

Chancen und Risiken

Kanada ist eines der beliebtesten Ziele für qualifizierte Auswanderer weltweit, zahlreiche Städte belegen in globalen Rankings bezüglich der Lebensqualität vordere Plätze. Nicht zuletzt deshalb erfreut sich das Land einer positiven demografischen Entwicklung. Auch ökonomisch steht Kanada auf einem gesunden Fundament. Das dünn besiedelte Land verfügt über eine gute Infrastruktur, stabile politische Verhältnisse und sehr ergiebige Rohstoffvorkommen. So ist Kanada der weltweit größte Produzent von Zink, Uran, Kaliumcarbonat, Kadmium, Schwefel und Nickel. Auch beim Abbau von Aluminium, Titan, Kobalt, Molybdän, Gold und Blei gehört die Nation zu den wichtigsten Förderländern. Daneben existieren bedeutende Vorkommen an Kohle und Diamanten.

Ferner verfügt Kanada über sehr große Waldvorkommen – der Hauptgrund, weshalb die kanadische holzverarbeitende Industrie in der Herstellung von Zellstoff, Papier und Pappe quantitativ weltweit die führende Position einnimmt. Schließlich wurden in den letzten Jahren erhebliche Vorkommen an Erdöl und Erdgas entdeckt, deren Ausbeutung allerdings wie fast immer bei Rohstoffprojekten umstritten ist. Immerhin, inklusive der Ölsandvorkommen in der »Rohstoffprovinz« Alberta beherbergt Kanada nach Saudi-Arabien die weltweit höchsten nachgewiesenen Erdölreserven.

Über drei Viertel der gewonnenen Rohstoffe werden allerdings an den direkten Nachbarn, die USA, exportiert, was natürlich eine gewisse Abhängigkeit des kanadischen Rohstoffsektors von deren ökonomischer Verfassung nach sich zieht. Andererseits sind Rohstoffe global gehandelte Güter mit einem entsprechenden Weltmarktpreis, der sich nicht allein an der Nachfrage der USA orientiert. Zudem ist positiv hervorzuheben, dass Kanada als eines der wenigen entwickelten Länder ein Netto-Exporteur von Energie ist, was nicht nur der Verwertung heimischer Rohstoffe geschuldet ist, sondern auch den günstigen natürlichen Rahmenbedingungen, insbesondere der nutzbaren Wasserkraft.

Anders als die USA (und Europa) wurde Kanada von der Finanz- und Wirtschaftskrise kaum erfasst, nicht eine einzige kanadische Bank geriet in Turbulenzen oder musste gar auf Kosten der Steuerzahler gerettet werden. Diese positiven Voraussetzungen spiegeln sich jedoch leider nicht im Staatshaushalt wider. Der Schuldenstand belief sich im Jahr 2014 in etwa auf dem Niveau der Bundesrepublik Deutschland, allerdings mit weitaus besseren Konsolidierungsaussichten. Denn einerseits bürgt Kanada nicht für unsolide wirtschaftende Nachbarstaaten, andererseits gelang es, wie oben erwähnt, während der letzten Boom-Ära zwischen 1999 und 2008 Haushaltsüberschüsse zu erzielen und den Verschuldungsgrad zurückzufahren.

Das politische Risiko für die nunmehr verbliebenen Income Trusts dürfte sich nach dem Halloween-Massaker weitgehend erledigt haben. Neben dem für börsennotierte Unternehmensbeteiligungen obligatorischen Kursrisiko ist bei Income Trusts auch im Einzelfall ein Liquiditätsrisiko gegeben. Zahlreiche Income Trusts verfügen über eine bescheidene Marktkapitalisierung mit zum Teil deutlichem Spread zwischen Kauf- und Verkaufskursen. Anleger sollten daher ihre Börsenorder immer limitieren. Das gilt auch für sogenannte Canadian Closed-end Investment Trusts (siehe Kapitel 16.2). Hierbei handelt es sich um börsennotierte Fonds in der Rechtsform eines Income Trusts, Kapitalsammelstellen also, die mehrere Beteiligungen beziehungsweise Wertpapiere in einem Trust bündeln.

Auch bei ihnen greift – aufgrund ihres Status als Investmentfonds – die 2011 für Income Trusts eingeführte Körperschaftsbesteuerung ausdrücklich nicht (wohl aber für etwaige Engagements in dem Segment). Hinsichtlich aller anderen Merkmale entsprechen sie den klassischen Income Trusts, das heißt, auch sie schütten regelmäßig monatlich aus und erstellen für jedes Jahr ein T3-Formular.

Vorteil: Der Anleger kann seine Income-Trust-Investition mit einer einzigen Position erheblich streuen und ist weniger abhängig vom Wohlergehen eines Einzelunternehmens. Aktuell sind knapp 200 Closed-end Investment Trusts an der TSX handelbar, welche eine Vielzahl unterschiedlicher Anlagestrategien verfolgen. So finden sich sowohl auf Branchen, Länder, Themen und sogar Wertpapiergattungen spezialisierte Trusts.

Fazit

Income Trusts – zumal in der Variante als Closed-end Investment Trusts – sind nahezu unverzichtbare Anlagevehikel für einkommensorientierte Investoren. Selbst Paul Volcker, ehemaliger Vorsitzender des US-amerikanischen Federal Reserve System (Fed), bemerkte noch 2009 auf einer Vortragsveranstaltung in Toronto, dass die an der kanadischen TSX notierten Unternehmen die höchste durchschnittliche Dividendenrendite der Welt aufweisen würden. Ergänzend sollte hinzugefügt werden, dass an keiner anderen Börse der Anteil an Wertpapieren, die über ein monatliches Dividendenregime verfügen, so hoch ist.

Beispiel

Der SIR Royalty Income Fund (TSE: SRV.UN, ISIN: CA8296361097) ist einer der wenigen Business Trusts, die trotz der nachteiligen Änderung des kanadischen Steuerrechts seinen Status beibehalten hat. Trotz Belastung der Gewinne mit Körperschaftsteuer konnte er seine bereits zuvor solide Ausschüttungsrendite jenseits der 8 Prozent pro Jahr halten. SIR ist ein mittelständisches Unternehmen und Franchisegeber in der Gastronomie, der 6 Prozent vom Umsatz der mehr als 40 beteiligten Restaurants bezieht und monatliche Ausschüttungen vornimmt. SIR handelt also, wie es bereits der vollständige Name andeutet, mit Lizenzen, englisch Royalties, die im übernächsten Kapitel vertiefend behandelt werden.

7. REAL ESTATE INVESTMENT TRUSTS

Zusammenfassung

Von allen auf regelmäßige Ausschüttungen abzielende Anlageklassen sind Real Estate Investment Trusts (REITs) zweifellos noch die bekanntesten.[47] Das liegt zum einen an der internationalen Verbreitung, zum anderen an den spektakulären Verlusten zwischen 2007 und 2009, welche die gesamte Anlageklasse vor allem in ihrer ursprünglichen Heimat USA heimsuchten.

Letztere hingen vor allem mit dem Geschäftsmodell eines REIT zusammen. Schließlich handelt es sich hierbei um börsennotierte Unternehmen im Bereich der Erschließung, Verwaltung und Bewirtschaftung von Grundstücken, Immobilien und Hypotheken, die spezielle gesetzliche Auflagen, länderspezifische REIT-Gesetze, erfüllen, um so im Gegenzug in den Genuss zahlreicher Vorzüge zu gelangen.

Da die Finanzkrise im völlig überbewerteten Immobiliensektor der USA ihren Anfang nahm, sackten mit den Häuserpreisen auch die Notierungen der seinerzeit zum Teil mit hohem Fremdkapitaleinsatz operierenden US-REITs um 40 bis 75 Prozent ab. Schwer getroffen wurden dabei vor allem jene REITs, die sich auf Investitionen in hypothekarisch besicherte Kredite US-amerikanischer Hausbesitzer spezialisiert hatten.[48] Von diesem Schlag haben sich zahlreiche REITs bis heute nicht erholt.

Entwicklung und Besonderheiten

Juristisch gehen REITs auf eine US-amerikanische Gesetzesgrundlage zurück, den Real Estate Investment Act aus dem Jahr 1960, der vom damaligen Präsidenten Eisenhower am 14. September 1960 unterzeichnet wurde. Das Ziel dieser Maßnahme war, einerseits die seit jeher volkswirtschaftlich bedeutende Immobilienwirtschaft bundesweit zu fördern. Zum Zweiten wurde damit gerade Kleinanlegern die Möglichkeit verschafft, sich bei einem Vermieter gleich in einem regulierten Immobiliensegment direkt über die Börse zu engagieren und hieraus regelmäßige Einnahmen zu erzielen. Gerade dieser letztgenannte Umstand ist in einem Land, in dem die Altersvorsorge in weiten Teilen auf privater Basis betrieben wird, ein nicht unwesentlicher Faktor (das gesetzliche Rentensystem der USA gewährt seit seiner Einführung im Jahr 1935 lediglich eine Grundsicherung). Vorher war privaten Investoren der indirekte Immobilienbesitz aufgrund administrativer Hürden kaum möglich.

Dennoch verlief die Entwicklung der neuen Anlageklasse eher schleppend. Erst 1963 erfolgte der erste IPO eines US-REIT, vereinzelte Neuemissionen folgten in den darauffolgenden Jahren. Erst ab den frühen 1990er-Jahren, nach einer kurzen Rezession in den USA, begann ein Boom in dem Anlagesegment, der nicht zuletzt aufgrund der sich aufblähenden Immobilienpreise bis 2008 anhalten sollte. Diese wenigen, sehr erfolgreichen Jahre verhalfen dem REIT-Konzept jedoch zum internationalen Durchbruch. Mittlerweile wurde das Modell weltweit in über 40 Ländern übernommen, wenngleich die gesetzlichen Grundlagen sowie die Namensgebung von Land zu Land variieren, wie nachfolgende und keinesfalls abschließende Aufzählung verdeutlicht:

- Belgien: Einführung im Jahr 1995 als Société d'Investissement à Capital Fixe en Immobilier (SICAFI)
- Australien: Einführung im Jahr 1998 als A-REIT, Vorläufer waren die Listed Property Trusts
- Singapur: Einführung im Jahr 1999 als S-REIT
- Japan: Einführung im Jahr 2001 als J-REIT
- Südkorea: Einführung im Jahr 2001 als K-REIT
- Frankreich: Einführung im Jahr 2003 als Société d'Investissement Immobilier Cotées (SIIC)
- Hongkong: Einführung im Jahr 2003 als H-REIT
- Großbritannien: Einführung im Jahr 2007 als UK-REIT
- Deutschland: Einführung im Jahr 2007 als G-REIT
- Spanien: Einführung im Jahr 2012 als Sociedades Anónimas Cotizadas de Inversión en el Mercado Inmobiliario (SOCIMI)

Selbst exotische Länder haben sich dieses spezielle Immobilien- und Anleger-Förderprogramm zu eigen gemacht. So schuf beispielsweise Bulgarien im Jahr 2003 die gesetzlichen Grundlagen für den Bulgarian REIT (BG-REIT), Malaysia im Jahr 2005 diejenigen für den Malaysian REIT (M-REIT). Aus dem zeitlichen Raster fallen allerdings zum einen die Niederlande, welche bereits 1969 mit der Fiscale Beleggingsinstelling (FBI) entsprechende Voraussetzungen etablierten. Zum anderen hatte Kanada bereits 1984 die gesetzlichen Rahmenbedingungen zur Einführung der Income Trusts verabschiedet, welche auch auf Immobilienanlagen spezialisierte Unternehmen umfassten. Zur eigenständigen Bezeichnung beziehungsweise Unterkategorie C-REIT kam es erst zehn Jahre später.

So vielfältig wie die Länder und ihre Rechtspraxis, so unterschiedlich sind auch die auf dieser Grundlage konzipierten und tätigen REITs. Auch wenn die Unterschiede zum Teil von Land zu Land sehr beachtlich sein können, so gibt es doch einige gemeinsame Merkmale. Zum einen existiert für alle REITs eine länderspezifische Sondergesetzgebung. Diese knüpft den REIT-Status durchgehend an ein Mindestengagement des Trusts im Immobiliensektor, was beispielsweise anhand des Anteils der Immobilien am Anlagevermögen oder der Einkünfte aus der Immobilienbewirtschaftung im Verhältnis zu den Gesamteinkünften vorgegeben werden kann. Ferner sind alle REITs zu Mindestausschüttungsquoten in bestimmten Auszahlungsintervallen verpflichtet.

Diese Restriktionen gehen wiederum mit gewissen Privilegien einher, in aller Regel mit Steuervorteilen auf Ebene des REIT. So sind REITs in zahlreichen Ländern komplett von der Körperschaftsteuer befreit, das heißt, die Ausschüttungen fließen ungeschmälert den Anteilseignern zu, die diese individuell versteuern müssen. Jenseits dieser Gemeinsamkeiten sind die Regularien jedoch so umfangreich, dass sie hier nicht im Detail thematisiert werden können. Allerdings setzen sie fast immer bei folgenden Punkten an:

- Vorgabe eines minimalen Trustvermögens
- Art und Anteil der zulässigen Immobilieninvestments – in Deutschland dürfen REITs nicht in Wohnimmobilien investieren, in den USA selbst in Hypotheken privater Eigenheimbesitzer.
- Maximal zulässige Höhe des Fremdkapitals – diese ist in den USA unlimitiert, in Deutschland auf maximal 55 Prozent des Gesamtvermögens des Trusts beschränkt.
- Höhe der minimalen Ausschüttungsquote – in zahlreichen Ländern müssen mindestens 90 Prozent der Erträge ausgeschüttet werden, damit diese als reguläre Betriebsausgaben geltend gemacht und von der Körperschaftsteuer befreit werden können.
- Höhe des minimalen Streubesitzes, um die nötige Handelbarkeit an der Börse sicherstellen zu können.
- Regionale Beschränkungen – zahlreiche REITs dürfen lediglich in ihren Heimatländern aktiv sein, andere weltweit.
- Anteilsobergrenze für einzelne Anleger sowie ein Minimum an Anteilseignern, um eine ausgewogene Anlegerstruktur zu gewährleisten.

Auch das Investitionsspektrum ist jeweils im Rahmen der gesetzlichen Vorgaben breit gefächert. Dabei lassen sich REITs generell in drei Kategorien einteilen, die insbesondere in den USA und Kanada von Bedeutung sind: Equity-REITs, Mortgage-REITs und Hybrid-REITs.

Equity-REITs, die mit Abstand bedeutsamsten Vertreter der Anlageklasse, investieren unmittelbar in Immobilien beziehungsweise Sachwerte. Im Gegensatz dazu legen Mortgage-REITs das Trustvermögen in Immobilienkredite respektive Geldwerte an. Hybrid-REITs wiederum nutzten beide Investitionsmöglichkeiten je nach gesetzlicher Auflage und Strategie des Trustmanagements. Hauptsächlich besitzen, verwalten und finanzieren REITs Immobilien verschiedenster Kategorien:

- Einfamilienhäuser, Wohnungen, Apartmentanlagen
- Agrarflächen, Farmen, Wälder
- Einzelhandels- und Großhandelsliegenschaften
- Büro- und Gewerbeimmobilien
- Lager- und Logistikflächen
- Industrieanlagen und -komplexe
- Ferienhäuser und -anlagen
- Krankenhäuser, Pflegeeinrichtungen, Altenheime
- Hypothekarisch besicherte Darlehen
- Grundstücke und Landerschließungsunternehmen
- Firmen im Bereich der Immobilienentwicklung und -projektierung
- Kindergärten, Schulen und andere öffentliche Einrichtungen
- Sport- und Unterhaltungseinrichtungen (zum Beispiel Stadien und Kinos)
- Andere REITs beziehungsweise Immobilienaktien und -fonds

Wie bei allen einkommensorientierten (Sach-)Anlagen spielen auch im Falle der REITs zwei Faktoren eine besondere Rolle: Der Nettoinventarwert (NIW) beziehungsweise »Net Asset Value« (NAV) und die Dividende.

Der NAV eines REIT ergibt sich aus dem (Markt-)Wert des jeweiligen Immobilienportfolios zuzüglich sonstiger Vermögenswerte abzüglich sämtlicher Verbindlichkeiten. Den jeweiligen NAV nachzuprüfen dürfte für Anleger allerdings fast unmöglich sein, zumal bei im Ausland notierten Wertpapieren. Hier bleibt als Momentaufnahme in der Regel lediglich der Rückgriff auf die standardisierten Investor-Relations-Dokumente wie Quartalsberichte, Halbjahres- und Jahresabschlüsse, die nahezu jede Gesellschaft mindestens in englischer Sprache auf ihrer Webseite bereithält.

REITs können hinsichtlich ihrer Börsenkapitalisierung über oder unter ihrem jeweiligen NAV notieren. Informationsfreudige Unternehmen veröffentlichen beide Zahlen anlegergerecht auf einen Anteil bezogen und laufend aktualisiert auf ihrer Homepage, zumindest jedoch in ihrer jeweils aktuellen Kurzpräsentation (Factsheet). Ansonsten bleibt auch hier nur der Rückgriff auf die jeweils letzte Finanzpublikation.

Ein REIT, der zu einem Kurs unterhalb des NAV je Anteil notiert, wird mit einem Abschlag oder Disagio gehandelt, ein REIT, der zu einem Kurs oberhalb des NAV je Anteil notiert, wird mit einem Aufschlag oder Agio gehandelt. Gerade für einkommensorientierte Investoren bieten Titel, die mit Disagio gehandelt werden, eine risikofreie Zusatzrendite, da die Notierung unter dem NAV wie ein Hebel auf die Investition wirkt. Umgekehrt dämpft ein zu zahlendes Agio die potenzielle Auszahlungsrendite und sollte daher nach Möglichkeit vermieden werden (siehe auch Kapitel 16.2).

Aus den Daten zur Ermittlung des NAV lässt sich auch das Verhältnis vom Eigen- und Fremd- zum Gesamtkapital (Eigen- beziehungsweise Fremdkapitalquote) herleiten. Als Grad der Verschuldung informieren die beiden spiegelbildlichen Kennziffern über die Fähigkeit des REIT, Vermögensverluste wie beispielsweise Neubewertungen im Zuge einer Immobilienkrise zu absorbieren. Je niedriger die Eigenkapitalquote eines REIT, mit je mehr Schulden dieser also operiert, desto höher ist die Hebelwirkung auf die Investitionen – nach oben wie nach unten. Die Ausführungen in diesem Absatz gelten freilich nicht nur für das in diesem Kapitel thematisierte Anlagesegment.

Die Dividende wiederum speist sich bei REITs aus den Mieteinnahmen, welche in aller Regel die wesentliche Einkommensquelle darstellen. Auf mittlere Sicht sollte die Dividende durch die Mieteinnahmen voll gedeckt sein, damit der REIT jenseits des CAFD (ausschüttungsfähigen Liquiditätsanteils) nicht von der Substanz zehren beziehungsweise die Fremdfinanzierungsquote erhöhen muss. Die Mieteinnahmen selbst sollten im Interesse einer stabilen und kalkulierbaren Ausschüttungspolitik mindestens konstant gehalten werden können. Zumindest für die Vergangenheit hilft auch hier nur der Blick in die Finanzberichterstattung des jeweiligen REIT. Die meisten REITs zahlen aufgrund der Orientierung am US-Vorbild eine Quartals-, manche sogar eine Monatsdividende, während deutsche REITs aufgrund der für Kapitalgesellschaften allgemeingültigen gesetzlichen Vorgaben de facto keine unterjährigen Ausschüttungen vornehmen dürfen (siehe Kapitel 3.2) und daher ein jährliches Dividendenregime pflegen.

Der Finanzkrise zum Trotz stehen interessierten Anlegern auch heute noch Hunderte weltweit notierte REITs zur Verfügung. Dabei stellt der US-amerikanische Markt mit einer Börsenkapitalisierung von über einer halben Billionen US-Dollar sowie knapp 200 gelisteten REITs noch immer über die Hälfte des globalen Sektors. Allein 14 REITs gehören zu den 500 größten Unternehmen des Landes. Auf dem zweiten und dritten Platz folgen nach Marktkapitalisierung Australien und Frankreich mit jeweils 70 Milliarden US-Dollar und um die 40 REITs. Weitere große Märkte mit Kapitalisierungsvolumina zwischen 10 und 40 Milliarden US-Dollar sowie jeweils mehr als zehn REITs sind Großbritannien, Hongkong, Japan, Kanada, die Niederlande und Singapur. Wer in deutsche REITs investieren möchte, muss sich mit einer deutlich bescheideneren Auswahl zufriedengeben: Hier werden lediglich fünf REITs mit einer Marktkapitalisierung von insgesamt gut einer Milliarde Euro gehandelt.

Kosten und Besteuerung

Eine grundsätzliche, allerdings von Land zu Land variierende Gemeinsamkeit aller REITs ist die der (teilweisen) Steuerbefreiung. Während die zur Ausschüttung vorgesehenen Gewinne gewöhnlicher AGs zuerst mit der Körperschaftsteuer belastet werden, bevor sie an die Anleger fließen, sind REITs hiervon teilweise bis vollständig ausgenommen.

Dieses Privileg ist zwar – wie bereits erörtert – an bestimmte Voraussetzungen geknüpft, denen der jeweils betroffene REIT allerdings im eigenen Interesse so gut wie immer nachkommt. Zumindest in Australien, Deutschland, Japan, Kanada, Singapur und den USA werden die Erträge ungeschmälert an die Anleger ausgekehrt. Die Besteuerung der Dividenden als Einkommen aus Kapitalvermögen erfolgt dann regelmäßig auf individueller Ebene, in Deutschland zunächst nach Ausschöpfung des Sparerfreibetrags mit der Abgeltungsteuer zuzüglich Solidaritätszuschlag und gegebenenfalls Kirchensteuer.

Vorab jedoch fällt bei ausländischen Anteilseignern wie bei allen anderen Anlageklassen auch in der Regel eine Quellensteuer an. Auch hier sind die Sätze höchst unterschiedlich. So erheben beispielsweise sowohl Großbritannien als auch Singapur keine Quellensteuer für im Ausland steuerpflichtige natürliche Personen. Im Gegensatz hierzu verlangen die USA eine Quellensteuer von 15 Prozent, Kanada 15 beziehungsweise 25 Prozent (siehe auch die Ausführungen in Kapitel 6 und Kapitel 8), Australien und Frankreich hingegen fordern gar 30 Prozent.

In Deutschland steuerpflichtige Personen können gezahlte Quellensteuern jedoch entsprechend den jeweiligen Doppelbesteuerungsabkommen auf die fällige Abgeltungsteuer anrechnen lassen. Dies sind in der Regel bis zu 15 Prozent, womit derzeit die meisten bedeutenden REIT-Märkte abgedeckt werden können, ohne doppelt zur Kasse gebeten zu werden beziehungsweise komplizierte Antragsverfahren zur Erstattung zu viel abgezogener Quellensteuer zu durchlaufen.

Chancen und Risiken

REITs ermöglichen – wie seinerzeit vom Gesetzgeber ausdrücklich gewollt – auch Kleinanlegern die Beteiligung an regulierten Immobilieninvestments sowie den daraus im Vergleich zu anderen Investitionen relativ konstant fließenden Einkünften. Dies hat gegenüber einer Direktinvestitionen in Immobilien diverse Vorteile. Allein aufgrund der nötigen Investitionssumme zum Erwerb auch nur eines Objektes sehen sich hier selbst gutbürgerliche Investoren mit einem erheblichen Klumpenrisiko konfrontiert. Kostspielige Reparaturen, komplizierte Schäden oder die Lage des Objekts verschlechternde Änderungen schlagen unmittelbar auf den potenziellen Wiederverkaufswert durch. REITs hingegen bewirtschaften meistens mehrere Liegenschaften, oft auch unterschiedliche Immobilienarten in verschiedenen Regionen, sodass Anleger auch mit relativ kleinen Beträgen ein breit gestreutes privates Immobilienportfolio aufbauen können (welches sich allerdings im Gegensatz zu einer Direktinvestition nicht beziehungsweise nur in bescheidenem Umfang beleihen und beeinflussen lässt).

Was für die Immobilienanlage gilt, spiegelt sich natürlich auch in den Einnahmen, sprich Mieterträgen, wider. Ein komplizierter Rechtsstreit bei gleichzeitiger Zahlungsverweigerung des in der Regel einzigen Mieters führt bei Einzelinvestments zu monatelangen partiellen oder totalen Einnahmeausfällen. Gleiches gilt für zahlungsunwillige und -unfähige Mieter sowie im Fall berechtigter Mietkürzungen bei Vorlage von Mängeln im oder am Objekt. Ebenso werfen leerstehende Objekte keine laufenden Erträge ab. Auch diesem Einkommensausfallrisiko wirken REITs entgegen. Miet- oder auch Nutzungsverträge werden, vor allem im kommerziellen Bereich, in aller Regel sehr langfristig geschlossen und umfassen eine Vielzahl unterschiedlicher Vertragsnehmer, was sich auf die regelmäßigen Einnahmen des REIT und damit auch seiner Anteilseigner risikomindernd auswirkt. Ein professionelles Management hält zudem die Verwaltungskosten niedrig und kümmert sich selbstständig um rechtliche oder bauliche Probleme – für handwerklich nicht begabte Personen durchaus ein Pluspunkt.

Gegenüber geschlossenen Immobilienfonds und sonstigen nicht börsennotierten Immobiliengesellschaften bieten REITs den Vorteil einer transparenten Preisbildung sowie der Notierung an in der Regel hochliquiden Börsen, die eine permanente Handelbarkeit sicherstellen. Die dafür anfallenden Handelsgebühren sind zudem um Größenordnungen kleiner als die Ausgabeaufschläge oder das Agio von Immobilienfonds in Höhe von 3 bis 5 Prozent der Anlagesumme, ganz zu schweigen von den Nebenerwerbskosten beim Direkterwerb von je nach konkretem Fall 10 Prozent oder mehr.

Als Immobilienanlage und damit Sachwert schlechthin bewahren REITs gerade während inflationärer Phasen das Vermögen ihrer Anleger. REITs mit aus Sicht des Anlegers ausländischem Immobilieneigentum beinhalten zudem die Chance auf Währungsgewinne beziehungsweise das Risiko von Währungsverlusten, da sowohl Kauf- als auch Mietverträge normalerweise in der jeweiligen Landeswährung geschlossen werden. Solide aufgestellte REITs werfen aktuell eine Dividendenrendite von 5 bis 8 Prozent ab, spekulative Mortgage-REITs bis zu 20 Prozent, was diese Anlageklasse für einkommensorientierte Investoren grundsätzlich interessant macht.

Wie in anderen Anlageklassen weisen Titel mit häufigeren Auszahlungsintervallen eine geringere Kursvolatilität auf als solche mit selteneren. Das heißt, dass zum Beispiel ein monatliches Dividendenregime den Kursverlauf mehr dämpft als ein quartalsweises oder gar jährliches. Zudem ist das REIT-Geschäft keinem starken Wandel unterworfen wie etwa ein Unternehmen im Bereich zyklischer Konsumgüter oder eine Firma aus der Hochtechnologiebranche. Auch ist der Wettbewerbsdruck aufgrund der sprichwörtlichen Immobilität des Anlagevermögens niedriger, zumal vor allem Wohnraum als nicht substituierbares Gebrauchsgut unverzichtbar ist.

Aktuell bieten die niedrigen Finanzierungskosten (nicht nur) für REITs günstige Rahmenbedingungen im Hinblick auf die Ablösung alter Darlehen oder die Finanzierung von Erhaltungs- oder Erweiterungsinvestitionen. Nicht zuletzt sollten REITs auf lange Sicht vom ungebrochenen Trend zur Urbanisierung profitieren, da sich der weitaus größte Anteil der verwalteten Liegenschaften im städtischen Umfeld befindet. Verstärkt oder vermindert werden dürfte dieser Trend durch die demografische und ökonomische Entwicklung am jeweiligen Standort.

Wie die diversen weltweit boomenden und anschließend zusammenbrechenden Immobilienmärkte in jüngerer und fernerer Vergangenheit belegen, ist jedoch auch Betongold eine durchaus schwankungsintensive Anlageklasse. Dies gilt nicht nur für die in diesem Segment operierenden REITs, sondern für jedwede Form der Immobilienanlage, einschließlich eines Direktinvestments.[49] Umso wichtiger sind die Auswahl solider Titel und eine inhaltliche wie regionale Streuung, da sowohl bestimmte Immobiliensegmente als auch die Immobilienmärkte einzelner Länder meist zu unterschiedlichen Zeiten überhitzen und abkühlen. Hierbei bieten sich gerade in Post-Crash-Perioden bei solide finanzierten REITs günstige Einstiegsmöglichkeiten, also mit hohem Disagio respektive hoher Dividendenrendite gehandelte Titel, da auch hier regelmäßig die Börsenkurse viel schneller sinken, als die Ertragslage sich verschlechtert.

Ein weiteres Risiko, gerade im Immobiliensektor, ist die relativ hohe Fremdfinanzierungsquote vieler Gesellschaften. So müssen auch REITs durch ihre Konzentration auf Immobilien naturgemäß hohe Anfangsinvestitionen tätigen, die oft durch langlaufende Kredite gehebelt werden. Der Verschuldungsgrad wiederum bestimmt die in Höhe und Zeit zu tragenden Fixkosten. In Krisenzeiten, wenn Mietzahlungen ausfallen, können sich diese als untragbar erweisen und der REIT wird insolvent. Traditionell operieren in diesem Segment Mortgage-REITs mit den im Schnitt höchsten Fremdkapitalquoten. So nutzen sie derzeit verstärkt die aktuelle Niedrigzinsphase, um relativ kurzfristige Kredite aufzunehmen und gleichzeitig relativ langfristige Hypothekendarlehen zu erwerben – ein sehr riskantes, wenngleich sehr lukratives Unterfangen. Jedem potenziellen REIT-Investor bleibt also nichts anderes übrig, als sich mit den Bilanzen entsprechender Investitionsobjekte auseinanderzusetzen.

Durch die Konzentration auf Immobiliengeschäfte ist allerdings auch das Wachstumspotenzial von REITs relativ beschränkt, da sie nicht flexibel auf neue Investitionschancen außerhalb ihres angestammten Sektors reagieren können – jedenfalls nicht, ohne ihren Status zu verlieren. Obwohl sich ihre Ertragslage stabiler erweist als diejenige konjunktursensibler Industrie- und Dienstleistungsunternehmen, werden auch REITs von wirtschaftlichen Turbulenzen negativ betroffen. Rezessionen drücken regelmäßig, im kommerziellen Bereich mehr, im nicht kommerziellen Bereich weniger, das erzielbare Mietniveau, führen zu vermehrten Zahlungsausfällen und höheren Leerstandsquoten.

Auch aufgrund der hohen sozialpolitischen Bedeutung von Immobilien können REIT-Anteilseignern zusätzliche Ertrags- und Vermögensrisiken erwachsen. Sowohl Miet- als auch Baugesetzgebung sowie Regulierungen bezüglich des Erwerbs von Immobilieneigentum durch Ausländer werden gerade in Rezessionen tendenziell repressiver. Das gilt nicht zuletzt auch für die Steuergesetzgebung, die REITs deutliche Vergünstigungen einräumt und selbstverständlich ebenfalls dem gesetzgeberischen Wandel unterliegt. Allerdings ist dieses Risiko eher als gering einzustufen, was vor allem an der internationalen Verbreitung dieser Anlageklasse und der damit einhergehenden Wettbewerbssituation liegt – ein Land allein würde sich durch eine einseitige Statusänderung erhebliche Nachteile auf dem jeweiligen Finanz- wie auch Immobilienmarkt einhandeln.

Fazit

Mithilfe von REITs lässt sich ein global diversifiziertes, ertragsstarkes Immobilienportfolio zusammenstellen. Hierbei sollten Anleger ausschließlich auf klassische, möglichst unter dem NAV notierende REITs mit soliden Bilanz- und Ertragskennzahlen zurückgreifen. Als lupenreine Sachwerte mit hohen und ganz überwiegend unterjährigen Ausschüttungsquoten eignen sie sich hervorragend als ein Hauptbestandteil eines Cash generierenden und ertragsstarken Depots. Hybrid- und vor allem Mortgage-REITs verbieten sich hingegen aufgrund der hohen Fremdfinanzierungsquoten und der Spekulation auf die Differenz zwischen Kurzfrist- und Hypothekenzinssätzen zumindest für einkommensorientierte Langfrist-Investoren.

Beispiele

- Die Realty Income Corp (NYSE: O, ISIN: US7561091049) ist einer der ältesten, 1969 gegründeten US-amerikanischen REITs. Er schüttet seither ununterbrochen eine monatliche Dividende aus, die bisher noch nie gekürzt oder ausgesetzt werden musste.
- Der Government Properties Income Trust (NYSE: GOV, ISIN: US38376A1034) ist ein US-amerikanischer REIT mit vergleichsweise niedrigem Verschuldungsgrad, der seine Liegenschaften ausschließlich an relativ ausfallsichere öffentlich-rechtliche Körperschaften vermietet.
- Der Dream Office Real Estate Investment Trust (TSE: D.UN, ISIN: CA26153P1045) ist der einzige kanadische REIT mit deutscher Berichterstattung und einer der größten Eigentümer von Büroimmobilien in Kanada.

- Der First REIT (SGX: AW9U, ISIN: SG1U27933225) aus Singapur hat sich auf den Erwerb und die Vermietung von Krankenhäusern, Rehabilitationszentren und Pflegeheimen in Indonesien, Singapur und Südkorea spezialisiert. Der Wert aller bewirtschafteten Immobilien beläuft sich auf über eine Milliarde US-Dollar.
- Der in Hongkong beheimatete Fortune REIT (HKE: 0778, ISIN: SG1O33912138) betreibt in der chinesischen Sonderverwaltungszone insgesamt 17 Einkaufszentren mit einer Gesamtfläche von mehreren Hunderttausend Quadratmetern sowie gut 2600 Parkplätzen.
- Die Scentre Group (ASX: SCG, ISIN: AU000000SCG8) verwaltet insgesamt 47 Kaufhauszentren mit gut 12.000 Geschäften in Australien und Neuseeland mit zuletzt über 500 Millionen Besuchern im Jahr, die einen Umsatz von mehr als 22 Milliarden australische Dollar generierten.
- Die Hamborner Reit AG (FSE: HAB, ISIN: DE0006013006) ist ein deutscher REIT, der bis 2010 als AG firmierte und durch eine kontinuierlich positive Dividendenentwicklung seit 1990 hervorsticht.

8. ROYALTY TRUSTS

Zusammenfassung

Royalty Trusts sind die wohl denkbar simpelste Unternehmensform, wobei »Unternehmen« im eigentlichen Sinne des Wortes bereits übertrieben ist, denn Royalty Trusts »unternehmen« streng genommen meist gar nichts. Oft haben sie keine Mitarbeiter, verfügen über keinerlei Maschinen, Büros oder sonstige Produktionsmittel. Royalty Trusts sind eine auf immaterielle Größe reduzierte Rechtskonstruktion. Sie bestehen dann im Wesentlichen aus einem Aktenordner, der von einer Anwaltssozietät, Steuerberatungskanzlei oder Bank verwaltet wird, die sich auch um die entsprechende Registrierung und die administrativen Belange des Trusts kümmert, sowie einer Kontoverbindung. Ihre einzigen Vermögenswerte sind in aller Regel die namensgebenden »Royalties«, Zahlungen aus der Überlassung von Nutzungsrechten in Form von Konzessionen, Lizenzen und bisweilen Patenten.[50]

Diese Zahlungen wiederum werden in der Regel monatlich oder quartalsweise vollständig an die Anteilseigner des jeweiligen Trusts ausgeschüttet. Aus diesem Grund werden Royalty Trusts auch als »Flow-through-Entity« oder »Pass-through-Vehicle«, also sinngemäß »Zahlungsdurchfluss-Einrichtungen«, bezeichnet.

Royalty Trusts sind ganz überwiegend im Bereich der Öl- und Gasgewinnung sowie des Bergbaues angesiedelt.[51] Gegründet werden sie typischerweise, indem das im Zuge der Zeichnung beziehungsweise des Börsengangs aufgebrachte Kapital für den Kauf von Förderrechten an fest definierten Öl- und Gasvorkommen investiert wird. Diese entweder auf Zeit oder dauerhaft erworbenen Rechte werden wiederum an Unternehmen aus der Öl- und Gasbranche beziehungsweise der Minenindustrie abgetreten. Im Gegenzug verpflichtet sich das erwerbende Unternehmen, eine regelmäßige, meist vom Fördervolumen abhängige Gebühr an den Trust zu entrichten. Die Gebühr orientiert sich hierbei üblicherweise am Marktpreis des geförderten Rohstoffs. Zahlungsintervalle, Durchschnittspreisberechnung sowie Mindest- und Höchstfördermengen können dabei variieren.

Der einzige Zweck eines Royalty Trusts besteht darin, die entrichteten Lizenzgebühren an die Anteilseigner des Trusts weiterzuleiten. Sofern ein Großteil der Erlöse aus der Rechteverwertung abzüglich der Kosten des Trusts (mindestens 90 Prozent) in Form von Dividenden ausgeschüttet wird, bleiben diese auf Ebene des Trusts von der Körperschaftsteuer befreit. Sämtliche Royalty Trusts verfolgen daher auch ein für einkommensorientierte Investoren attraktives monatliches oder quartalsweises Dividendenregime, wobei die Ausschüttungen der Einkommensbesteuerung aufseiten des Anlegers unterliegen.

Entwicklung und Besonderheiten

Der erste Royalty Trust wurde 1979 in Oklahoma gegründet – seit Anfang des 20. Jahrhunderts ist der Bundesstaat einer der wichtigsten Öl- und Gasförderer in den USA. Federführend hierbei war die Firma Mesa Petroleum des »Ölbarons« Thomas Boone Pickens. Das Unternehmen reagierte damit auf die Schwierigkeit, die schwindenden Ölreserven durch die sehr kostspielige Erschließung neuer Quellen auszugleichen. Der eigens dafür aufgelegte Royalty Trust diente Mesa Petroleum als alternatives Finanzierungsinstrument, welches weder die Liquidität der Firma beeinträchtigte noch eine Kreditaufnahme erforderlich machte.

Die niedrigen administrativen und organisatorischen Hürden zur Gründung und Verwaltung eines Trusts gepaart mit den regelmäßigen Ausschüttungen einer im Vergleich zu Aktien weniger schwankungsanfälligen Sachwertbeteiligung, machten diese Anlageform bei Anbietern wie Nachfragern gleichermaßen beliebt. Dem erfolgreichen Prototyp folgten zahlreiche Emissionen weiterer Öl- und Gasunternehmen, die sich nach wie vor mit ganz ähnlichen Problemen konfrontiert sehen wie seinerzeit Mesa Petroleum. Kaum zufällig wurden die rechtlichen Rahmenbedingungen für derartige Trust-Strukturen zwischen der ersten (1973) und zweiten Ölkrise (1979) geschaffen, welche die Industrienationen rund um den Globus in eine heftige Rezession stürzte. Dem politischen Ziel einer autarken Energieversorgung dienten schließlich auch die in den frühen 1980er-Jahren umgesetzte Förderung der MLPs sowie der Income Trusts. Sie lieferten mit der Energieinfrastruktur gewissermaßen die »Hardware«, die zum Transport, zur Verarbeitung und Lagerung der durch die Royalty Trusts gewonnenen »Software«, der Rohstoffe, nötig war.

Doch Royalty Trusts dienen nicht nur zur Finanzierung der Erschließung neuer Rohstoffvorkommen. Zahlreiche Trusts entstanden im Rahmen der Ausgliederungen sprichwörtlich sprudelnder Quellen. Deren ursprüngliche Eigentümer, große Öl- und Gasversorgungsunternehmen, sichern sich auf diese Weise die finanziellen Mittel zum Ausbau des in der Regel ebenfalls kostenintensiven operativen Kerngeschäfts, zum Beispiel Aufbau, Betrieb und Instandhaltung von Pipelines, Raffinerien, Tanklagern und Versorgungsnetzen, ohne auf (Bank-)Kredite und die damit einhergehenden Abhängigkeiten zurückgreifen zu müssen. Zudem ermöglicht dieses Vorgehen, die Verwertung der Förderrechte zu steuern und somit den Zugriff auf die entsprechenden Rohstoffe zu sichern.

Hiervon profitieren nicht zuletzt auch die Anteilseigner derjenigen Trusts, welche mit dem Anteil an den jeweiligen »Royalties« gleich einen Groß- beziehungsweise Exklusivkunden sowie langlaufende Liefer- und Abnahmevereinbarungen erwerben können. Im Grunde entspricht diese Konstruktion einer klassischen Sale-and-Lease-Back-Vereinbarung, bei der ein Unternehmen Immobilien, Fahrzeuge oder Anlagen an eine Leasinggesellschaft verkauft und gleichzeitig ein Nutzungsrecht gegen laufende Entgeltzahlung erwirbt.[52]

Bezüglich der gesetzlichen Regulierung von Royalty Trusts ist zwischen US-amerikanischen und kanadischen Trusts zu unterscheiden. US-amerikanische Royalty Trusts bilden eine eigene, gesetzlich streng regulierte Anlageklasse. Ihnen ist ein aktives Management im Sinne eines gewerblichen Handels gänzlich verboten, das zulässige passive Management beschränkt sich ausschließlich auf die Verwaltung der das Trustvermögen begründenden, einmal festgesetzten Rohstoffförderrechte.

Aus diesem Grund sind sie auch immer mit einem Verfallsdatum versehen, da das passive Management den Erwerb weiterer »Royalties« ebenso wenig zulässt wie die Aufnahme von Krediten zur Aufrechterhaltung oder Erweiterung der Geschäftstätigkeit. Im Gegenzug bleibt der Trust von jeglicher Körperschaftsteuer befreit, die Ausschüttungen werden also ausschließlich auf Ebene der Anleger individuell besteuert. Auch hinsichtlich der Vertragsbedingungen unterscheiden sich die aktuell gehandelten US-amerikanischen Royalty Trusts zum Teil erheblich bezüglich folgender Aspekte:

- Lebensdauer des Trusts nach Zeit oder Fördermenge
- Anzahl, Bindungsdauer und Wechsel der Abnehmer
- Art und Anzahl der Rohstoffquellen
- Mindest- und Höchstabnahmemengen pro Zeiteinheit und über die Gesamtlaufzeit
- Methodik der Preisermittlung und Zahlungstermine
- Aufteilung der Lizenzgebühren beziehungsweise Beteiligung des Trusts an den Förderkosten
- (Teil-)Rückkaufsvereinbarung oder automatische (unentgeltliche) Rückübertragung

Die Rahmenkonstruktionen sind in den jeweiligen Jahres- und Quartalsberichten des Trusts aufgeführt. Um ein gründliches Studium der zum Teil komplizierten beziehungsweise schwer abzuschätzenden Parameter kommt daher kein Anleger herum, wirken sie sich doch unmittelbar auf die Anlagestrategie aus. So ist die Dividendenrendite der Trusts mit Verfallsdatum und automatischer Rückübertragung an das ursprünglich ausgliedernde Unternehmen in der Regel am höchsten. Allerdings sind hiervon auch Rücklagen zu bilden, um am Laufzeitende zumindest wieder über die ursprüngliche Investitionssumme verfügen zu können.

Das kanadische Pendant bildet zwar auch eine eigene Anlageklasse, aufgrund der seinerzeit ohnehin breit angelegten rechtlichen Rahmenbedingungen für Income Trusts wurde diese praktischerweise zur Gründung der Canadian Royalty Trusts, kurz CanRoys, mitgenutzt. Diese dürfen im Gegensatz zur US-Variante ein aktives Management betreiben, Fremdkapital einsetzen und jederzeit ihren Bestand an »Royalties« erhöhen oder verringern. Auch CanRoys sind beziehungsweise waren wie alle anderen Income Trusts von der Körperschaftsteuer befreit, der Ertragsanteil der Dividenden war damit erst auf Investorenebene steuerpflichtig.

Im Zuge des sogenannten Halloween-Massakers Ende Oktober 2006 – ein Kurssturz infolge einer Gesetzesänderung, welche die Steuerfreiheit kanadischer Trusts aufhob – mussten auch die CanRoys erheblich Federn lassen. Einige änderten daraufhin ihre Rechtsform und notieren seither als normale AG. Allerdings hat der Gesetzgeber gerade für diese Anlageklasse eine Hintertür offen gelassen, denn die seit Januar 2011 greifende Körperschaftsteuer nimmt neben kanadischen REITs auch sämtliche ausländischen Ertragsquellen hiervon aus. Das hatte zur Folge, dass diejenigen CanRoys, die ausschließlich »Royalties« außerhalb Kanadas hielten, ihre Geschäfts- und Ausschüttungspolitik unverändert fortführen konnten.

Zurzeit sind knapp drei Dutzend US-amerikanische sowie kanadische Royalty Trusts an der NYSE beziehungsweise TSX notiert.

Dabei ist das Verhältnis zwischen reifen und neuen Trusts relativ ausgewogen, sodass die Zahl über die letzten Jahre konstant geblieben ist. Einzig die Anzahl der CanRoys schrumpfte zwischen 2006 und 2011 aufgrund der Änderung der steuerlichen Rahmenbedingungen erheblich.

Kosten und Besteuerung

Sowohl US-amerikanische Royalty Trusts als auch die als Income Trusts firmierenden CanRoys mit ausschließlich ausländischen Ertragsquellen sind von der Körperschaftsteuer befreit. Hinsichtlich der Quellensteuer für ausländische Anleger ist auch hier zu unterscheiden: US-amerikanische Royalty Trusts nehmen gegenüber Steuerausländern einen Quellensteuerabzug von 35 Prozent vor. Gemäß Doppelbesteuerungsabkommen sind davon 15 Prozentpunkte auf die deutsche Abgeltungsteuer anrechenbar, die Erstattung des darüber hinausgehenden Abzugs muss bei den US-amerikanischen Finanzbehörden gesondert beantragt werden.

Bei CanRoys wird aufgrund ihres Status als Income Trust eine Quellensteuer in Höhe von 15 oder 25 Prozent erhoben. Abhängig ist dies, wie in Kapitel 6 ausgeführt, sowohl vom Doppelbesteuerungsabkommen zwischen dem Verwahrland und Kanada als auch von der administrativen Handhabung desselben durch die jeweilige Depotbank. Vor allem bei Kunden deutscher Institute darf aufgrund der bekannten Weisung des BMF bei den Auszahlungen kanadischer Income Trusts respektive CanRoys die einbehaltene Quellensteuer nicht mit der gegebenenfalls fälligen Abgeltungsteuer verrechnet werden. Ein Ausgleich ist erst im Rahmen der Einkommensteuererklärung, in der Regel also frühestens im auf die Auszahlung folgenden Jahr möglich. Dieser klare Nachteil lässt sich jedoch legal durch die Wahl einer entsprechenden Bank vermeiden. In jedem Fall können sich Anleger sämtliche Quellensteuerabzüge jenseits der 15 Prozent vom kanadischen Fiskus rückvergüten lassen.

Als denkbar einfachstes Businessmodell mit langfristig stabilen Kundenbeziehungen und minimalem bürokratischen Aufwand sowie standardisierten Prozessen sind natürlich auch die Kosten des Geschäftsbetriebs im Vergleich zu anderen kommerziellen Organisationen überschaubar und beschränken sich im Wesentlichen auf die Entlohnung des Trustmanagements. Dieses ist bei CanRoys aufgrund der weniger restriktiven Geschäftsvorgaben im Schnitt höher als bei US-amerikanischen Royalty Trusts.

Chancen und Risiken

Bei den Chancen ist ebenso wie bei den Risiken zwischen der US-amerikanischen und der kanadischen Trustvariante zu unterscheiden. Der wesentliche Vorteil US-amerikanischer Royalty Trusts ist das Fehlen jedweder operativer Risiken. Dies betrifft sowohl die Geschäftstätigkeit selbst wie auch das Verbot, Fremdkapital aufzunehmen. Als lupenreines, allein mit Eigenkapital operierendes »Pass-through-Vehicle« mit auf Jahre festgeschriebenen Liefer- und Abnahmebedingungen kommt der Royalty Trust dem ziemlich nah, was Warren Buffett als »idiotensicheres Geschäft« bezeichnet hat.[53]

Bei CanRoys hingegen ist aufgrund des zulässigen aktiven Managements ein mäßiges operatives Risiko vorhanden. Daher ist hier auf eine gesunde Bilanz und ein im Rohstoffsektor erfahrenes Führungsteam zu achten. Mit beiden Investmentklassen erwirbt der Anleger, wenn auch in indirekter Form, den Prototypen eines Sachwerts, der unabhängig von etwaigen Zahlungsversprechen eines Schuldners seine Substanz wahrt – Rohstoffe können im Gegensatz zu AGs oder Anleiheemittenten nicht pleitegehen.

Als spezielles US-amerikanisches beziehungsweise kanadisches Wertpapier werden sämtliche an der NYSE respektive TSX notierten Trusts in US-Dollar beziehungsweise kanadischen Dollar gehandelt, was gegenüber anderen Währungen naturgemäß sowohl eine Chance als auch ein Risiko darstellen kann. Im Fall der Royalty Trusts wird dieser Währungseffekt allerdings weitgehend neutralisiert: Da sämtliche Trusts »Royalties« aus global gehandelten Rohstoffen beziehen, bemessen sich sowohl die Ausschüttungen als auch der innere Wert des Trusts am jeweiligen Weltmarktpreis. Dieser notiert bei Öl, Gas und zahlreichen Erzen zwar meist in US-Dollar, in der Regel zieht jedoch eine Dollarschwäche eine steigende Notierung nach sich (und umgekehrt), was einen gewissen Schutzpuffer vor Wechselkursschwankungen in beide Richtungen bietet.

Auch die nahezu alleinige Abhängigkeit des Trustpreises vom Weltmarkpreis des jeweils zugrunde liegenden Rohstoffs bietet Chance und Risiko zugleich. Nun ist der Markt für Rohstoffe wie kaum ein anderer unmittelbar der globalen Angebots-Nachfrage-Situation unterworfen:[54] Rohstoffe sind weitgehend homogen und werden weltweit gehandelt, sie erfordern zur Gewinnung und Verarbeitung hohe Investitionen bei einem sehr langfristigen Planungshorizont und bilden die Basis einer jeden (volks-)wirtschaftlichen Entwicklung. Daher sind auch Daten zur Angebots- und Nachfrageentwicklung relativ gut zu ermitteln, ferner spielen einzelunternehmerische wie auch psychologische Faktoren keine so starke Rolle wie bei Aktienengagements.

Allein das Wachstum der Weltbevölkerung sowie der Wirtschaft der Zweiten und zunehmend auch Teilen der Dritten Welt sprechen theoretisch für langfristig steigende Notierungen an den Rohstoffmärkten. Gegen diese intuitive Auffassung spricht allerdings die Tatsache, dass die Rohstoffpreise in den letzten 200 Jahren mit Ausnahme der Frühphase der industriellen Revolution sowie politischer Großkrisen inflationsbereinigt gefallen sind.

Auf der anderen Seite sind Rohstoffpreise Seismografen der (Welt-) Konjunktur. Rezessionen, Währungs- und Schuldenkrisen schicken die Notierungen regelmäßig auf Talfahrt, wie zuletzt 2007 und 2008 schön beobachtet werden konnte. Ein weiteres, noch kritischeres Risiko für Rohstoff-Investoren stellen technologische Innovationen dar, welche einen Rohstoff teilweise oder gar komplett zu ersetzen, zumindest aber das Angebot stark auszuweiten in der Lage sind. Letzteres führte unter anderem zum drastischen Verfall des Ölpreises im Jahr 2015.

Zumindest bei US-amerikanischen Royalty Trusts kommt noch das Risiko der Laufzeit beziehungsweise der teilweise schwer abzuschätzenden vertraglichen Rahmenbedingungen hinzu. So ist es nicht auszuschließen, dass die Ausschüttungsrendite bei Trusts mit fester Laufzeit und unentgeltlicher Rückübertragung an den Emittenten phasenweise unter die allein zum Kapitalerhalt notwendige, gleichsam automatisch eingebaute periodische Wertminderung fällt, was dann unter dem Strich einen Gesamtverlust nach sich zieht.[55]

Fazit

Sowohl die US-amerikanischen als auch die kanadischen Royalty Trusts sind die Prototypen eines einfachen, langweiligen, Einkommen generierenden Geschäftsmodells. Sie eignen sich hervorragend als Beimischung beziehungsweise als Möglichkeit, ein auf regelmäßige Auszahlungen ausgerichtetes Depot um die Anlageklasse der Rohstoffe zu diversifizieren. Nun lassen sich Rohstoffe in verbriefter Form zwar auch in anderen Varianten – zum Beispiel als Zertifikate oder ETCs – erwerben.

Diese haben allerdings den Nachteil, keine regelmäßigen Ausschüttungen vorzunehmen beziehungsweise vornehmen zu können. Im Gegenteil, Kommissionen, Gebühren, Verwaltungs-, Lager- sowie gegebenenfalls Fremdfinanzierungskosten zehren beständig am eingesetzten Kapital. Gewinne lassen sich hier ausschließlich über spekulative Preisdifferenzen realisieren. Eine Alternative sind Rohstoffaktien, die allerdings den Nachteil erheblich höherer Volatilität als der jeweils zugrunde liegende Rohstoff und zudem das Risiko weniger zuverlässig kalkulierbarer Auszahlungen aufgrund der operativen Kosten bergen.[56] Allerdings gibt es sowohl für zahlreiche Rohstoffe als auch für Rohstoffaktien eine auf kontinuierliche Einnahmen und Ausschüttungen abzielende Lösung, die an späterer Stelle in Kapitel 16.4 erläutert wird.

Bei der Abwägung zwischen US-amerikanischen Royalty Trusts auf der einen und CanRoys auf der anderen Seite sind für nicht amerikanische Anleger eindeutig Letztere zu bevorzugen. Zum einen entfällt auf diese Weise die hohe Quellenbesteuerung beziehungsweise der mit der Rückforderung verbundene erhebliche administrative Aufwand. Zum Zweiten braucht angesichts der kontinuierlichen Abschreibung der Anlage kein aktives Liquiditätsmanagement betrieben zu werden. Schließlich erspart sich der Anleger so die zwingend notwendige Lektüre und Auswertung der unterschiedlichen und bisweilen komplizierten Wertpapierbedingungen der US-amerikanischen Variante.

Beispiele

- Der US-amerikanische Royalty Trust VOC Energy Trust (NYSE: VOC, ISIN: US91829B1035) ist ein in Delaware registrierter und seit November 2010 handelbarer Trust. In den Trust wurden die Förderrechte des Öl- und Gasproduzenten VOC ausgegliedert, der nach wie vor 25 Prozent der Anteile hält. Den Anteilseignern des Trusts stehen 80 Prozent der Nettoerlöse aus der Bewirtschaftung von knapp 900 erschlossenen Öl- und Gasbohrstellen aus insgesamt 191 in Texas und Kansas gelegenen Feldern zu. Die Laufzeit des Trusts endet automatisch und ohne Ablösezahlung am 31. Dezember 2030 oder nach Förderung eines dem Trust zuzurechnenden Öläquivalents von 8,5 Millionen Barrel, je nachdem, welches Ereignis früher eintritt. Bis Ende 2012 wurden Zahlungen für gut eine Million Barrel an den Trust getätigt.

- Die kanadische Firma Eagle Energy (TSE: EGL, ISIN: CA26950 W1041) wurde im Jahr 2011 als Royalty Trust gegründet und hält die Förderrechte an mehreren produktiven Öl- und Gasfeldern. Diese befinden sich in Texas (USA) und Alberta (Kanada), weshalb die Erträge nur teilweise der kanadischen Körperschaftssteuer unterliegen. Die Ausschüttung erfolgt monatlich, ein Teil der Einnahmen wird allerdings für den Erwerb neuer Quellen verausgabt, da der Trust auf Dauer angelegt ist und über kein Verfallsdatum verfügt. Sein Kursverlauf belegt stellvertretend für das gesamte Segment die extreme Preisabhängigkeit vom jeweils zugrunde liegenden Rohstoff und geriet im Zuge des Ölpreisverfalls ab Mitte 2014 massiv unter die Räder. Anfang 2016 durchbrach die Notierung die Marke von einem kanadischen Dollar nach unten auf Pennystock-Niveau. Dank der konservativen Finanzierungsstruktur blieb dem zeitgleich in eine AG umgewandelten Trust jedoch (bisher) das Schicksal des wesentlich verschuldungsfreudigeren Parallel Energy Trust erspart, der im November 2015 Insolvenz und damit Gläubigerschutz nach dem kanadischen Companies Creditors Arrangement Act (CCAA) beantragen musste. Auch in diesem Segment gilt übrigens die eiserne Regel, dass Dividenden weitaus weniger schwanken als der Kurs des entsprechenden Trusts.

9. PREFERRED SHARES

Zusammenfassung

Übersetzt wird die vor allem in Kanada und den USA beheimatete Anlageklasse der Preferred Shares im deutschen Sprachraum mit »Vorzugsaktie«. Diese Übersetzung geht allerdings am Kern der Sache vorbei, denn hinsichtlich der rechtlichen Ausgestaltung unterscheiden sich Preferred Shares oder Preferred Stocks erheblich vom vermeintlichen deutschen Pendant. Vorzugsaktien sind Aktien, bei denen dem jeweiligen Inhaber kein Stimmrecht als Aktionär eingeräumt wird. Im Gegenzug wird dies mit einem Recht auf eine bevorzugte, also im Vergleich zu Stammaktien höhere sowie vorrangig zu zahlende Dividende kompensiert. Darüber hinaus sind und bleiben sie aber ganz reguläre Aktien. Preferred Shares hingegen sind im Gegensatz zu Common Shares oder Stammaktien hybride Wertpapiere, ausgestaltet als Zwitter mit den Merkmalen sowohl von Aktien als auch Anleihen und am ehesten mit Genussscheinen deutschen Rechts vergleichbar.

Entwicklung und Besonderheiten

Als eigene Wertpapierklasse existieren Preferred Shares bereits seit Jahrzehnten. Während in Kanada jedes Unternehmen entsprechende Anteile ausgeben darf, ist ihre Emission in den USA auf Finanzinstitutionen (Banken, Versicherungen, Fonds), REITs sowie öffentliche Versorgungsunternehmen beschränkt. Trotz der sich im Einzelfall unterscheidenden inhaltlichen Ausgestaltung zeichnen sich sowohl die kanadische als auch die US-amerikanische Variante durch gemeinsame Merkmale aus.

Ähnlich wie Aktien sind Preferred Shares dividendenberechtigt, wobei die Zahlungen an die jeweiligen Anteilseigner immer monatlich oder quartalsweise erfolgen. Zudem verfügen sie ähnlich den deutschen Vorzugsaktien über ein Dividendenprivileg, das heißt, das ausgebende Unternehmen muss immer erst die Anteilseigner der Preferred Shares befriedigen, bevor Ausschüttungen an die Stammaktionäre getätigt werden dürfen. Dieses Privileg bedeutet jedoch keineswegs, dass die Dividende garantiert ist. Unternehmen dürfen diese in klammen Zeiten durchaus für emittierte Preferred Shares herab- oder gar aussetzen. Allerdings ist dies nur möglich, wenn zuvor den Stammaktionären die Dividende gestrichten wurde.

Zudem müssen, je nach Ausgestaltung des Wertpapiers, die ausgefallenen Zahlungen in wirtschaftlich guten Zeiten nachgeholt werden. Dies wiederum ist die Grundvoraussetzung, dass auch wieder Ausschüttungen an die Stammaktionäre vorgenommen werden dürfen. Ferner verbriefen Preferred Shares einen Anteil am Unternehmen, was für den eher seltenen Fall einer Liquidation von Bedeutung ist. Als solche werden sie auch ganz regulär an den Aktienbörsen der jeweiligen Unternehmens-Stammsitze gehandelt.

Im Gegensatz zu den Stammaktien (sowie den Vorzugsaktien in Deutschland) sind Preferred Shares allerdings regelmäßig bedeutend schwankungsärmer, sprich weniger volatil. Dies wiederum hängt mit ihren anleiheähnlichen Charakteristika zusammen. Alle Preferred Shares sind nämlich mit einer Art Kupon ausgestattet, der eine zinsähnliche Fixdividende festlegt. Diese Festlegung erfolgt vor der Emission, ist also völlig unabhängig von der späteren

Geschäftsentwicklung und der Höhe der Dividende auf Stammaktien, die ja jährlich auf der jeweiligen Jahreshauptversammlung einer AG getroffen werden muss.

Eine Kürzung oder gar Aussetzung der Dividende oder Kuponzahlung auf die Preferred Shares erfolgt in der Regel auf Vorschlag des Vorstands und ebenfalls nach einem Beschluss der Hauptversammlung. Dem Antrag gehen meist Geschäftsjahre mit (hohen) Verlusten voraus, ferner darf keine Dividendenzahlung an Stammaktionäre vorgesehen sein.

Handelt es sich bei den Preferred Shares gemäß Emissionsbedingungen um sogenannte »Non-Cumulative Shares«, sind die jeweiligen Zahlungen für den Anleger verloren. Sie werden nicht nachgezahlt. Im Gegensatz dazu werden bei »Cumulative Shares« die nicht oder nicht vollständig gezahlten Dividenden weiterhin vermerkt und bei später positivem Geschäftsverlauf beziehungsweise verfügbarem Cashflow komplett nachgezahlt. Erst danach dürfen auch Stammaktionäre wieder eine Dividende beziehen. Diese Variante der Preferred Shares ist also aus Sicht der Anleger hinsichtlich der Ausschüttungen als sicherer einzustufen, was in der Regel mit einem etwas geringeren Kupon kompensiert wird.

Im Allgemeinen tun sich Gesellschaften mit langer und konstanter Dividendenhistorie schwer, ein einmal etabliertes Ausschüttungsniveau zu beschneiden, hat dieser Umstand doch erhebliche Aussagekraft hinsichtlich des Zustandes der Gesellschaft. Dies gilt insbesondere, wenn der Vorstand sich zuvor zu einem anlegerfreundlichen Dividendenregime verpflichtet hat. Ferner ist bei Preferred Shares der Kupontyp zu beachten, denn auch dieser kann zwischen folgenden zwei Grundtypen variieren:

- Preferred Shares mit fixem Kupon beziehungsweise »Fixed-Rate Preferred Shares«
- Preferred Shares mit variablem Kupon beziehungsweise »Floating-Rate Preferred Shares«

Während Erstere eine feste prozentuale Rate bezogen auf den Emissionspreis zahlen, bemisst sich diese bei der variablen Version nach einem Referenzwert, typischerweise dem jeweils aktuellen Zinssatz heimischer Staatsanleihen mit einer bestimmten Laufzeit, teilweise zuzüglich eines fixen Aufschlags, teilweise auch ausgestattet mit einer Mindestverzinsung. Bei manchen variabel verzinsten Preferred Shares steigt und sinkt die Rate sukzessive, sofern der Anteilsschein bestimmte Kursbarrieren über- beziehungsweise unterschreitet. Zudem existieren zwei Mischformen:

- »Rate Reset Preferred Shares«
- »Fixed Floating Rate Preferred Shares«

In beiden Fällen zahlt der Emittent bis zu einem bestimmten Datum, dem »Reset Date«, einen festen Kupon, danach wird in einen variablen Modus gewechselt. In der »Rate Reset«-Variante ist der variable Referenzwert bei Emission fest vorgegeben, bei »Fixed-Floating«-Papieren kann der Emittent die Kuponhöhe vor jeder Auszahlung innerhalb bestimmter Vorgaben selbst festlegen, in beiden Fällen kann der Anleger allerdings bei jedem Auszahlungstermin für eine vor Emission angesetzte Mindestverzinsungsoption stimmen.

Ein weiteres Unterscheidungsmerkmal aller Preferred Shares ist die Laufzeit. Denn im Gegensatz zu deutschen Vorzugsaktien wird die kanadische und US-amerikanische Variante nicht ohne fixen oder variablen Rückkauftermin emittiert. Auch hierfür existieren zwei Kategorien:

- befristete Preferred Shares oder »Retractable Preferred Shares«
- permanente Preferred Shares oder »Perpetual Preferred Shares«

Befristete Preferred Shares räumen dem Anleger das Recht ein, dem Emittenten seine Anteile an einem vorab definierten Datum zu einem festgelegten Pariwert (in der Regel dem Emissionskurs) zurückzugeben. Bei sogenannten »Hard Retractables« muss dieser

Ausgleich in Geld erfolgen, bei »Soft Retractables« hat der Emittent die Option, stattdessen den Anleger in Aktien auszuzahlen. Die zweite Variante ist für den Emittenten günstiger, ermöglicht sie ihm doch, im Zweifel die Verbindlichkeit zahlungsmittelschonend und damit ohne Gefahren für das eigene Kreditrating zu tilgen. Das gilt insbesondere während einer finanziellen Durststrecke. Typischerweise wird bei diesem Ausgleichsverfahren der Durchschnittskurs der letzten 20 Handelstage ermittelt und der Ausgleichskurs mit 95 Prozent davon, auf jeden Fall jedoch mit einem Mindestpreis angesetzt.[57] Dieser Kursabschlag soll eventuelle Transaktionskosten des Anlegers kompensieren, beispielsweise bei einem Verkauf der Aktie.

Tendenziell statten finanzstarke Unternehmen ihre befristeten Preferred Shares ohne eine derartige Option aus, deren Ausübung ja die Anteile der Altaktionäre verwässert. Für Investoren bieten »Hard Retractables« die höchste Transparenz hinsichtlich der Zahlungsströme, die bis zur Tilgung in Höhe und Datum feststehen und daher auch am ehesten mit klassischen Anleihen verglichen werden können. Zusätzlich kann je nach vertraglicher Gestaltung auch der Emittent zu einem oder mehreren festgelegten Zeitpunkten die befristeten Preferred Shares kündigen und den entsprechenden Ausgleich vornehmen, wobei er jedoch meist in Abhängigkeit vom Abstand zum Laufzeitende einen (Straf-)Aufschlag zahlen muss.

Im Gegensatz zu den befristeten haben permanente Preferred Shares kein Fälligkeits- beziehungsweise Rückgabedatum. Permanent Preferred Shares zahlen ihren Kupon ab der Emission und solange sie umlaufen. Während der Anleger über kein Rückgaberecht verfügt, hat der Emittent einseitig ein regelmäßiges Kündigungsrecht. Diese Option kann er ausüben, aber das muss er nicht. Sofern er sie nicht ausübt, verfällt ein Perpetual Preferred Share theoretisch nie. Das Kündigungsrecht kann je nach Emissionsbedingungen unterschiedlich ausfallen, beinhaltet jedoch in der Regel eine Auslösung zu einem vorab festgesetzten Wert zu bestimmten Zeitpunkten, sogenannten »Call Dates«.

Für den Emittenten hat diese Variante zum einen den Vorteil flexibler Tilgungsmöglichkeiten. Ferner wird auf diese Weise das bei Anleihen und Krediten stets kritische Problem einer möglichen Anschlussfinanzierung eliminiert. Zu guter Letzt kann der Emittent das Zinsrisiko an den Anleger delegieren. Sinkt beispielsweise das Zinsniveau beziehungsweise verbessern sich die Finanzierungskonditionen, kann er das Papier zum nächstmöglichen Zeitpunkt kündigen (allerdings besteht dann wieder gegebenenfalls das Problem der Anschlussfinanzierung). Die Vorteile dieser gleichsam »unendlich« laufenden Finanzierung müssen allerdings über einen vergleichsweise hohen Kupon ausgeglichen werden.

Preferred Shares bilden also eine eigene Anlageklasse mit erheblicher Bandbreite und zum Teil komplexen Bedingungen. Bei einem Einzelinvestment kommt der Anleger folglich um einen gründlichen Blick in den englischsprachigen Emissionsprospekt nicht herum. Dafür bieten die Papiere eine Ausschüttungsrendite zwischen 4 und 8 Prozent bei im Vergleich zu Aktien schwankungsärmerem Kursverlauf. In Kanada sind aktuell mehrere Hundert Preferred Shares mit einem Marktwert von über 5 Milliarden kanadischer Dollar notiert. In den USA hat der Anleger die Wahl zwischen mehreren Tausend Papieren mit einer Kapitalisierung von über 100 Milliarden US-Dollar.

Obwohl der kanadische Markt kleiner ist als der US-amerikanische, existiert dort eine wesentlich breitere Typenvielfalt hinsichtlich der oben aufgeführten Bedingungen. Insgesamt nimmt die Börsenkapitalisierung in beiden Märkten seit nunmehr zehn Jahren beständig zu, das heißt, das Volumen der jährlichen Neuemissionen liegt regelmäßig höher als das der vom Markt genommenen Papiere.

Als hybride Wertpapiere mit Merkmalen von Anleihen verfügen Preferred Shares in der Regel auch über ein eigenes Rating. Führend in diesem Bereich sind zwei Ratingagenturen: Zum einen die US-amerikanische Gesellschaft Standard & Poor's (S&P), mit 40 Prozent Weltmarktanteil die international bedeutsamste Agentur, zum anderen der Dominion Bond Rating Service (DBRS), das 1976 von einem deutschstämmigen Kanadier gegründete und heute größte kanadische Ratingunternehmen.

Beide Agenturen verwenden eine fünfstufige Skala zuzüglich einer Kategorie für Zahlungsausfälle. Diese reicht bei S&P von P-1 bis P-5 beziehungsweise beim DBRS von Pfd-1 bis Pfd-5 und umfasst die Qualitätsstufen »superior«, »satisfactory«, »adequate«, »speculative« und »highly speculative« (sowie in beiden Fällen eine Stufe D für Zahlungsrückstand beziehungsweise »in arrears«). Preferred Shares der Stufen »superior« und »satisfactory« gehören zur Kategorie »Investment Grade«, alle darunter liegenden Stufen zur Kategorie »Non-Investment Grade«.

Kosten und Besteuerung

Welche Vorteile bringt die Emission von Preferred Shares gegenüber der von Aktien oder Anleihen? Aufseiten des Emittenten im Wesentlichen die Tatsache, dass er die Vorteile beider Anlageklassen vereinen kann. Einerseits zahlt er bei dieser Finanzierungsform einen festen oder variablen Kupon über einen vorab bestimmbaren Zeitraum. Je nach Ausgestaltung liegt die Kündigung sogar gänzlich in seiner Hand, sodass er seine Finanzplanung im Gegensatz zur klassischen Anleihe oder zum Bankkredit flexibel und dem Zinsniveau angepasst steuern kann. Dennoch zählen Preferred Shares aufgrund ihrer Zwitterstellung rechtlich als Eigen- und nicht als Fremdkapital. Die Emission entsprechender Papiere wirkt sich also nicht negativ auf die Schuldenlast und damit das Rating beziehungsweise die Kreditwürdigkeit des Unternehmens aus. Gleichzeitig verwässert die Emission der generell stimmrechtslosen Preferred Shares aber auch nicht die Rechte der Altaktionäre, ein immer wieder entscheidender Nachteil bei der Emission neuer Aktien.

Für das Unternehmen wie auch die Anleger gleichermaßen interessant ist die steuerliche Behandlung der Ausschüttungen. In Kanada gelten die Ausschüttungen auf Preferred Shares ebenso wie die Zinszahlungen auf Anleihen als voll abzugsfähige Betriebskosten, das heißt, entsprechende Dividenden müssen auf Ebene des Unternehmens nicht nur nicht besteuert werden, sie reduzieren als Kosten zudem das Betriebsergebnis. In den USA ist dieser Ansatz hingegen unzulässig.[58] Ausschüttungen an Inhaber von Preferred Shares müssen aus dem versteuerten Gewinn erfolgen, allerdings sind hier die Emittenten entsprechender Papiere überwiegend MLPs, REITs und Fonds, die ohnehin von der Körperschaftsteuer befreit sind.

Bei ausländischen Anlegern wird sowohl bei der kanadischen als auch in der US-amerikanischen Variante dieser Wertpapiergattung eine Quellensteuer in Höhe von 15 Prozent auf jede Ausschüttung einbehalten, die jedoch voll auf die deutsche Abgeltungsteuer anrechenbar ist. Für in Kanada respektive in den USA veranlagte Investoren bieten Preferred Shares einen weiteren steuerlichen Vorteil, da in beiden Ländern sämtliche Ausschüttungen als niedrig besteuerte Dividenden und nicht als höher besteuerte Zinsen klassifiziert werden. Die unterschiedliche Behandlung beider Zahlungsarten trägt dem Umstand Rechnung, dass Dividenden vor ihrer Ausschüttung in der Regel bereits auf Unternehmensebene mit Körperschaftsteuern belastet wurden, Zinsen jedoch nicht.

Chancen und Risiken

Der Hauptvorteil aus Anlegersicht sind die gut kalkulierbaren, relativ hohen Erträge bei gleichzeitig geringer Schwankungsanfälligkeit der jeweiligen Wertpapiere. Wer Preferred Shares zudem bis zum Fälligkeits- oder Ausübungsdatum hält, bekommt in der Regel mindestens seinen Einsatz wieder erstattet. Sowohl bei Zahlung der Erträge als auch im Fall einer Liquidierung genießen sie dabei ein Vorzugsrecht. Ferner bieten Preferred Shares je nach Typ und rechtlicher Ausgestaltung einen gewissen Inflationsschutz. Dies gilt vor allem bei einem variablen Kupon, unlimitierter Laufzeit sowie »Hard Retractables«. Gerade Letztere kombinieren dabei die Vorteile einer Aktienanlage mit der Ertrags- und Tilgungssicherheit einer Anleihe, stellen also eine sehr gute Kombination aus Sach- und Geldwert dar, die sowohl für deflationäre als auch inflationäre Phasen geeignet ist.

Eine spezielle Unsicherheit dieser Wertpapierklasse stellt der sogenannte »Call Risk« dar. Gemeint ist dabei die einseitige Kündigungsoption durch den Emittenten, die er selbstverständlich ausüben wird, sobald für ihn günstigere Finanzierungsalternativen vorliegen – beispielsweise infolge eines gesunkenen Zinsniveaus. Das Risiko in dieser Situation besteht für den Anleger nicht in einem Wertverlust seiner Anlage, sondern im Wegfall der für ihn attraktiven Investitionsmöglichkeit und bei der notwendigen Wiederanlage der nun frei gewordenen Mittel. Zudem schwankt der Preis von Preferred Shares ohne variable Verzinsung in Abhängigkeit vom Zinssatz. Je anleiheähnlicher das Papier, desto zinssensibler reagiert es. Es gilt: Sinken die Zinsen, steigen die Kurse – und umgekehrt, siehe auch Kapitel 15. Die Zinssensibilität ist dabei umso höher, je länger die Laufzeit ist. Entsprechend reagieren Perpetual Preferred Shares am heftigsten auf Zinsänderungen.

Ferner besteht wie bei jedem anderen Wertpapier auch ein Ausfallrisiko im Falle der Insolvenz des Emittenten. Ebenfalls müssen Anleger die Chance beziehungsweise das Risiko von Wechselkursänderungen ins Kalkül ziehen, notieren doch alle hier vorgestellten Papiere in kanadischen beziehungsweise US-Dollar. Gerade bei kleineren Emissionen besteht zudem ein Liquiditätsrisiko, das heißt, es können zum gewünschten Kauf- oder Verkaufszeitpunkt die entsprechenden Handelspartner fehlen. Oft ist hier tage- oder gar wochenlang kein Umsatz zu verzeichnen. In jedem Fall sollten daher entsprechende Limit-Orders festgelegt werden.

Zu guter Letzt besteht auch im Falle der Preferred Shares das politische Risiko nachteiliger Gesetzesänderungen, wie es in den USA bezüglich der Belastung von Ausschüttungen mit Körperschaftsteuer tatsächlich geschehen ist. Der Eintritt derartiger Risiken sollte jedoch im Allgemeinen lediglich Neuemissionen ab einem bestimmten Datum betreffen, bereits notierte Anleihen beziehungsweise anleiheähnliche Papiere laufen in aller Regel unter den bis dato gültigen Bedingungen weiter.

Fazit

Preferred Shares sind eine geeignete Bereicherung für das Portfolio eher risikoscheuer Einkommens-Investoren. Insbesondere bei fixem Kupon sind die Erträge gut kalkulierbar, der meist nominal verankerte Rückgabe- oder Rücknahmepreis wirkt zudem als Preisuntergrenze, solange der Emittent solvent bleibt. Aufgrund der mannigfaltigen rechtlichen Ausgestaltungsmöglichkeiten erfordert die Investition in einzelne Preferred Shares allerdings umfangreiche Recherchearbeiten. Dafür existieren sowohl für den kanadischen als auch den US-amerikanischen Raum entsprechende Indizes, in die über börsennotierte Fonds (siehe Kapitel 16.2 und 16.3) investiert werden kann, was sich gerade für ausländische Investoren empfiehlt.

Beispiele

- Beim Retractable Preferred Share der Brookfield Office Properties Inc. (TSE: BPO.PR.U, ISIN: CA1129007094) handelt es sich um die Emission von einem der größten kanadischen, auf Büroimmobilien spezialisierten REIT.
- Der Cumulative Preferred Share der Canadian Utilities Ltd. (TSE: CU.PR.C, ISIN: CA1367176916) ist das Papier eines großen kanadischen Versorgungsunternehmens und Betreibers von Pipelines, Stromnetzen, Kraftwerken und chemischen Anlagen.
- Der Non-cumulative Preferred Share Wells Fargo (NYSE: WFC-J, ISIN: US9497468796) ist ein Preferred Share der regierungs-

seitig als »systemically important financial institution« eingestuften, im Zweifel also vom Steuerzahler aufzufangenden US-amerikanischen Großbank.

- Der Cumulative Preferred Share der Teekay Offshore Partners (NYSE: TOO-A, ISIN: MHY8565J1275) ist eine Emission des als MLP firmierenden Ölförder- und Öltransportunternehmens (siehe auch Kapitel 5).

10. CONVERTIBLE BONDS

Zusammenfassung

Bei den Convertible Bonds oder kurz Convertibles handelt es sich ebenfalls um ein hybrides Wertpapier. Im Gegensatz zum Preferred Share und der Vorzugsaktie ist die deutsche Wandelanleihe nicht nur begrifflich, sondern auch inhaltlich mit den international weitverbreiteten Convertibles kompatibel. Bei diesem Wertpapier handelt es sich grundsätzlich um eine (fest-)verzinsliche Anleihe, die von einer AG emittiert wird. Sie verfügt dabei wie jede andere Anleihe auch über eine feste Laufzeit und einen fixen, selten einen variablen Zinskupon.

Darüber hinaus ist jeder Convertible mit einer Wandlungsoption ausgestattet, welche dem Eigentümer das Recht einräumt, die Anleihe während der Laufzeit in eine bestimmte Anzahl von Aktien des herausgebenden Unternehmens umzutauschen. Diese Wandlungs- oder Konversionsbedingungen sind im Emissionsprospekt definiert und legen dabei über das Umwandlungsverhältnis beziehungsweise die »Conversion Ratio« die Anzahl der Aktien fest, in welche der Convertible getauscht werden kann. Ferner sind dort etwaige Beschränkungen des Ausübungsrechts und der Ausübungsfrist, der sogenannten »Conversion Period«, festgehalten. Normalerweise beginnt diese kurz nach der Emission und endet kurz vor Fälligkeit der Anleihe.

Entwicklung und Besonderheiten

Da Convertibles die Möglichkeit eines Umtauschs in Aktien des Emittenten verbriefen, die eine Kapitalverwässerung nach sich ziehen könnte, ist vor einer Emission analog zu den Preferred Shares von der Hauptversammlung des jeweiligen Unternehmens ein entsprechender Beschluss notwendig.

Der wesentliche Vorteil, den eine Wandelanleihe als Finanzierungsinstrument bietet, resultiert aus ihrer Eigenschaft, sowohl Fremd- als auch Eigenkapital abzubilden. Wird ein Convertible emittiert, muss der Nominalwert als Fremdkapital verbucht werden, das heißt, die Zinszahlungen gelten als gewinnmindernde Betriebsausgaben. Der Kupon ist dabei in aller Regel niedriger als bei klassischen Unternehmensanleihen mit ähnlicher Laufzeit und Bonität, aber höher als die Dividendenrendite des Unternehmens.

Wird das Papier gewandelt, erhält der Anleger die gemäß Wandlungsverhältnis oder »Conversion Ratio« festgelegte Anzahl Aktien im Austausch gegen die damit gleichzeitig verfallende Anleihe. In manchen Fällen sehen die Wandlungsbedingungen hier noch eine Zuzahlung pro Aktie durch den Anleger vor, was die liquiden Mittel des Emittenten erhöht. Ab dem Zeitpunkt der Wandlung entfällt jede Zinszahlung ebenso wie die Notwendigkeit, die Anleihe tilgen zu müssen. Das Unternehmen hat in diesem Fall unumkehrbar Fremd- in Eigenkapital umgewandelt und das Problem einer etwaigen Anschlussfinanzierung behoben.

Das gilt natürlich nur für den Fall, dass der Anleger den Convertible auch tatsächlich wandelt. Der Umtausch lohnt sich freilich nur dann, wenn zum Zeitpunkt der Wandlung der Kurs der Aktie über der sogenannten Wandelparität liegt. Die Wandelparität ist derjenige Preis, den der Anleger je Aktie bezahlen muss, wenn er diese nicht direkt an der Börse, sondern indirekt durch Ausübung des Wandlungsrechts erwirbt. Dabei wird die Differenz zwischen Wandelparität und Marktpreis als Wandelprämie bezeichnet.[59] Diese wird allgemein in Prozent ausgedrückt und gibt den Auf- oder Abschlag an, der beim Aktienerwerb via Wandlung gegenüber dem Kauf an der Börse anfällt. Bei Emission ist die Wandelprämie regelmäßig positiv, das heißt, für den Anleger lohnt sich die Wandlung zu diesem Zeitpunkt nicht. Sie liegt im für den Anleger günstigen Fall bei 10 bis 20 Prozent, kann jedoch auch 30, 40 oder mehr Prozent betragen.

Steigt jedoch der Aktienkurs und nähert er sich der Wandelparität, bestehen recht gute Chancen auf eine negative Wandelprämie (dann ist der Erwerb der Aktie per Wandlung günstiger als der Direktkauf). In diesem Fall nimmt die Preisentwicklung der Wandelanleihe einen aktienähnlichen Charakter an, da sich ihr Preis letztendlich durch den der Aktie definiert. Sinkt der Kurs wieder, geht auch der Charakter des Convertibles erneut in den einer Anleihe über, bietet also einen Schutz in Höhe des Nennwerts, solange der Emittent nicht insolvent wird.

Unter dem Strich kombiniert diese Wertpapierklasse also die Sicherheit einer Unternehmensanleihe mit den Preissteigerungschancen einer Aktie. Letztere kann allerdings je nach Ausgestaltung der Bedingungen durch den Emittenten selbst beschnitten werden, sofern er sich ein Kündigungsrecht einräumen lässt. In diesem Fall hat er bei stark gestiegenen Aktienkursen einen Anreiz, dieses Recht auszuüben und die Anleihe zum vorgesehenen Kündigungstermin fällig zu stellen und zu tilgen.

Die oben beschriebenen Merkmale kennzeichnen klassische Wandelanleihen beziehungsweise »Vanilla Convertible Bonds«, die über drei Viertel des weltweiten Marktes dieser Anlageklasse ausmachen. Daneben existieren weitere, sich in wesentlichen Punkten unterscheidende Varianten:

- Mittels einer Pflichtwandelanleihe, einem »Mandatory Convertible Bond«, kann der Emittent die Rechte der Anleger im Vergleich zur klassischen Variante einschränken. Wie der Name bereits ausdrückt, ist die Wandlung in Aktien zum Laufzeitende verpflichtend. Dadurch steigt natürlich das Risiko des Anlegers, im Falle eines niedrigen Aktienkurses erhebliche Verluste zu erleiden. Das emittierende Unternehmen wiederum kann die Tilgung in jedem Fall in Form junger (neuer) Aktien vornehmen, muss dafür jedoch einen höheren Kupon zahlen.
- Ähnlich strukturiert sind Aktienanleihen beziehungsweise »Reverse Convertible Bonds«. Hier steht das Recht auf Wandlung nicht dem Anleger, sondern dem Emittenten zu. Dieser hat am Ende der Laufzeit die Möglichkeit, dem Anleger gemäß Wandlungsbedingungen Aktien anzudienen oder aber den Nennwert zu zahlen. Wegen der deutlichen Risikoverschiebung sind Aktienanleihen mit einem erheblich höheren Kupon ausgestattet als reguläre Wandelanleihen.
- Fast identisch mit der Wandel- ist die Umtauschanleihe oder der »Exchangeable Bond«. Im Unterschied zur klassischen Variante wird eine Umtauschanleihe aber nicht von derjenigen AG ausgegeben, in deren Anteilsscheine der Anleger die Anleihe tauschen kann, sondern von einer dritten Partei, die über einen entsprechenden Aktienbestand verfügt, typischerweise eine Bank, Versicherung oder KAG.
- CoCo-Bonds oder »Contingent Convertible Bonds« sind spezielle Wandelanleihen, bei denen der Umtausch automatisch erfolgt, sobald ein vorab klar definiertes, sogenanntes »Trigger Event« eintritt. Das kann beispielsweise der Fall sein, wenn die Bilanzkennzahl des Emittenten einen vorab bestimmten Schwellenwert reißt oder die zuständige Regulierungsbehörde als gewissermaßen neutrale Instanz dies für notwendig erachtet. Diese Regelung ist für das emittierende Unternehmen im Falle wirtschaftlicher, die Bonität gefährdender Schwierigkeiten vorteilhaft, wird doch aus Fremd- automatisch frisches Eigenkapital (einige Papiere werden jedoch auch temporär oder dauerhaft ausgebucht, das heißt, Investoren erleiden

schlimmstenfalls einen Totalverlust). Für den Anleger ist das insofern nachteilig, als er diesen Automatismus nicht steuern kann, der zudem per Definition bei sich verschlechternden unternehmerischen Finanzkennzahlen greift und daher in aller Regel auch fallende Kurse nach sich zieht. Auch hier muss der Emittent das höhere Risiko durch einen vergleichsweise hohen Zins kompensieren.[60]

- Optionsanleihen oder »Packaged Convertibles« wiederum kombinieren eine gewöhnliche Anleihe mit einem Optionsschein, der Bezugsrechte auf Aktien verbrieft. Beide Papiere können zusammen oder getrennt gehandelt werden.
- Bei »Cross Currency Convertibles« schließlich wird die Wandelanleihe in einer anderen Währung emittiert als die per Umtausch beziehbare Aktie. Hier müssen bei den Wandlungsbedingungen nicht nur die bekannten Parameter, sondern auch der Wechselkurs festgelegt werden.

Verglichen mit der Marktkapitalisierung aller weltweit gehandelten Anleihen von über 14 Billionen US-Dollar nimmt sich der globale Markt für Wandelanleihen mit einem Volumen von ungefähr 400 Milliarden US-Dollar vergleichsweise bescheiden aus. Hiervon werden Papiere im Wert von circa 320 Milliarden US-Dollar als klassische Convertibles gehandelt. Etwa 50 Prozent der Marktkapitalisierung entfallen auf die USA und Kanada. Zudem existiert vor allem in den USA ein relativ großer Markt für Pflichtwandelanleihen, die vor allem von Finanzinstitutionen herausgegeben werden. Weitere 25 Prozent macht der europäische Markt aus, wobei London vor Paris und Frankfurt der bedeutendste Handelsplatz für Convertibles ist. Ferner werden Wandelanleihen in Tokio, Hongkong und Singapur gehandelt.

Die Ausgabe von Convertibles ist für den Emittenten mit einer Reihe von Vorteilen gegenüber klassischen Anleihen verbunden. Zum einen erlauben Wandelrecht beziehungsweise -pflicht in der Regel eine gute Platzierung am Markt, da dieser Wertpapiertyp auch spekulative Anleger anspricht. Ja nach Ausgestaltung der Anleihe sind daher auch die Zinsen im Vergleich zu klassischen Finanzierungsformen niedriger, was vor allem für bonitätsschwächere Unternehmen attraktiv sein kann. Hinzu kommt die Möglichkeit, Fremd- in Eigenkapital liquiditätsschonend transferieren zu können, während die bis dato gezahlten Zinsen den zu versteuernden Gewinn mindern.

Auf der anderen Seite zieht die Ausgabe von Wandelschuldverschreibungen gewichtige Nachteile nach sich. Insbesondere die nach wie vor dominierende klassische Form dieses Wertpapiers ist für den Emittenten hinsichtlich des Laufzeitendes mit erheblicher Unsicherheit behaftet. Im Falle einer Wandlung wird zwar keine Liquidität zur Tilgung der Anleihe benötigt, im gegenteiligen Fall muss allerdings zwingend eine Anschlussfinanzierung sichergestellt werden.

Welches Ereignis eintritt, ist, wie bei jeder Kursprognose, von der ja schließlich die Wandlungsbereitschaft im Wesentlichen abhängt, bereits auf mittlere Sicht nicht vorhersehbar. Demnach ist vorab auch nicht bekannt, ob es zu einer Kapitalerhöhung kommt oder eben auf (Fremd-)Finanzierungsmittel zurückgegriffen werden muss. Letztere müssen zumindest optional rechtzeitig abrufbar sein. Besonders bei sehr starken Kursanstiegen der zugrunde liegenden Aktien im Wandlungszeitraum müssen diese im Fall einer tatsächlichen Konversion weit unter Wert ausgegeben werden. Damit entgeht der Gesellschaft die Differenz aus dem aktuellem Kursniveau und dem Wandlungspreis im Rahmen der Eigenkapitalbeschaffung. Das dürfte den Markt für dieses spezielle Wertpapier auch in Summe relativ klein halten.

Kosten und Besteuerung

Aus Anlegersicht werden Zahlungen aus gehaltenen Convertibles im Gegensatz zu Preferred Shares als Zinsen eingestuft und müssen entsprechend versteuert werden. Dies macht bei Anlegern mit einheitlichen Steuersätzen auf Erträge aus Kapitalvermögen, wie zum Beispiel im Fall der deutschen Abgeltungsteuer, keinen Unterschied. In anderen Ländern, wie Kanada und den USA, werden allerdings Zinserträge höher besteuert als Dividendenzahlungen. Anleger, die Zinsen auf kanadische oder US-amerikanische Convertibles erhalten, ohne dort zur Steuer veranlagt zu sein, zahlen in der Regel keine Quellensteuer, Ausnahmen bestehen allerdings bei bestimmten Anleihen.[61]

Für Papiere europäischer oder asiatischer Emittenten gelten die entsprechenden Quellensteuersätze der jeweiligen Länder für ausländische Anleger. Eine jährlich aktualisierte Übersicht für sämtliche Kapitaleinkünfte ausländischen Ursprungs aus der Perspektive deutscher Anleger hält das Bundeszentralamt für Steuern (BZSt) auf seiner Internetseite bereit. Aufgeführt ist zudem auch jeweils die Anrechenbarkeit derselben auf die deutsche Abgeltungsteuer gemäß dem jeweiligen Doppelbesteuerungsabkommen. Diese wiederum finden sich in der jeweils gültigen Volltextversion auf der Seite des Bundesfinanzministeriums.

Chancen und Risiken

Wandelanleihen, besonders in ihrer klassischen Form, bieten Anlegern je nach Ausgestaltung eine hervorragende Möglichkeit, den Schutz einer Anleihe mit den Chancen eines Aktienengagements zu kombinieren. Solange der Emittent nicht in Zahlungsschwierigkeiten gerät, ist dem Anleger zum Laufzeitende in jedem Fall, also auch in einer Baisse, der Nennwert der Anleihe zuzüglich der laufenden Zinszahlungen sicher.

Ein steigender Aktienkurs wiederum führt regelmäßig auch zu einem Kursanstieg der Wandelanleihe, je näher die Wandelparität rückt. Dies ermöglicht die Realisierung von Kursgewinnen bei Verkauf der Anleihe beziehungsweise – für einkommensorientierte Investoren noch interessanter – den preisgünstigen Bezug einer gegebenenfalls dividendenstarken Aktie. In diesem Fall wirkt die Wandelprämie als positiver Hebel auf die Dividendenrendite. Sofern das Unternehmen wirtschaftlich turbulente Zeiten überlebt, stellen Convertibles eine geeignete Absicherung gegen inflationäre wie deflationäre Phasen dar.

Das wohl wichtigste Risiko, das Käufer von Wandelanleihen eingehen und prüfen sollten, ist das der Bonität und Solvenz des Emittenten. Eine Hilfe können hierbei die Einschätzungen der gängigen Ratingagenturen geben, da die meisten Convertibles wie andere Anleihen auch eine entsprechende Bewertung erfahren. Auch hier gilt: Convertibles mit der Bewertung »Investment Grade« zahlen weniger Zinsen als diejenigen mit einem »Non-Investment-Grade«-Rating. Zudem gehören Wandelanleihen meist zum nachrangigen Fremdkapital, das heißt, deren Gläubiger werden im Fall der Fälle, sprich bei der Pleite, erst bedient, nachdem alle anderen offenen Forderungen beglichen sind. Faktisch dürfte dann in aller Regel nichts mehr zu holen sein. Diese Regelung kann allerdings je nach Land variieren.

Erwirbt der Anleger eine Wandelanleihe nahe der Wandlungsparität, also zu einem Zeitpunkt, zu dem der Charakter des Papiers ein eher aktienähnliches Profil aufweist, ziehen fallende Aktienkurse auch den der Anleihe wieder nach unten. Generell sollte daher vom Kauf eines Convertibles deutlich über dem Nennwert abgesehen werden, da das Papier in diesem Fall seinen zentralen Vorteil nicht mehr auszuspielen in der Lage ist.

Selbstverständlich erhöht sich das Kursrisiko nach einer Wandlung, da der Anleger nun den Schwankungen des Aktienkurses voll ausgesetzt ist und über kein Sicherheitsnetz in Form des Nennwerts der Anleihe mehr verfügt. Insbesondere Papiere, bei denen der Emittent die Wandlung durchsetzen kann, wie zum Beispiel bei Pflichtwandelanleihen, kann es für Anleger durch die Differenz zwischen dem Aktienkurs bei Wandlung am Laufzeitende und dem Nennwert bei Ausgabe der Anleihe zu empfindlichen Verlusten kommen.

Sofern der Charakter des Wertpapiers anleiheähnliche Züge aufweist, unterliegt es wie alle Anleihen auch dem Zinsänderungsrisiko, das heißt, der Kurs schwankt in Abhängigkeit von den Zinsen, am Ende der Laufzeit ist jedoch mindestens der Nennwert sicher. Ein weiteres spezielles Risiko besteht in dem Fall, dass ein Unternehmen vor der Wandlung eine Kapitalerhöhung durchführt, was dann natürlich auch den Anspruch der Inhaber von Wandelanleihen verwässern kann, sofern in den Wertpapierbedingungen keine entsprechende Schutzklausel enthalten ist.

Ferner besteht bei nicht in Euro notierten Papieren das Risiko, aber auch die Chance auf Währungsverluste und -gewinne. Ebenso ist bei kleinen Emissionen das Liquiditätsrisiko zu beachten. Das politische Risiko gesetzlicher Änderungen ist hingegen sehr gering, da es sich zum einen um einen recht kleinen Markt handelt, zum anderen um eine etablierte Wertpapiergattung.

Fazit

Als Beimischung eignen sich bestimmte Convertibles bei passenden Rahmenbedingungen gut zur Diversifizierung des Wertpapierdepots eines Einkommens-Investors. Sie können dazu beitragen, die (Kurs-)Risiken zu verringern und gleichzeitig die Chancen steigender Aktienkurse zu wahren, während parallel dazu regelmäßige Zinszahlungen vereinnahmt werden können. Problematisch machen diese Wertpapierklasse die zahlreichen Typen und vielfältigen Gestaltungsmöglichkeiten, die ein genaues Studium der jeweiligen Bedingungen erfordern, welche oft nur in englischer Sprache verfügbar sind. Selbstverständlich gibt es auch für dieses Wertpapiersegment Sammelanlagen beziehungsweise Fondslösungen (siehe Kapitel 16.2 und 16.3), die jedoch in aller Regel mit den Nachteilen auch gewisse Vorteile der Einzelanlage eliminieren.

Beispiele

- Der Convertible der MGM Resorts International, Kupon: 7,75 Prozent, Laufzeit: 2022 (NYSE: MGM RES.INTL 2022, ISIN: US552953BX80), ist die Emission des bekannten Hotel- und Spielkasinobetreibers mit Sitz in Las Vegas, welche auch in Frankfurt und Berlin gehandelt wird.
- Beim Convertible der Atlantic Power Corp., Kupon: 6,00 Prozent, Laufzeit: 2025 (TSE: ATP.DB.E) handelt es sich um die Wandelanleihe eines der größten börsennotierten Kraftwerksbetreibers in Nordamerika, der Strom aus Biomasse, Gas, Kohle und Wasserkraft in Kanada und den USA produziert.
- Der Convertible von goeasy Ltd., Kupon: 5,75 Prozent, Laufzeit: 2022 (TSE: GSY.DB), ist das Papier einer im Jahr 1990 gegründeten kanadischen Finanzierungs- und Leasinggesellschaft, die mit knapp 2.000 Mitarbeitern ausschließlich Privatkunden bedient.

11. SCHIFFFAHRTS-GESELLSCHAFTEN

Zusammenfassung

Über viele Jahre waren Schiffsbeteiligungen eines der Lieblingskinder vermögender Anleger oder solcher, die es werden wollten und die erforderliche, meist im fünfstelligen Bereich angesiedelte Mindestbeteiligungssumme in Form von Eigen- oder Fremdkapital aufbringen konnten. Diese Mittel wurden nach einem Schwundgang durch die Taschen der Initiatoren in den Bau, Erwerb und Betrieb von (Hoch-)Seeschiffen investiert. Verlockend erschien das Beteiligungsmodell, welches eine Sachwertanlage mit konstanten Ausschüttungen und zum Teil erheblichen Steuervorteilen zu kombinieren versprach.

Tatsächlich konnte die Investitionssumme entweder degressiv abgeschrieben werden und führte somit gerade in den ersten Jahren zu hohen Verlustzuweisungen. Alternativ und aktuell üblich ist allerdings die sogenannte Tonnagegewinnermittlung, die auf die Zahlung einer sehr niedrigen Pauschalsteuer durch die Reederei oder Investmentgesellschaft hinausläuft. Im Gegenzug bleiben dafür die Ausschüttungen an die Anleger steuerfrei, sofern diese als Kommanditisten im Handelsregister eingetragen sind. Diese rechtliche Besonderheit wurde 1998 im Einkommensteuergesetz paragrafiert und sollte laut Bundesregierung der »Stärkung des Schifffahrtsstandortes Deutschland« dienen. Faktisch wurden damit nicht nur die Anlageentscheidungen zahlreicher Anleger, sondern auch die Kreditvergabe vieler Banken kanalisiert, was sich für beide Gruppen ab 2008 zum Teil verheerend auswirken sollte.

Zumindest aus Anlegersicht weisen die in Deutschland üblichen Investitionsmodelle in Form geschlossener Fonds, juristisch handelt es sich meist um Beteiligungen an dem Kommanditkapital einer GmbH & Co. KG, mehrere gravierende Nachteile auf:

- Die unternehmerische Beteiligung ist auf zehn bis 20 Jahre ohne vorherige Ausstiegsmöglichkeit angelegt.
- Ein Beitritt ist bei geschlossenen Fonds generell nur während des Platzierungszeitraumes möglich. Ist das erforderliche Eigenkapital beisammen, wird die Beteiligung geschlossen. Spätere Zukäufe sind, wenn überhaupt, nur über wenig liquide Zweitmärkte möglich.
- Je nach Beteiligungsmodell ist eine Nachschusspflicht der Anleger vorgesehen, die erhebliche Zuzahlungen gerade in wirtschaftlich schwierigen Zeiten nach sich ziehen kann.
- Bis 2008 operierten die meisten geschlossenen Schiffsbeteiligungen mit hohen Krediten, die oft ein Mehrfaches des eingeworbenen Eigenkapitals ausmachten. Die so erzielte Hebelwirkung fällt in guten Zeiten positiv, in schlechten Zeiten negativ aus.
- Traditionell veranschlagen die Initiatoren geschlossener Fonds jedweder Kategorie hohe »Weichkosten«. Darunter fallen etwa Provisionen beziehungsweise Gebühren für Administration, Marketing und Vertrieb, die durchaus 10 bis 30 Prozent der Investitionssumme ausmachen können.
- Als Kommanditisten haben die Anleger grundsätzlich keinen Einfluss auf die Geschäftsführung. Ebenso ist eine regelmäßige standardisierte Berichterstattung nicht zwingend vorgeschrieben.

- Anleger, die vor Laufzeitende aussteigen wollen, können ihre Beteiligung, wenn überhaupt, an nur wenig liquiden Zweitmärkten handeln. Sofern sich dort Käufer finden, nehmen diese in aller Regel erhebliche Abschläge auf den inneren Wert der Fondsanteile vor.
- Geschlossene Beteiligungen haben ein fixes Enddatum, an dem der Fonds aufgelöst, die Vermögenswerte veräußert und die Verkaufserlöse an die Anleger ausgeschüttet werden. Diese Abschlusszahlung wird zwar im Emissionsprospekt prognostiziert, ist angesichts der langen Laufzeit jedoch hochgradig zufallsabhängig.
- Der Emissionsprospekt und die Beteiligungsverträge sind sehr umfangreich und zudem relativ frei gestaltbar. Entsprechend uneinheitlich sind die Bedingungen jedes geschlossenen Fonds. Eine genaue Lektüre und Analyse der Dokumente ist daher für jeden potenziellen Investor unabdingbar.

In guten Zeiten macht sich die lange Liste von Nachteilen allerdings nicht weiter bemerkbar. Gleiches gilt für zweifelhafte Zwischenhandelsgewinne, welche Reedereien aus dem bisweilen überteuerten Verkauf eigener Schiffe an Fonds freundschaftlich verbundener Emissionshäuser zulasten von deren Anlegern erzielen konnten. Der Boom des Welthandels seit Anfang der 1980er-Jahre mit Wachstumsraten von rund 5 Prozent pro Jahr war gleichzeitig auch ein Boom der internationalen Seeschifffahrt – immerhin werden mehr als 90 Prozent aller Gütertransporte über den Seeweg abgewickelt.

Ähnlich dem Immobilien- ist auch der Schiffsmarkt nicht zuletzt aufgrund der langfristigen Planungs- und Realisierungsphasen einem ausgeprägten Schweinezyklus ausgesetzt:[62] Ein Handelsboom bei gegebenen Kapazitäten zieht hohe Transportpreise respektive Frachtraten nach sich, die wiederum zu einem Anziehen der Investitionen im Schiffsbau und zeitverzögert zum Ausbau der internationalen Handelsflotte führen. Dieser Prozess kehrt sich regelmäßig dann um, wenn die Nachfrage nicht weiter wächst oder gar einbricht, im Fall der Weltwirtschaftskrise der 1930er-Jahre beispielsweise um über 90 Prozent: Das Überangebot lässt die Frachtraten fallen, Investitionen werden zurückgefahren, Überkapazitäten abgebaut, Werft- und Reedereipleiten beschleunigen schließlich die Abwärtsspirale, bis sich ein neuer Boden bildet.

Genau eine solche Bust-Phase erlebte die Seeschifffahrt auch ab Mitte 2008 im Zuge der Finanzkrise. Sämtliche Preisindizes, welche standardisierte Frachtraten auf den wichtigsten Seerouten für bestimmte Güterkategorien widerspiegeln, stürzten innerhalb weniger Monate dramatisch ab. So fiel der Baltic Dry Index (BDI), der die Preisentwicklung für den Transport von Massengütern wie Kohle oder Getreide misst, von seinem Höchststand am 20. Mai 2008 bei 11.793 Punkten innerhalb weniger Monate auf ein vorläufiges Allzeittief von 663 Punkten am 5. Dezember desselben Jahres. Im Gegensatz zu den Aktienmärkten setzte nachfolgend keine Gegenbewegung ein, da nun die in guten Jahren in Auftrag gegebenen Schiffsneubauten nach und nach fertiggestellt und ausgeliefert wurden. Allein zwischen 2009 und 2012 stiegen die Schiffskapazitäten um 15 Prozent pro Jahr, 2012 und 2015 markierte der Baltic Dry Index erneut historische Tiefstände.

Unternehmen und Beteiligungsmodelle, die sich mit hohem Fremdkapital im Bereich der Seeschifffahrt engagiert hatten, konnten, bedingt durch die mit der Frachtratenimplosion verbundenen Umsatzeinbußen, die festen Zins- und Tilgungszahlungen oft nicht mehr bedienen. Wertverluste zehrten das Betriebsvermögen und Eigenkapital auf, aufgrund der bestehenden Kreditverbindlichkeiten beziehungsweise des Liquiditätsmangels mussten zahlreiche Schiffe notverkauft werden. Allein in Deutschland gingen zwischen Mai 2008 und Mai 2013 knapp 200 Schifffonds pleite und 4 Milliarden Euro waren für Anleger verloren. Die Zukunft Hunderter weiterer Fonds und Gesellschaften ist nach wie vor ungewiss, ebenso wie die der finanzierenden Banken. Allein deutsche Institute haben nach Schätzung der Bundesbank über 100 Milliarden Euro an Darlehen aus Schiffsfinanzierungen ausstehen.

Entwicklung und Besonderheiten

Nun gibt es in diesem Sektor allen Turbulenzen zum Trotz eine wesentlich attraktivere Anlagemöglichkeit, welche die durchaus vorhandenen Vorteile einer Investition in die Seeschifffahrt ohne die Nachteile geschlossener Anlagen kombiniert: Schifffahrtsaktien. Tatsächlich handelt es sich bei dieser Anlageklasse um eine der ältesten aktienähnlichen Beteiligungsformen für Kleinanleger überhaupt.

Bereits Anfang des 17. Jahrhunderts entwickelte die Bank von Amsterdam »neue Verfahren der Finanzierung für Schiffbau und Reederei«, welche das 150 Jahre währende »Goldene Zeitalter« der Niederlande einläuten sollte. In jener Ära zwischen 1600 und 1750 dominierte der geografisch vergleichsweise winzige Zusammenschluss weniger, stets überschwemmungsgefährdeter kontinentaleuropäischer Küstenprovinzen mit der Hälfte aller Schifffahrtskapazitäten den internationalen See- und damit Welthandel. Während in Hansestädten und Feudalherrschaften in aller Regel ausschließlich vermögende Einzelpersonen wie Patrizier und Adelige kapitalintensive Schiffsneubauten und -expeditionen finanzierten, beherrschten in den Niederlanden Kleinanleger den Sektor.

Der vorhergehende Unabhängigkeitskrieg gegen die spanisch-habsburgische Herrschaft hatte die feudalen Strukturen in den nunmehr zusammengeschlossenen Provinzen zerschlagen, wodurch zahllose Bauern und Handwerker zu bescheidenem Land- und Firmeneigentum gekommen waren. Durch diesen neuen und breiten Mittelstand »wird ein viel höherer Prozentsatz des in der Nation vorhandenen Gesamtvolumens an Eigentum fürs Wirtschaften aktiviert als irgendwo sonst auf der Welt. [...] ›Typische Eigentümer der holländischen Fluyts [flötenförmige Frachter] werden Holzhändler, Schiffsbauer, Segelmacher, Brauer, Müller und so weiter‹.«[63] Der Zugang zu Kleinsteigentumsanteilen an Schiffen steht heute via Aktie grundsätzlich jedem Anleger offen. Im Vergleich zu den geschlossenen Beteiligungen weisen Schifffahrtsaktien folgende Vorteile auf:

- Die frei wählbare Stückelung der Anteile erlaubt einen Einstieg bereits mit kleinen Beträgen zu geringen Spesen und Gebühren.
- Fast alle Schifffahrtsaktien werden mindestens an der NYSE gehandelt, sodass eine etablierte Kauf- und Verkaufsplattform zur Verfügung steht.
- Die Marktkapitalisierung der meisten Schifffahrtsaktien liegt mindestens im dreistelligen Millionenbereich und ist damit für einen liquiden Handel ausreichend hoch.
- Jede größere Schifffahrtsgesellschaft bereedert zahlreiche Schiffe, oft sogar in mehreren Segmenten, sodass eine Streuung zumindest innerhalb der Branche gewährleistet ist.
- Die Börsennotierung eines Schifffahrtsunternehmens zieht umfangreiche Publizitätspflichten nach sich. Die Quartalsberichte und Jahresabschlüsse erlauben eine laufende Überwachung betriebswirtschaftlicher Kennzahlen.
- Die meisten Seeschifffahrtsgesellschaften unterliegen, wenn überhaupt, nur einer sehr mäßigen Körperschaftsbesteuerung und zahlen mindestens quartalsweise eine vergleichsweise hohe Dividende.

Letzteres gilt zumindest für jene Unternehmen, die im Zuge der Schifffahrtskrise seit 2008 geschäftlich nicht allzu sehr in Bedrängnis geraten sind und sich Ausschüttungen nach wie vor erlauben können.

Insgesamt existieren mehrere Dutzend internationaler Schifffahrtsunternehmen in Form börsennotierter AGs. Allesamt werden mindestens an der NYSE gehandelt, teilweise verfügen die Gesellschaften zudem auch über ein Zweitlisting in ihrem jeweiligen Heimatland. Dort ist auch meistens die Geschäftsleitung ansässig, der offizielle Firmensitz der ohnehin international tätigen Gesellschaften ist fast immer auf einer der Kanalinseln oder in einem Karibikstaat, vor allem den Bermudas oder Marshall Islands. Das hat vor allem fiskalische Gründe, lässt sich doch so legal die Körperschaftsteuer umgehen beziehungsweise minimieren – im aktuell sehr hart umkämpften Nachfragemarkt ein durchaus bedeutender Faktor.

Zahlreiche Schifffahrtsgesellschaften haben darüber hinaus über die ganze Welt verteilte Büros und Lager. Auffällig viele Gesellschaften werden übrigens von Griechenland, Hongkong und Norwegen aus geführt. Es gibt sowohl diversifizierte als auch spezialisierte Gesellschaften, die in einem oder mehreren der nachfolgenden Schiffsegmente tätig sind: Öltanker, Flüssiggastanker, Chemikalientanker, Schütt- oder Massengutfrachter, Containerschiffe, Bohrplattformschiffe, Spezial- und Einzelguttransporter.

Kosten und Besteuerung

Dadurch, dass die meisten Gesellschaften ihren Sitz in Staaten haben, die keine oder eine nur geringe Körperschaftsteuer kennen, vermeiden sie eine entsprechende Belastung etwaiger Gewinne, was sich wiederum in überdurchschnittlichen Ausschüttungsrenditen niederschlägt, die sich zwischen 6 und 12 Prozent bewegen. Die Auszahlung erfolgt in der Regel quartalsweise, zum Teil auch monatlich.

Da diese Länder zudem keine Quellensteuer auf abfließende Kapitalerträge erheben, werden die Dividenden ungeschmälert an die Anteilseigner überwiesen. Bei deutschen Anlegern greift damit ausschließlich die Abgeltungsteuer in Höhe von 25 Prozent zuzüglich Solidaritätszuschlag und gegebenenfalls Kirchensteuer. Allerdings lässt sich diese bei Investition in Schifffahrtsunternehmen in der Rechtsform einer Offshore-MLP herabsetzen beziehungsweise zeitweilig gänzlich vermeiden, wenn Anleger vom Status des Aktionärs in den eines Kommanditisten wechseln. Diesbezüglich sei auf die entsprechenden Ausführungen in Kapitel 5 verwiesen. Für diesen Fall bieten vor allem Schifffahrtsgesellschaften mit einer im Schnitt relativ jungen Flotte aufgrund der bei Schiffen üblichen kurzen Abschreibungsdauer respektive aufgrund der hohen Raten aus Investorensicht besonders günstige Bedingungen bei der Ermittlung des Betriebsstättenergebnisses. Dieses Ergebnis lässt sich durch eine Erhöhung der Fremdfinanzierungsquote und die damit einhergehenden Zins- und Tilgungsverpflichtungen verbessern, wenngleich dadurch das Unternehmensrisiko steigt.

Chancen und Risiken

Der Markt für internationale Seetransporte liegt aktuell am Boden. Die gängigen Indizes der Baltic Exchange, des führenden Anbieters im Bereich der Seeschifffahrt, schwanken seit Jahren um historisch niedrige Werte. Zahlreiche Frachtraten sind vom Höhepunkt des Vorkrisenniveaus aus betrachtet geradezu dramatisch abgestürzt. Der BDI als traditioneller Frühindikator für den Zustand des Welthandels und die Entwicklung der Weltwirtschaft verzeichnete dabei mit über 90 Prozent den höchsten Verlust innerhalb der Indexfamilie. Noch heute reichen die erzielbaren Frachtraten in zahlreichen Segmenten nicht aus, um die Betriebskosten entsprechender Schiffe einzuspielen. Derzeit stechen zudem die letzten noch im Boom in Auftrag gegebenen Neubauten in See.

Dem Schweinezyklus folgend könnten sich daher mutigen Investoren sehr gute Einstiegschancen rund um einen markanten Wendepunkt eröffnen – vorausgesetzt, die Anlage erfolgt in solide Gesellschaften, die eine eventuell andauernde Marktbereinigung überleben. Tatsächlich existieren nach wie vor Gesellschaften mit starken Bilanzen und langfristigen Charterverträgen, die auch in der Krise ihre Ausschüttungen beibehalten konnten. Oftmals sind es etablierte Traditionsunternehmen mit einem sturmerprobten Management und maritim erfahrenen Anker-Investoren. Investitionen in Schifffahrtsgesellschaften ermöglichen zudem die Beteiligung an zahlreichen Schiffen in oftmals verschiedenen Segmenten ohne die bei geschlossenen Fonds üblichen exorbitanten Gebühren. Als Dreingabe winken bei bestimmten Gesellschaftskonstruktionen zudem nahezu steuerfreie Ausschüttungen.

Andererseits hängt die Seeschifffahrt stark vom internationalen Handel ab. Ein globaler Wirtschaftseinbruch oder ein erneutes Aufflammen der Finanzkrise würde dem ohnehin angeschlagenen Sektor vermutlich weitere Dämpfer verpassen. Statt eines Wendepunkts würde sich die Bereinigung weiter fortsetzen. Als umso wichtiger erweist sich in einem solchen Szenario die Solidität des Unternehmens. In der Schifffahrtskrise seit 2008 konnten sich sowohl einzelne Unternehmen als auch Segmente, so zum Beispiel Flüssiggastransporte, gegen den Trend stemmen. Ob dies bei einem zweiten Einbruch auch so sein wird, ist fraglich.

Auch nutzen sehr langfristige Charterverträge nichts, wenn der Konterpart während der Vertragslaufzeit insolvent wird. Da der internationale Seehandel üblicherweise in US-Dollar fakturiert wird, bleibt für Anleger außerhalb der USA ein Fremdwährungsrisiko. Das gilt auch für Investitionen in Gesellschaften, die in der Eurozone beheimatet sind, aufgrund der internationalen Gepflogenheiten aber dennoch auf US-Dollar Basis operieren.

Fazit

Qualitativ hochwertige Schifffahrtsaktien eignen sich als Depotbeimischung für dividendenorientierte Investoren. Gerade Unternehmen mit geringer oder keiner Körperschaftsteuerlast und stabilem Geschäft bieten attraktive Renditen in einem weitgehend ausverkauften Markt. Als besonders interessant für deutsche Anleger erweisen sich jene Gesellschaften, die zusätzlich eine Reduktion der Abgeltungsteuer erlauben.

Beispiele

- Die Frontline Ltd. (NYSE: FRO, ISIN: BMG3682E1921) ist mit einer Marktkapitalisierung von über neun Milliarden US-Dollar eine der weltweit größten Schifffahrtsgesellschaften und auf den

Transport von Rohöl sowie Ölprodukten fokussiert. Das Unternehmen mit Sitz auf Bermuda bewirtschaftet eine Flotte von 90 Öltankern, darunter zahlreiche sogenannte Very Large Crude Carrier (VLCC) mit einer Zuladefähigkeit von über 200.000 Tonnen.

- Die Ship Finance International Limited (NYSE: SFL, ISIN: BMG810751062) unterhält eine mehrere Dutzend Schiffe umfassende, diversifizierte Flotte aus Containerschiffen, Massengutfrachtern, Öl- sowie Chemikalientankern und Spezialschiffen wie zum Beispiel Autotransporter. Ferner ist das Unternehmen selbst als Charterer sowie Händler und Schiffsfinanzierer tätig.

12. YIELDCOS

Zusammenfassung

Eine verhältnismäßig junge Gattung ausschüttungsorientierter Wertpapiere sind die ursprünglich angelsächsischen YieldCos. Die auch im deutschen Sprachraum übernommene und mittlerweile übliche Bezeichnung leitet sich aus dem Englischen ab und ist eine Zusammenziehung des Begriffs »Yield« für »Ertrag« oder »Gewinn« sowie der Abkürzung »Co« für »Company«, also »Unternehmen«. Gemeint sind hierbei, so der lexikalische Eintrag, börsennotierte unternehmerische Beteiligungen aus der »Branche der erneuerbaren Energien«, die »einen berechenbaren Cashflow, vorzugsweise auf Basis langlaufender (Liefer-)Verträge, generieren«. Beides, Begriff wie Beschreibung, deutet bereits darauf hin, dass es sich bei den YieldCos in der ausschüttenden Variante um eine auf die Bedürfnisse von Einkommens-Investoren zugeschnittene Anlageform handelt.

Anders als BDCs, MLPs oder Income Trusts unterliegen YieldCos allerdings keiner spezifischen Gesetzgebung, formaljuristisch handelt es sich damit durchweg um gewöhnliche Aktien der jeweiligen Jurisdiktion. Vielmehr zeichnen sie sich im Wesentlichen über vier gemeinsame Merkmale aus, die weiter unten genauer spezifiziert werden:

- Branche
- Geschäftsmodell
- Leistungsvergütung
- Ausschüttungsquote

Auch wenn ursprünglich nicht hierauf beschränkt sind YieldCos aktuell fast ausschließlich im Bereich der sogenannten erneuerbaren Energien konzentriert, die Bezeichnung ist de facto zum Synonym für ein Teilsegment der gesamten Branche geworden.[64] Sie betreiben typischerweise Solar- und Windparks, Wasserkraftwerke sowie Geothermieanlagen. Die YieldCo bildet damit gewissermaßen das regenerative Gegenstück zur traditionell in der konventionellen Energieversorgung tätigen MLP.

Branchenintern grenzt sich die YieldCo deutlich von klassischen Projektentwicklern regenerativer Energien ab, den sogenannten Green Independent Power Producers, kurz Green-IPP. Im Gegensatz zu Letzteren tragen YieldCos keine Erschließungs- und Entwicklungsrisiken, vielmehr erwerben sie ausschließlich produzierende Anlagen mit oftmals langlaufenden Liefer- beziehungsweise Abnahmeverträgen und festgelegter Einspeisevergütung, welche je nach Gesetzgeber um vorteilhafte steuerrechtliche Regelungen ergänzt werden kann.[65] Zum Teil sind es sogar die Projektentwickler selbst, welche einmal etablierte Anlagen als YieldCo an die Börse bringen beziehungsweise als solche veräußern. Die Konzentration auf verlässlich kalkulierbare Projekte mit hohem Reifegrad, die Investition in die risiko- und investitionsarme laufende Energieproduktion und deren Absatz zu Quasi-Festpreisen wiederum erlaubten im Umkehrschluss einen relativ stabilen und langfristig gesicherten Cashflow, welcher üblicherweise größtenteils direkt an die Anleger ausgeschüttet wird.

Entwicklung und Besonderheiten

Anfang 2016 waren in den USA gerade einmal 20 YieldCos börsennotiert, davon allein 16, deren Börsengang erst nach dem Jahreswechsel 2012/2013 erfolgte. Je nachdem, welche Kriterien angelegt werden, können weltweit mehrere Dutzend weiterer AGs als YieldCos klassifiziert werden.

Diese verfügen teilweise, so beispielsweise einige Wasserkraftwerksbetreiber in Kanada, über eine langjährige Unternehmens- und Ausschüttungshistorie mit entsprechend etablierten und erprobten Geschäftsmodellen. Damit steht auch in diesem Segment ein hinreichend breites Investitionsspektrum zur Verfügung. Selbst in Deutschland, welches im Bereich der erneuerbaren Energien seit geraumer Zeit eine globale Vorreiterrolle einzunehmen sucht, existieren mehrere YieldCos, deren Marktführer, die Capital Stage AG, Mitte 2016 einen Börsenwert von knapp einer halben Milliarde Euro ausweist. Die wachsende Bedeutung dieser Anlageklasse einschließlich ihres mittlerweile international etablierten Namens trug letztlich mit leichter zeitlicher Verzögerung zum allmählichen und zweifellos auch steuer- und subventionsgetriebenen Strukturwandel zugunsten der erneuerbaren Energien bei.

Grundsätzlich kann zwischen zwei YieldCo-Modellen unterschieden werden, die sich jedoch ausschließlich auf die Umstände der Emission und Beteiligungsverhältnisse beziehen:

- Sponsored YieldCo
- Independent YieldCo

YieldCos wurden beziehungsweise werden mehrheitlich von einem Mutterunternehmen, dem »Sponsor«, realisiert, meist einem Energiekonzern, Projektentwickler oder (großen) Green-IPP, in das beziehungsweise den wiederum bereits laufende Projekte eingebracht werden. Diese YieldCos werden daher auch als »Sponsored YieldCos« bezeichnet. Andererseits existieren Unternehmen, die sich auf den Betrieb von Energieanlagen spezialisiert und diese sukzessive zugekauft haben. Sie werden »Independent YieldCos« genannt. In beiden Fällen werden in aller Regel keinerlei Projektentwicklungsrisiken eingegangen, ferner wird via Börsengang beziehungsweise

-notierung eine Publikumsbeteiligung sichergestellt. Typischerweise wird zudem der laufende Betrieb weitestgehend oder sogar komplett an externe Dienstleister delegiert. Im letzten Fall besteht die YieldCo also allein aus den »Hard Assets«.

Im Fall der Sponsored YieldCo bleibt das Mutterunternehmen oftmals daran beteiligt, bisweilen hält es sogar die einfache oder gar qualifizierte Mehrheit am Grundkapital. In diesen Fällen wird zumindest in den USA und Kanada regelmäßig (aber nicht immer) ein unabhängiges Aufsichtsgremium installiert, welches potenzielle Interessenkonflikte zwischen Mutter, YieldCo und deren Anteilseignern zumindest entschärfen soll.

Welche Vorteile verspricht sich insbesondere der »Sponsor« einer YieldCo? Grundsätzlich lässt sich die Wertschöpfungskette im Bereich der Projektierung erneuerbarer Energien in einen vorgelagerten und relativ volatilen (Forschung und Entwicklung, Bau, Inbetriebnahme) sowie einen nachgelagerten und relativ stabilen (Produktion, Vertrieb, Verwaltung) Geschäftsbereich splitten. Vergleichbar dem Royalty Trust erlaubt die Ausgliederung des Letzteren in eine YieldCo der Muttergesellschaft die (Re-)Finanzierung zu besonders vorteilhaften Bedingungen. Die gut kalkulierbaren Erträge und relativ niedrigen Betriebskosten, verbunden mit verhältnismäßig hohen Ausschüttungen und steuerlichen Vorteilen, schnüren ein auch für institutionelle Einkommens-Investoren attraktives Gesamtpaket. Da die mit Abstand riskanteste und teuerste Projektierungsphase bereits abgeschlossen ist, wird dieses Risiko bei der Kursbildung auch nicht mehr eingepreist (Gleiches gilt für die Aufnahme von Fremdkapital durch die YieldCo). Der Emissionserlös fließt damit der Muttergesellschaft in Form von Eigenkapital zu weitaus günstigeren Konditionen zu als beispielsweise im Fall der Emission junger Aktien oder der Aufnahme von Fremdkapital über eine klassische Bankfinanzierung.

Auf diese Weise wirbt sie nicht nur frische Mittel für neue Investitionen ein, sondern verhindert auch gleichzeitig die Einflussnahme von Banken und zusätzlichen Investoren. Sofern die Muttergesellschaft an ihrer Tochter beteiligt bleibt, fließen ihr zudem ebenso wie allen anderen YieldCo-Investoren regelmäßige Ausschüttungen zu. Umgekehrt sichert dieser Umstand aufgrund der tendenziell gleichgerichteten Interessen auch eine weitgehende Reduktion des Prinzipal-Agent-Konflikts (siehe Kapitel 3.1).

Kosten und Besteuerung

Wie oben erwähnt, handelt es sich bei der YieldCo juristisch betrachtet um eine gewöhnliche AG. Nichtsdestotrotz genießt sie aufgrund ihres Geschäftsmodells eine Reihe rechtlicher Privilegien, die sie ausschließlich ihrer mutmaßlichen umweltpolitischen Bedeutung verdankt. Die Art und Höhe der Vorteilsgewährung variiert erheblich in Abhängigkeit von Land und Region. Die spezifischen bürokratischen Regelwerke hier darzulegen würde den Rahmen dieses Kapitels sprengen. Dennoch kristallisieren sich drei wesentliche Elemente heraus, die regelmäßig zur Anwendung kommen, sei es einzeln oder in Kombination:

- Abnahmegarantien
- Mindestvergütungen
- Steuergutschriften

Während Abnahmegarantien einen Mindest- beziehungsweise Komplettabsatz der produzierten Energie sicherstellen, was in Deutschland beispielsweise durch die gesetzlich novellierte Vorrangeinspeisung umgesetzt wurde, sorgen Mindestvergütungen (oberhalb des Marktpreises) für eine verlässliche kalkulatorische Basis. Auch diese regelt in Deutschland auf langfristiger Basis (20 Jahre) das nach Technologie und Standort differenzierende EEG. Die Verbindung beider Elemente hinterlässt dem Betreiber als einzig unbekannte Variable die je nach Quelle durchaus schwankungsanfällige Energieausbeute. Ein drittes, in Deutschland allerdings nicht gewährtes Privileg sind Steuervorteile, im angelsächsischen

Raum vor allem günstige Abschreibungsmodalitäten beziehungsweise temporäre Steuerbefreiungen über meist mehrere Jahre. Auch sie sollen vor allem einen Investitionsanreiz bieten. Nach Auslaufen dieser Privilegien sind sämtliche Einnahmen ganz regulär zu versteuern. Alle drei Komponenten werden dabei fast überall über lange Laufzeiten garantiert.

Alle drei Maßnahmen wirken sich positiv auf den Cashflow der YieldCo aus. Die Abnahmegarantien und Mindestvergütungen wirken sich hierbei auf den Umsatz, die Steuervorteile auf die Ertragslage aus. In Summe führt das auf Unternehmensebene zu vergleichsweise hohen liquiden Mitteln, was wiederum entsprechend attraktive Ausschüttungen ermöglicht. Letztere werden dabei auf Ebene der Anleger wie ganz reguläre Dividenden besteuert, wobei für deutsche Anleger die entsprechenden Doppelbesteuerungsabkommen zur Anwendung kommen. Angloamerikanische YieldCos deklarieren gerade in den ersten Jahren aufgrund der vorteilhaften Abschreibungsbedingungen einen Großteil, wenn nicht gar alle, der Ausschüttungen als »Return on Capital«, sprich als Kapitalrückzahlung.

Schlussendlich sind bei der YieldCo die traditionell niedrigen laufenden Betriebskosten positiv hervorzuheben. Tatsächlich verursacht der Unterhalt einmal installierter, produzierender Anlagen über die Gesamtlaufzeit gesehen relativ geringe Aufwendungen. Dieser Umstand schlägt sich ebenso wie die niedrigen Fix- beziehungsweise Personalkosten positiv auf den Cashflow nieder.

Chancen und Risiken

Auch wenn sie gesetzlich nicht dazu verpflichtet sind, schütten YieldCos regelmäßig 70 bis 90 Prozent des verfügbaren Cashflows an die Anteilseigner aus. Nicht zuletzt dank der im vorherigen Abschnitt besprochenen Vorteile bezüglich Umsatz und Ertrag weisen viele YieldCos eine höchst attraktive und stabile Dividendenrendite zwischen 5 und 10 Prozent aus. Zahlreiche YieldCos nutzen zudem die einbehaltenen Mittel zum Kauf weiterer Cashflow generierender Anlagen, in Zeiten niedriger Zinsen allerdings zum Teil ergänzt um nicht unerhebliche Summen an Fremdkapital. Allein auf diese Weise erhöhten knapp drei Viertel der US-amerikanischen YieldCos von 2014 auf 2015 ihre Ausschüttungen um durchschnittlich 15 Prozent.

Von Vorteil sind zudem die langfristig planbaren Absatzbedingungen in Verbindung mit dem Betrieb etablierter Anlagen, welche nicht nur das Risiko des Geschäftsbetriebs, sondern auch die Volatilität der Wertpapierkurse reduzieren. Ferner weisen Letztere wie so zahlreiche der hier vorgestellten Instrumente eine verhältnismäßig geringe Korrelation zu klassischen Aktien auf, vor allem natürlich zu Unternehmen im Umfeld konventioneller Energiegewinnung, was beispielsweise MLPs und Royalty Trusts einschließt. Das muss jedoch nicht zwangsläufig so sein, wie noch gezeigt werden soll. Ein spezielles Risiko weist zumindest die Sponsored YieldCo auf. Hier kann es durchaus zu Interessenkonflikten zwischen der Muttergesellschaft und den übrigen YieldCo-Investoren kommen, insbesondere wenn Schlüsselpositionen in der Führung beider Unternehmen durch ein und dieselbe Person oder Personengruppe wahrgenommen werden. Denkbar ist hier beispielsweise der Verkauf unrentabler Anlagen beziehungsweise ein Verkauf solcher Anlagen zu überhöhten Preisen an die YieldCo sowie eine Ausschüttung über den CAFD hinaus, also aus der Substanz des Geschäftsbetriebes, wenn das Mutterunternehmen unter Liquiditätsknappheit leidet. Diesem Risiko sollte im Sinne des Investors zumindest durch die Einrichtung eines unabhängigen Aufsichtsgremiums entgegengewirkt werden.

Eine weitere Unsicherheit, die alle Unternehmen des Sektors betrifft, sind die mangelnden Erfahrungswerte – zumindest mit den relativ jungen beziehungsweise innovativen Technologien. Im Gegensatz zu konventionellen Kraftwerken sind hinreichend zuverlässige Prognosen über den gesamten Lebenszyklus von Solar- und

Windparks schlichtweg nicht möglich, sich relativ spät auswirkende Technologierisiken eventuell noch gar nicht bekannt.[66] Im Gegensatz zu konventionellen Kraftwerken sind zudem so gut wie alle Anlagen im Bereich der erneuerbaren Energien mit einem geografischen Risiko behaftet. Je nach Technologie und Standort kann sich dieses unmittelbar und langfristig auf den Output auswirken. Diesem Standortrisiko kann allerdings durch Investition in mehrere YieldCos respektive in eine Sammelanlage entgegengewirkt werden.

Schließlich ist auch das politische Risiko nicht zu unterschätzen. In zahlreichen Ländern basiert die Rentabilität von YieldCos einzig und allein auf der gesetzlichen, oft reichlich komplexen Regulierung. Änderungen derselben und damit die Einschränkung oder der Wegfall von Privilegien können sich entscheidend auf die Umsatz- und Ertragslage auswirken. Dies gilt aufgrund der durchweg langfristigen Kalkulationen auch bei vermeintlich geringfügigen Änderungen wie beispielsweise einer leichten Absenkung der Einspeisevergütung. Ob die Betreiber in einem solchen Fall auf Bestandsschutz hoffen dürfen, ist fraglich und hängt vermutlich allein vom Ergebnis der politischen und richterlichen Aushandlungsprozesse ab. Beispielsweise ist die Belastung von Alterseinkünften aus der betrieblichen Altersvorsorge mit Krankenversicherungsbeiträgen auch bei Altverträgen bekannt. Dass ein solches Szenario dem Zeitgeist zum Trotz nicht völlig aus der Luft gegriffen ist, belegen die im Mai 2016 bekannt gewordenen Absichten der dänischen Regierung, im Parlament die Abschaffung des sogenannten PSO-Tarifs (Public Service Obligation) durchsetzen zu wollen. Der PSO-Tarif ist dabei in etwa der deutschen EEG-Umlage vergleichbar.

Als existenziell bedrohlich kann sich – wie bei jedem anderen Unternehmen auch – ein zu hoher Einsatz von Fremdkapital erweisen. Dieser ist im gesamten Energiesektor aufgrund des erforderlichen Investitionsvolumens überdurchschnittlich hoch und zudem angesichts der üblicherweise gut kalkulierbaren Erträge und Möglichkeiten der dinglichen Absicherung durchweg üblich. Dieses (Re-) Finanzierungsrisiko lässt sich wiederum durch Streuung der Anlage beziehungsweise strengen Anwendung des Fünf-Punkte-Checks minimieren.

Jenseits solcher existenziellen Risiken wirken natürlich auch verschiedene volkswirtschaftliche Größen im Guten wie im Schlechten auf die Kursbildung von YieldCos:

- Der Grad und die Auswirkung technischer Innovationen hat immer auch Einfluss auf die Bewertung von Altanlagen.
- Analog zu den MLPs reagieren die YieldCos empfindlich auf die Änderung des Zinsniveaus, zum einen wegen des oft hohen Fremdkapitaleinsatzes, zum anderen auch, da sie mit zinstragenden Anlagen konkurrieren.
- Bei Anlagen außerhalb der Eurozone wirken sich die Wechselkurse direkt auf die Einkünfte und die Marktkapitalisierung der YieldCo (in Euro) aus.
- Die Preise fossiler Energieträger, der unmittelbaren Wettbewerber also, beeinflussen je nach regulatorischem Umfeld auch die Ertragsaussichten und damit Bewertung der Produzenten alternativer Energien.
- Veränderungen des allgemeinen Preisniveaus, vor allem inflationäre Trends, wirken sich auf die reale Rendite einer YieldCo aus, sofern der Gesetzgeber feste Vergütungssätze vorgesehen hat und diese nicht an die Preisentwicklung anpasst.

Letztendlich zeichnet sich die gesamte Branche, innerhalb der die YieldCos eine untergeordnete Größe repräsentieren, durch hohe Volatilität aus. Bisweilen führen negative Entwicklungen in bestimmten Regionen oder Sparten dazu, dass via Dominoeffekt das gesamte Segment in Sippenhaft genommen und an der Börse abgestraft wird. So verlor beispielsweise der NYSE Bloomberg Global Solar Index, der die Entwicklung von weltweit 125 bedeutenden Unternehmen im Bereich der Solarenergie abbildet, zwischen Januar und April 2016 rund 20 Prozent an Wert. Obwohl der Einbruch von

Analysten auf die zeitgleichen Börsenturbulenzen in China zurückgeführt wurde, in deren Zuge wiederum die Kurse zahlreicher chinesischer Solarmodulhersteller stark unter Druck gerieten, stürzten die YieldCos in ihrer gesamten Breite mit ab. Andererseits bieten derartige Szenarien die Chance zur Entfaltung des Baisse-Effekts, sofern – wie im Beispielfall – die Kurskapriolen in keinerlei Zusammenhang mit der Ertragslage der in Sippenhaft genommenen, aber betriebswirtschaftlich nicht involvierten Unternehmen stehen.

Fazit

Zweifellos ist die Existenz von YieldCos einem aktuellen ökologisch-politischen Trend geschuldet, die erzielbaren Einnahmen sind damit in hohem Maße politische Renten. Nichtsdestotrotz kann die Anlageklasse als Beimischung insbesondere das Depot eines Einkommens-Investors diversifizieren und um Dividenden aus einer weiteren Branche bereichern.

Mit der Investition in Einzeltitel gehen Anleger allerdings ein hohes Risiko ein. Das bekamen die Aktionäre der beiden YieldCos TerraForm Power und TerraForm Global bitter zu spüren. Beide sind Ausgründungen der ehemaligen US-amerikanischen E.ON-Tochter SunEdison, seinerzeit eine der größten Solarfirmen des Kontinents mit einem Börsenwert von 10 Milliarden US-Dollar. Seit Mitte 2015 ging es mit dem Kurs der Muttergesellschaft steil bergab, ein Trend, dem sich auch die beiden YieldCos nicht entziehen konnten. Fehlinvestitionen, komplexe Finanzierungsbedingungen, intransparentes Geschäftsgebaren und personelle Verquickungen – der Geschäftsführer der YieldCos war gleichzeitig der Finanzchef von SunEdison – lösten seinerzeit die Negativspirale aus. Erschwerend kam der Ölpreisverfall hinzu und die, wenn auch minimale, Leitzinserhöhung in den USA. Fatalerweise nutzten die Gesellschaften zudem gemeinsame Bilanzierungssysteme. Am 21. April 2016, der Schuldenstand belief sich mittlerweile auf über 12 Milliarden US-Dollar, meldete SunEdison schließlich Insolvenz an, die Börsenkapitalisierung belief sich auf weniger als 50 Millionen Dollar, die Aktie notierte bei nur noch 15 Cent. Aufgrund der Verquickung mit der Muttergesellschaft sowie ebenfalls hoher Schuldenstände ist das Überleben von TerraForm Power und TerraForm Global mehr als fraglich. Die Kursverluste seit Mitte 2015 sind mit jenseits der 75 Prozent bereits jetzt enorm.

Umso wichtiger erscheint hier entweder eine sorgfältige Analyse der Bilanzqualität und gegebenenfalls Verflechtungen mit dem Sponsor oder aber eine Investition in Sammelanlagen, die eine breite Streuung innerhalb des Segments erlaubt. Letzteres ist bezeichnenderweise ebenfalls seit Mitte 2015 über einen kostengünstigen ETF möglich, mit dem YieldCo-Index existiert sogar ein Barometer für dieses Marktsegment. Auch für Anleger, die nicht unbedingt eine ausschüttungsorientierte Strategie verfolgen, gleichwohl aber die Montage von Solarmodulen auf dem heimischen Dach und damit eine Vergrößerung des Klumpenrisikos scheuen, könnten YieldCos eine mögliche Alternative darstellen.

Beispiele

- Bei der Encavis AG (FSE: CAP, ISIN: DE0006095003), ehemals Capital Stage AG, handelt es sich um den größten unabhängigen Solarparkbetreiber in Deutschland. Insgesamt 240 Solar- und Windparks mit einer Leistung von circa 1500 Megawatt (MW) betreibt das seit 2009 trotz seiner mittlerweile hohen Marktkapitalisierung immer noch im SDAX, dem heimischen Index der Deutschen Börse für Small Caps, gelistete Unternehmen in Deutschland, Italien, Frankreich und Großbritannien. Der Umsatz im Jahr 2017 von gut 222 Millionen Euro sowie das operative Ergebnis (vor Zinsen, Steuern und Abschreibungen) von fast 167 Millionen Euro belegen die verhältnismäßig geringen Betriebskosten der YieldCo. Mit gerade einmal 3,7 Prozent Dividendenrendite und keinen 30 Prozent Eigenkapital scheidet die Encavis AG allerdings nach dem Fünf-Punkte-Check als potenzielles Investment aus.

- Die TransAlta Renewables Inc. (TSE: RNW, ISIN: CA8934631091) ist der größte Windparkbetreiber Kanadas. Aktuell bewirtschaftet das Unternehmen 34 profitable Anlagen, darunter 20 Windparks, in Kanada, den USA und Australien. 2013 wurde es vom Energieversorger TransAlta ausgegliedert und an die Börse gebracht. TransAlta selbst ist ein Traditionsunternehmen mit über 100-jähriger Firmengeschichte und hält an der Tochter nach wie vor eine Mehrheitsbeteiligung von über 80 Prozent. TransAlta Renewables erwirtschaftet dank langfristiger Lieferverträge mit Inflationsanpassungsklauseln einen konstanten Cashflow, der monatlich ausgeschüttet wird. Abnehmer sind neben TransAlta vor allem kommunale Energieversorger. TransAlta Renewables beschäftigt keine Mitarbeiter, sondern wird gegen Zahlung einer Managementgebühr komplett von der (ehemaligen) Mutter verwaltet.

13. SONSTIGE

13.1 Stapled Securities

Stapled Securities sind eine in Australien konzipierte und verbreitete Wertpapiergattung. Hierbei werden mehrere verschiedenartige Wertpapiere, typischerweise eine Aktie und ein Trust, in einem einzigen Anteilsschein gebündelt beziehungsweise »gestapelt« und über die Börse (Australian Stock Exchange, ASX) in den Verkehr gebracht. Von da an können sie nicht mehr separat, sondern einzig und allein gemeinsam über das Vehikel der Stapled Security gehandelt werden. Die Marktkapitalisierung dieses Sektors liegt bei circa 50 Milliarden australischen Dollar. Vor allem Investment- und Infrastrukturgesellschaften sowie Unternehmen im Immobiliensektor nutzen diese spezielle Wertpapierklasse.

Der Vorteil dieser Konstruktion liegt vor allem darin, dass Stapled Securities es ermöglichen, mehrere zusammenwirkende Rechtsformen und damit ihre jeweiligen spezifischen Vorteile auf eine einzige Gesellschaft zu übertragen. Das gilt auch und vor allem in steuerrechtlicher Hinsicht. Hier wird nämlich jedes einzelne der »gestapelten« Wertpapiere getrennt betrachtet, nicht die Stapled Security als Ganzes. Dies wiederum ermöglicht es, die Steuerbelastung für die Gesellschaft, aber auch für die Anleger ganz legal zu minimieren. Als anschauliches Beispiel für die Funktionsweise dieser speziellen Wertpapiergattung soll die Abspaltung des Energieversorgers Envestra von der Muttergesellschaft Boral Limited im Jahr 1997 dienen, welche in Form einer Stapled Security erfolgte.

Beim Börsengang im August 1997 setzte sich die Struktur eines Anteilsscheins aus einer Aktie im (Nenn-)Wert von 30 australischen Dollarcent sowie einer Schuldverschreibung im (Nenn-)Wert von 70 australischen Dollarcent zusammen, welche nur gemeinsam über die Stapled Security, nicht jedoch separat gehandelt werden konnten. Ausschüttungen an Investoren konnten somit entweder als Dividenden auf die Aktie oder aber als Zinsen beziehungsweise Tilgung auf den Schuldschein ausgewiesen werden. Hierbei änderte sich im Zeitverlauf die Struktur der Stapled Security, da Tilgungsleistungen den Wert der Schuldverschreibungen regelmäßig reduzierten, während Vermögenszuwächse beziehungsweise thesaurierte Gewinne den Wert der Aktie erhöhten. Aus diesem Grund wechselte die Rechtsform der Gesellschaft im Mai 2009 in die einer gewöhnlichen AG, da bis dato die Schuldverschreibung vollständig zurückgeführt werden konnte.

Der Vorteil einer solchen Konstruktion liegt vor allem in der steuerrechtlichen Behandlung der Finanztransfers. Während Dividenden aus versteuerten Gewinnen bestritten werden müssen, sind Zins- und Tilgungsleistungen aufseiten des Unternehmens von der Körperschaftsteuer befreit und mindern das Betriebsergebnis. Ähnlich vorteilhaft erweist sich diese Konstruktion für den (australischen) Anleger. Zins- und Dividendenzahlungen werden als Einkommen auf Kapitalvermögen mit dem individuellen Steuersatz belastet, bei den Tilgungsleistungen handelt es sich grundsätzlich um steuerfreie Rückzahlungen. Entsprechend muss ein als Stapled Security firmierendes Unternehmen die Quelle sämtlicher Auszahlungen genau ausweisen. Ausländische Investoren hingegen profitieren hiervon nur in dem Maße, wie das heimische Finanzamt die Aufstellung der Gesellschaft akzeptiert und etwaige Tilgungsleistungen und Kapitalrückzahlungen anerkennt. Ihnen bleibt aber in jedem

Fall der Vorteil der Steuerfreiheit auf Unternehmensebene erhalten, der sich unmittelbar auf die Ausschüttungshöhe auswirkt.

Die verbreitetste Variante innerhalb dieser Wertpapiergattung ist allerdings – wie eingangs erwähnt – die Kombination einer Aktie und einem Trust. Dabei hält der Trust in der Regel umfangreiche Vermögenswerte, welche der AG entgeltlich zur Nutzung überlassen werden. Diese Kombination hat gegenüber der Verknüpfung von Aktie und sukzessive zu tilgender Schuldverschreibung den Vorteil einer nicht limitierten Laufzeit. Insbesondere wenn der Trust überwiegend immobile Vermögenswerte hält, kann er als A-REIT firmieren, das heißt, die im Bereich des Trusts erzielten Gewinne sind von der Körperschaftsteuer ausgenommen. Aus diesem Grund ist die Konstruktion auch bei Infrastrukturunternehmen so beliebt. Das Anlagevermögen der Gesellschaft, zum Beispiel Flughäfen, Kraftwerke oder Pipelines, wird auf den Trust übertragen, die AG hingegen stellt das Management und betreibt das operative Geschäft der entsprechenden Einrichtungen. Aus deren Bewirtschaftung erzielt die AG Umsätze, etwaige Gewinne unterliegen zunächst der Körperschaftsteuer, bevor sie gegebenenfalls als Dividenden an die Anteilseigner der Stapled Security ausgeschüttet werden können. Umsatz- und gewinnmindernd wirken sich hierbei jedoch die an den Trust zu leistenden Miet-, Pacht- und Leasingzahlungen aus. Diese Kosten der AG werden zu Einkünften des Trusts, der wiederum bei Einhaltung gewisser Rahmenbedingungen von der Körperschaftsteuer befreit ist und daher Ausschüttungen ohne fiskalischen Schwund vornehmen kann beziehungsweise sogar muss.

Ein Grund, warum sich diese rechtliche Konstruktion gerade in Australien durchsetzen konnte, dürfte an der im internationalen Vergleich relativ hohen Besteuerung von Unternehmensgewinnen liegen. Australische Kapitalgesellschaften zahlen mit 30 Prozent einen doppelt so hohen Satz auf ihr (positives) Betriebsergebnis wie entsprechende deutsche Unternehmen. Im Gegenzug kennt das australische Steuerrecht allerdings keine Gewerbesteuer, der wiederum jede deutsche Gesellschaft unterliegt. Eine Liste aller notierten

Stapled Securities, insgesamt mehrere Dutzend, findet sich auf der Internetseite der größten und ältesten Börse des Kontinents, der in Sydney ansässigen ASX. Darüber hinaus existiert für jeden Einzelwert eine gesonderte Seite mit Informationen zum jeweiligen Unternehmen, dem Kursverlauf sowie zur Ausschüttungshistorie. Letztere gibt nicht nur Auskunft bezüglich des Zahlungsintervalls (in der Regel quartalsweise, mindestens jedoch halbjährlich), sondern auch über die nicht ganz triviale Besteuerung der Zahlungen.

Hierzu wird jeder Ausschüttung eine als »franked« bezeichnete Angabe in Prozent zugeordnet. Diese gibt den Anteil der mit Körperschaftsteuer belasteten Ausschüttung, die »Franked Dividend«, an. Der restliche Anteil spiegelt die auf Unternehmensebene von der Körperschaftsteuer befreite Ausschüttung, die »Unfranked Dividend«, wider. Wurde die Ausschüttung zuvor im Unternehmen in voller Höhe mit Körperschaftsteuer belastet, wird die Dividende auch als »fully franked« bezeichnet, ansonsten als »partly franked«. Diese Unterscheidung wurde zur Vermeidung einer doppelten Besteuerung eingeführt und ist sowohl für in Australien sesshafte als auch für ausländische Anleger von Bedeutung.

Eine bereits auf Unternehmensebene besteuerte Ausschüttung an australische Anleger, also eine »Franked Dividend«, wird im Rahmen eines »Imputation System« genannten Anrechnungsverfahrens mit einem »Franking Credit« versehen, einer Steuergutschrift in Höhe der anteilig geleisteten Körperschaftsteuer. Diesen »Franking Credit« kann der Steuerpflichtige direkt mit seiner Steuerschuld verrechnen. Im Gegenzug wird eine etwaige »Unfranked Dividend« auf Anlegerebene in voller Höhe zur Einkommensteuer herangezogen.

Etwas anders und in Summe nachteiliger sieht dieser Aspekt bei in Deutschland steuerpflichtigen Investoren aus. Zwar erhalten auch sie eine auf der »Franked Dividend« beruhende Steuergutschrift, aber sie können sich diese mangels Veranlagung in Australien nicht anrechnen oder gar auszahlen lassen. Ebenfalls ist es nicht möglich, die Gutschrift im Rahmen der persönlichen Veranlagung zu berücksichtigen, da dies im Rahmen des bestehenden Doppelbesteuerungsabkommens nicht vorgesehen ist. Der entsprechend anteilige versteuerte Betriebsgewinn australischer Unternehmen ist für ausländische Investoren de facto perdu. Auf die von der Körperschaftsteuer befreite »Unfranked Dividend« wiederum erhebt Australien bei ausländischen Anlegern eine Quellensteuer in Höhe von 15 Prozent. Diese wiederum ist für in Deutschland steuerpflichtige Personen vollständig auf die zu zahlende Abgeltungsteuer anrechenbar.

Einkommens-Investoren außerhalb Australiens, die in australische Wertpapiere, insbesondere jedoch in Stapled Securities anlegen wollen, sollten daher auf einen möglichst hohen Anteil der »Unfranked Dividend« an der Gesamtausschüttung achten. Dieser wiederum kann zumindest für die Vergangenheit anhand der Dividendenhistorie des jeweiligen Wertpapiers auf der Internetseite der ASX nachvollzogen werden.

Beispiel

Die DUET Group (ASX: DUE) ist einer der größten Pipeline- und Stromnetzbetreiber Australiens. Die Geschäftsaktivitäten sind überwiegend im Süden und Westen des Kontinents angesiedelt. Die gehandelte Stapled Security besteht aus vier Wertpapieren, einem Trust sowie drei Kapitalgesellschaften.

13.2 Listed Investment Companies und Listed Investment Trusts

Eine weitere australische Spezialität sind Listed Investment Companies (LICs) sowie Listed Investment Trusts (LITs). Hierbei handelt es sich um geschlossene, an der ASX notierte Investmentfonds beziehungsweise Investment Trusts. Die Unterschiede zwischen den beiden Wertpapieren sind ausschließlich rechtlicher Natur und betreffen vor allem Management, Dividendenpolitik sowie Besteuerung. LICs und LITs machen die Mehrzahl börsennotierter Investmentfonds in Australien aus. Sie investieren dabei hauptsächlich in australische wie international gehandelte Aktien, können jedoch je nach Statut auch in anderen Wertpapierklassen anlegen.

Sowohl der Investmentansatz wie auch die Risikobereitschaft sind dabei von Fonds zu Fonds unterschiedlich. Zur Beurteilung und Bewertung ist hier ein Blick in die jeweiligen Fondsunterlagen unabdingbar. Insgesamt gibt es vier grundlegende Kategorien von LICs und LITs:

- Australische Aktienfonds investieren hauptsächlich in Unternehmen, die an der ASX notiert sind.
- Internationale Aktienfonds investieren vorzugsweise in Unternehmen, die an internationalen Börsen gehandelt werden.
- Private-Equity-Fonds beteiligen sich überwiegend an australischen oder internationalen Beteiligungsgesellschaften ohne Börsenlisting.
- Spezial- oder Branchenfonds engagieren sich vor allem in speziellen Sektoren wie zum Beispiel dem Technologie-, Rohstoff- oder Telekommunikationssektor.

Im Gegensatz zu den in Deutschland weitverbreiteten offenen Publikumsfonds, die nicht an einer Börse gehandelt werden, weisen LICs und LITs einige bedeutende Unterschiede auf. Zum einen ist keine Ausgabe und Rücknahme von Fondsanteilen über die KAG möglich. LICs und LITs bündeln bei Gründung zuvor definierte Anlagesummen, welche dem Investitionsansatz entsprechend angelegt werden. Anschließend wird der Fonds geschlossen und eine entsprechende Anzahl von Anteilsscheinen werden an der Börse gelistet. Diese Anzahl kann natürlich bei Bedarf durch Neuemissionen erhöht oder auch durch Rückkäufe reduziert werden. Da die entsprechenden KAGs keine neuen Anteile ausgeben oder alte Anteile zurücknehmen, stellen sie natürlich auch keine Ausgabe- und Rücknahmekurse, das heißt, der Preis je Anteil wird ausschließlich über Angebot und Nachfrage an der Börse bestimmt. Damit entfällt freilich auch ein Ausgabeaufschlag, der ansonsten bei offenen Investmentfonds schon einmal 5 Prozent der Investitionssumme betragen kann, wenn nicht mehr.

Andererseits schwankt der Preis je Anteilsschein bei börsennotierten Investmentfonds permanent, das heißt, er wird in der Regel mal mehr, mal weniger über oder unter seinem inneren Wert liegen, also über oder unter der Summe der Einzelbeteiligungen des Fonds zum aktuellen Marktpreis, geteilt durch die Anzahl der Anteile. Dieser Aufschlag (Agio) oder Abschlag (Disagio) auf den inneren Wert beziehungsweise NAV kann bisweilen erheblich sein und 10, 20 oder mehr Prozent betragen, je nachdem, wie Investoren die Entwicklungsperspektiven des Portfolios und die Qualitäten des Managements einschätzen.

Gerade Abschläge auf den inneren Wert ermöglichen es Einkommens-Investoren jedoch auch, das Auszahlungspotenzial ohne den Einsatz von Fremdkapital zu hebeln, siehe hierzu Kapitel 16.2. Besonders attraktiv sind Abschläge, wenn diese liquiditätsgetrieben sind, also nicht der Qualität der Einzelpositionen des Portfolios geschuldet sind, sondern dem Wunsch oder gar der Notwendigkeit der Anleger nach Barmitteln und damit entsprechenden Notverkäufen. Dieselben Mechanismen greifen mit umgekehrten Vorzeichen natürlich auch bei mit Aufschlag zum NAV gehandelten LICs und LITs.

Für das Management hat die Börsennotierung den Vorteil, dass es sich mangels anlegergetriebener Ausgabe neuer beziehungsweise Rückgabe alter Anteile mit entsprechenden Auswirkungen auf Liquidität und Portfoliodispositionen ganz auf seinen Investitionsansatz konzentrieren kann. Das wiederum zieht tendenziell weniger Handelsaktivitäten und damit auch eine relativ günstige Gebührenstruktur nach sich. Ferner ermöglicht eine Haltezeit von mehr als zwölf Monaten australischen KAGs attraktive Vorteile bei der ansonsten vollumfänglich anfallenden Besteuerung von Kursgewinnen. Zu guter Letzt erzwingt die Börsennotierung dieser Wertpapierklasse umfangreiche Transparenz- und Publikationspflichten, die in dieser strengen Form ansonsten zumindest bei australischen offenen Investmentfonds nicht vorgesehen sind.

Hinsichtlich der Ausschüttungen ist zu beachten, dass diese bei LICs sowohl hinsichtlich Höhe und Frequenz ganz im Ermessen des Managements stehen. Zudem greift hier auch die im letzten Abschnitt im Zusammenhang mit den Stapled Securities thematisierte Belastung der Erträge mit Körperschaftsteuer. LICs zahlen in der Regel »fully franked« Dividenden mit einer für ausländische Anleger nicht anrechenbaren oder erstattungsfähigen Steuergutschrift.

Für diese wie für Einkommens-Investoren generell sind LITs wesentlich attraktiver. Sie sind, wie bei Trusts allgemein üblich, nicht nur gezwungen, einen Großteil ihrer Erträge auszuschütten, sondern profitieren auch bei Einhaltung bestimmter gesetzlich vorgeschriebener Rahmenbedingungen von erheblichen Steuererleichterungen auf Gesellschaftsebene.

Beispiel

Djerriwarrh Investments Limited (ASX: DJW) ist mit einer Marktkapitalisierung von rund einer Milliarde australischer Dollar eine der größten LICs des Landes. Das Unternehmen verwaltet ein Portfolio von circa 50 börsennotierten Unternehmen und zeichnet sich durch niedrige Gebühren aus. Seit 1996 zahlt Djerriwarrh durchgehend im halbjährlichen Rhythmus eine »fully franked« Dividende aus, die noch nie gekürzt oder ausgesetzt wurde. Die Ausschüttungsrendite schwankte dabei stets zwischen 5 und 8 Prozent. Das Papier wurde dabei fast immer mit Agio gehandelt, selbst am Höhepunkt der letzten Finanzkrise.

13.3 Split Corporations und Split Trusts

Die Split Corporation und der Split Trust (genauer: Split Preferred Trust) sind spezielle kanadische Wertpapiere und weitläufig mit den bereits bekannten Preferred Shares verwandt. Im Gegensatz zu Letzteren handelt es sich jedoch um ein synthetisches Wertpapier respektive Derivat, dem einzelne Aktien oder ein Aktienportfolio zugrunde liegen. Diese werden in einer neuen »Corporation« beziehungsweise einem »Trust« nach kanadischem Recht gebündelt und anschließend in zwei neue, separat handelbare Papiere gesplittet:

- einen »Capital Share«, welcher ausschließlich die Kursveränderungen des zugrunde liegenden Wertpapiers beziehungsweise Portfolios reflektiert, sowie
- einen »Preferred Share«, dem sämtliche beziehungsweise ein fest definierter Anteil an den Dividendenzahlungen sowie ein bevorzugter Anteil am NAV derselben zustehen.

Um eine Split Corporation oder einen Split Trust zu gründen, emittiert der Initiator, in der Regel eine Bank oder KAG, zunächst eine entsprechende Anzahl »Capital Shares« für tendenziell risikofreudige sowie »Preferred Shares« für eher risikoscheue Anleger. Mit dem Ertrag der beiden Emissionen wird die zugrunde liegende Aktie beziehungsweise das Aktienportfolio gekauft und in die »corporation« respektive den »Trust« eingebracht. Sowohl die »Capital Shares« als auch die »Preferred Shares« werden mit der Emission unabhängig voneinander an der TSX gehandelt. Trotz des sehr unterschiedlichen Risikoprofils ist das Börsenkürzel beider Wertpapiere identisch und nur anhand des Suffix zu unterscheiden (siehe Beispiel weiter unten). Sowohl Split Corporations als auch Split Trusts sind mit einer festen Laufzeit ausgestattet und werden am Fälligkeitsdatum liquidiert; die Verkaufserlöse werden dann an die Eigner der »Capital Shares« und »Preferred Shares« ausgezahlt.

Ein Beispiel soll die typische Struktur dieser speziellen Wertpapierklasse verdeutlichen: Eine Fondsgesellschaft gründet die auf fünf Jahre angelegte ABC-Split-Corporation, in welche sie Aktien der ABC Corp. (kanadische Form der AG) einbringen möchte. Die ABC Corp. notiert bei 25,00 kanadischen Dollar je Aktie und zahlt eine Quartalsdividende von 0,25 kanadischen Dollar. Zunächst emittiert die ABC-Split-Corporation eine zuvor definierte Anzahl von Anteilsscheinen, jeweils einen ABC-Split-Capital-Anteil im Wert von 15 kanadischen Dollar sowie einen ABC-Split-Preferred-Anteil im Wert von 10 kanadischen Dollar. Beide Papiere werden an interessierte Investoren veräußert und fortan separat an der TSX gehandelt. Vom Emissionserlös werden anschließend pro emittiertes Anteilspaar zu 15 und 10 kanadischen Dollar jeweils eine Aktie der ABC Corp. zu 25 kanadischen Dollar gekauft und als Vermögensmasse in die ABC-Split-Corporation eingebracht.

Die ABC-Split-Corporation hat nunmehr zwei Arten von Anteilseignern, nämlich Halter der »Capital Shares«, sprich der ABC-Split-Capital-Anteile, sowie Halter der »Preferred Shares«, also der ABC-Split-Preferred-Anteile. Beide halten gemäß den Emissionsbedingungen unterschiedlich verbriefte Ansprüche an der Vermögensmasse der ABC-Split-Corporation, also der durch sie gehaltenen Aktien der ABC Corp. Typischerweise steht den Haltern der ABC-Split-Preferred-Anteile die volle Dividende zu, die von der ABC Corp. an die ABC-Split-Corporation gezahlt wird. In diesem Fall also ein kanadischer Dollar pro Jahr, was bezogen auf den Emissionskurs einer Ausschüttungsrendite von 10 Prozent entspricht. Eine Änderung der Dividendenhöhe oder eine Aussetzung derselben durch die ABC Corp. wirkt sich dabei unmittelbar auf die Ertragslage der ABC-Split-Preferred-Anteile aus. Die Halter der ABC-Split-Capital-Anteile partizipieren während der gesamten Lebensdauer der ABC-Split-Corporation nicht an den Dividendenerträgen. Dafür stehen ihnen etwaige Kurssteigerungen bei Liquidierung der ABC-Split-Corporation zu. Zum Fälligkeitsstichtag nach fünf Jahren wird die ABC-Split-Corporation wie geplant aufgelöst und ihre Vermögenswerte, also der Bestand an Aktien der

ABC Corp., werden zum Tageskurs verkauft. Vom Verkaufserlös werden zunächst die Halter der ABC-Split-Preferred-Anteile befriedigt. Sie erhalten den Emissionskurs von 10 kanadischen Dollar zurückgezahlt, womit ihre Ansprüche komplett abgegolten sind. Sämtliche darüber hinausgehenden Erlöse stehen den Eignern der ABC-Split-Capital-Anteile zu.

Dies kann erheblich mehr sein als die ursprünglichen 15 kanadischen Dollar je Anteil, aber auch weniger, wenn der Kurs der ABC Corp. zum Liquidationszeitpunkt weniger als 25 kanadische Dollar beträgt. Liegt dieser gar bei 10 kanadischen Dollar, gehen sie sogar komplett leer aus, bei unter 10 kanadischen Dollar müssen sogar die Eigner von ABC-Split-Preferred-Anteilen Verluste hinnehmen. Ist hingegen der Kurs der ABC Corp. auf beispielsweise 40 kanadische Dollar gestiegen, machen die Halter von ABC-Split-Capital-Anteilen, bezogen auf den Emissionskurs von 15 kanadischen Dollar, einen Gewinn von 100 Prozent. Der Besitzer einer Aktie der ABC Corp. hätte im gleichen Zeitraum lediglich einen Gewinn von 60 Prozent verbuchen können.

Das Beispiel macht deutlich, dass die Split-Konstruktion eine doppelte Hebelwirkung erzielt. Aufseiten der »Preferred Shares« wird die Ausschüttung, aufseiten der »Capital Shares« der Kurs gehebelt. Ihrem Profil nach sind die »Preferred Shares« als einkommensoptimierte Wertpapiere mit erheblichem Sicherheitspuffer, dafür allerdings ohne Chancen auf Kursgewinne zu charakterisieren. Den Konterpart bilden die »Capital Shares«, welche gehebelte Gewinnchancen wie Verlustrisiken mit dem Verzicht auf laufende Auszahlungen kombinieren. Die genauen Emissionsbedingungen variieren je nach Split Corporation beziehungsweise Split Trust.

Hierin werden sowohl Laufzeit (in der Regel fünf bis sieben Jahre) als auch der Umgang beziehungsweise die Verteilung etwaiger Dividenden festgelegt. So sehen beispielsweise manche Split Corporations und Split Trusts eine Aufteilung derselben vor, das heißt, die Halter der »Capital Shares« erhalten zumindest einen kleineren, nachrangig zu zahlenden Anteil an den Dividendenausschüttungen, der bei Kürzungen derselben den Haltern der »Preferred Shares« zufließt. Andere wiederum sehen nur Teilausschüttungen an die Anleger vor, während der jeweilige Rest der Split Corporation beziehungsweise dem Split Trust selbst zugutekommt.

Für Einkommens-Investoren stellen die »Preferred Shares« einer solchen Split-Konstruktion eine interessante Portfolioergänzung dar. Hierbei sind Split Trusts aufgrund ihrer breiteren Streuung und damit höheren Sicherheit gegenüber Split Corporations vorzuziehen. Unabdingbar ist allerdings ein genaues Studium des Emissionsprospekts. In steuerlicher Hinsicht gelten für diese spezielle Wertpapiergattung dieselben Ausführungen wie für kanadische Preferred Shares beziehungsweise Income Trusts. Insgesamt sind knapp drei Dutzend Split Corporations und Split Trusts an der TSX notiert.

Beispiel

Der Top 10 Split Trust (TSE: TXT.PR.A für den »Preferred Share« beziehungsweise TXT.UN für den »Capital Share«) besteht in dieser Form seit 2005. Er hält ein Portfolio bestehend aus den Aktien der sechs größten kanadischen Banken sowie vier größten kanadischen Versicherungen, wobei jede Position minimal 5 und maximal 15 Prozent des Portfolios ausmachen darf. Während die »Preferred Shares« gemessen am NAV des Portfolios sowohl ihren Wert als auch die Ausschüttungen permanent konstant halten konnten, ist derjenige der »Capital Shares« im Zuge der Finanzkrise massiv eingebrochen, im Jahr 2009 phasenweise sogar auf null.

13.4 American Depositary Receipts

Heutzutage ist es problemlos möglich, alle an bedeutenden internationalen Börsenplätzen notierten Wertpapiere jederzeit zu handeln.

Hierzu reicht in der Regel ein Standarddepot bei einem Broker oder einer Bank. Bei wenig gängigen Papieren, die noch dazu an kleinen Börsen gehandelt werden, sieht das schon anders aus. Oftmals sind Kauf und Verkauf selbst über spezialisierte Broker nicht oder nur zu sehr hohen Gebühren möglich. Teilweise ist aber auch die Heimatbörse eines potenziell interessanten Unternehmens nicht in der Lage, einen liquiden Handel zu gewährleisten. Einen Ausweg für derartige Unternehmen stellen spezielle Hinterlegungsscheine, sogenannte American Depositary Receipts (ADRs), dar.

Ein ADR ist ein an einer US-amerikanischen Börse notiertes Wertpapier, welches eine bestimmte Anzahl Aktien einer ausländischen Gesellschaft repräsentiert. Sie werden wie gewöhnliche Aktien gehandelt und von einer Bank oder einem Broker emittiert, die selbst über ein entsprechendes Paket an Originalaktien verfügen. Bank und Broker synthetisieren also gewissermaßen über den ADR das Originalpapier und machen es so an einer US-amerikanischen Börse handelbar. Im Gegenzug muss sich jedoch die ausländische Gesellschaft verpflichten, den Emittenten des ADR mit allen notwendigen Unternehmensinformationen zu versorgen, damit dieser den gültigen Publizitäts- und Transparenzpflichten nachkommen kann.

Das Verhältnis von ADR zu Originalaktie bestimmt der Emittent, der hierüber sicherstellen kann, dass der (Emissions-)Kurs in US-Dollar rein nominell nicht zu hoch oder zu niedrig ausfällt. Erstmals eingeführt wurde dieses Instrument bereits im Jahr 1927, mitten im Aktienboom vor dem 1929er-Crash und der nachfolgenden Weltwirtschaftskrise. Aktuell nutzen über 2000 ausländische Unternehmen die Möglichkeit einer Börsennotiz in den USA via ADR. Insgesamt gibt es drei verschiedene ADR-Typen, sogenannte Levels:

- Level 1: Diese Basisvariante bietet ausländischen Unternehmen einen unbürokratischen und preiswerten Zugang zum sogenannten Over-the-Counter-Markt (OTC-Markt) in den USA. Der OTC-Markt umfasst ausschließlich außerbörsliche Käufe und Verkäufe, hier werden ADRs ganz überwiegend zwischen professionellen beziehungsweise institutionellen Akteuren gehandelt.

- Level 2: Für eine Erstnotiz an einer US-amerikanischen Börse ist mindestens diese Stufe erforderlich. Hierzu muss das Unternehmen entsprechende Auflagen der US-Börsenaufsichtsbehörde SEC erfüllen. Dies umfasst unter anderem bestimmte Berichts- und Offenlegungsnormen sowie die regelmäßige Vorlage von Abschlüssen nach den US-amerikanischen Rechnungslegungsgrundsätzen (Generally Accepted Accounting Principles, GAAP).
- Level 3: Diese Variante stellt im Bereich der ADR die höchsten Anforderungen an das ausländische Unternehmen und weitergehende Publikationspflichten, als dies für die vorhergehende Stufe erforderlich ist. Dafür ist es dem Unternehmen auch gestattet, Kapital durch die Emission neuer Aktien im Heimatland aufzunehmen und diese via ADR an einer US-amerikanischen Börse in Verkehr zu bringen.

Aufgrund dieser vergleichsweise niedrigen administrativen Hürden lohnt sich für viele ausländische Unternehmen der Gang an den größten und bedeutendsten Börsenplatz der Welt via ADR. Dies ermöglicht zum einen privaten wie institutionellen Investoren kostengünstige und effiziente Beteiligungsmöglichkeiten an ansonsten de facto unzugänglichen Unternehmen. Vor allem stehen damit US-amerikanischen Großinvestoren wie beispielsweise (Pensions-)Fonds oder Versicherungsgesellschaften, die hinsichtlich des Erwerbs ausländischer Wertpapiere zahlreichen Restriktionen unterliegen, ADRs zu Investitionszwecken offen, da diese den heimischen Aktien rechtlich gleichgestellt sind. Zum anderen erschließen sich die ausländischen Unternehmen auf diesem Weg zusätzliche Finanzierungsmöglichkeiten und internationale Präsenz, ohne gleich eine kostspielige und regulierungsaufwendige Zulassung vornehmen zu müssen.

Ausgangspunkt einer ADR-Notierung ist der Vertrag einer ausländischen AG mit einer US-amerikanischen Depotbank, das sogenannte »Depositary Agreement«. Darin verpflichtet sich die Depotbank, ein bestimmtes Aktienkontingent an dem Unternehmen, in aller Regel über eine Zweigstelle der Bank im Land des Firmenhauptsitzes, zu erwerben und darauf basierend Hinterlegungsscheine oder Aktienzertifikate in ihrem Heimatland auszugeben.

Hierzu wird der Preis der Originalaktie zu einem Stichtag in US-Dollar umgerechnet und in eine geeignete Relation zum ADR gesetzt.[67] Einmal emittiert, bildet sich der Preis eines ADR ebenso wie für jede andere Aktie auch allein aus Angebot und Nachfrage. Abweichungen zum Kurs der Originalaktie an deren Heimatbörse sind also durchaus möglich, halten sich jedoch normalerweise im Rahmen. Ferner obliegt es der Depotbank, die Stimmausübung der ADR-Eigentümer, die Weiterleitung von Dividenden sowie Unternehmensinformationen zu übernehmen. Die Kosten hierfür trägt dabei in der Regel das ausländische Unternehmen.[68]

Im Gegensatz zu den in Deutschland vor allem an der Börse Stuttgart im Segment Euwax gehandelten Zertifikaten, die immer ausfallgefährdete Bankschuldverschreibungen repräsentieren, ist ein ADR eigentumsrechtlich immer mit der Originalaktie verknüpft, welche die Depotbank als Sondervermögen treuhänderisch verwahrt. Das heißt, der Inhaber eines ADRs kann deren Herausgabe oder Verkauf jederzeit gegen Rückgabe des Hinterlegungsscheins einfordern.

Viele ADRs sind für einkommensorientierte Investoren durchaus interessant. Entsprechende Unternehmen sind üblicherweise in Schwellen- oder Entwicklungsländern beheimatet. Diese weisen oftmals geringere Körperschaftsteuern, dafür jedoch ein höheres, mit der Dividendenrendite traditionell konkurrierendes Zinsniveau auf, weshalb dortige AGs oftmals relativ hohe Ausschüttungen vornehmen, die natürlich an die ADR-Inhaber weitergeleitet werden. Ein weiterer Grund hierfür ist die in weniger entwickelten Staaten nach wie vor virulente Prinzipal-Agent-Problematik (siehe Kapitel 3.1), welcher mit einer überzeugenden Dividendenhistorie nach wie vor noch am effizientesten entgegengewirkt werden kann.

Im Gegenzug müssen Investoren freilich spezielle Risiken in Kauf nehmen, die weniger mit der Struktur des ADR zusammenhängen, sondern schlicht mit der Originalaktie. So zeichnen sich Schwellen- und Entwicklungsländer, in denen die betroffenen Unternehmen ja beheimatet sind, in aller Regel durch eine geringere politische Stabilität, höhere Korruption und Rechtsunsicherheit sowie häufigere und heftigere Wirtschaftskrisen und Währungsturbulenzen aus als Staaten der Ersten Welt. Dies kann sich sowohl auf die Substanz und Wettbewerbsfähigkeit des Unternehmens nachteilig auswirken als auch auf die Heimatwährung, in der die Aktie notiert ist.

Hiervon betroffen sind im Fall der Fälle auch unmittelbar alle Inhaber entsprechender ADRs. Schlimmstenfalls können Unternehmen enteignet oder entschädigungslos verstaatlicht werden, was den Börsenwert komplett eliminieren würde. Diese Risiken schlagen sich freilich auch im Preis nieder, das heißt, in Risikoländern beheimatete Unternehmen werden regelmäßig niedriger bewertet als ihre Pendants in Industrienationen. Niedrigere Kurse wiederum bieten bei stabiler Einnahmeseite die Chance auf attraktive Dividenden.

Beispiel

Beim ADR der Companhia Paulista de Força e Luz (NYSE: CPL, ISIN: US20441A1025), kurz CPFL Energia, handelt es sich um den Hinterlegungsschein des drittgrößten brasilianischen Energiekonzerns und größten Privatunternehmen des Landes im Versorgungssektors. Die 1912 in São Paulo gegründete CPFL Energia betreibt insgesamt 41 Kraftwerke, davon 33 Wasser- und Wärmekraftwerke mit einer installierten Leistung von 1672 Megawatt.

14. AKTIEN

Zusammenfassung

Neben den in den vorangegangenen Kapiteln vorgestellten speziellen Assetklassen, bei welchen größtenteils eine anlegerfreundliche Ausschüttungspolitik allein aus regulatorischer Notwendigkeit heraus betrieben wird, gibt es natürlich rund um den Globus eine Vielzahl gewöhnlicher Aktien, die der Bezeichnung als Dividendenpapiere nicht nur gerecht werden, sondern auch der Prüfung gemäß dem Fünf-Punkte-Check standhalten.

Es sind zum großen Teil klassische »Witwen- und Waisenpapiere«, also Aktien mit einer hohen und konstanten Dividendenrendite, die vorwiegend von Investoren gekauft werden, denen ein regelmäßiges Einkommen wichtiger ist als Kursgewinne. Für die Spitzenreiter hinsichtlich Dividendenhöhe und Ausschüttungskontinuität, die sprichwörtlichen »Dividendenaristokraten«, wurden sogar eigene, teilweise als ETF handelbare Indizes kreiert.

Entwicklung und Besonderheiten

Wie bereits in Kapitel 3 ausgeführt, war über Jahrhunderte einzig die Dividende der maßgebliche Anhaltspunkt für die Solidität einer

(Aktien-)Gesellschaft und die Seriosität ihres Managements. Sie diente gewissermaßen als Versicherungsprämie und Bindungsinstrument des Unternehmens mit entsprechender Signalwirkung für Bestands- und Neuinvestoren. Zudem spielte sie eine wichtige Rolle als eines der wenigen Mittel zur individuellen Altersvorsorge.

Hieran halten bis heute viele Unternehmen fest, auch wenn sie bezogen auf die Gesamtzahl von circa 44.000 weltweit handelbaren Aktien eine Minderheit bilden. Hier lohnt eine genaue Sondierung, finden sich darunter doch eine erkleckliche Anzahl attraktiver Hochdividendentitel. Mit Stand Ende 2013 hat der US-amerikanische Börseninformationsdienst StreetAuthority weltweit allein knapp 1000 Aktien mit Dividendenrenditen jenseits der 6 Prozent sowie weit über 300 weitere Titel mit Ausschüttungsrenditen von über 10 Prozent identifiziert.

Was für einzelne Aktien gilt, schlägt sich tendenziell auch auf ganze Kapitalmärkte nieder. Während in Deutschland, aber auch im restlichen Kontinentaleuropa Unternehmen mit relativ hohen, gar unterjährigen Ausschüttungen eher eine Ausnahme darstellen, sind solche im angelsächsischen sowie skandinavischen und asiatischen Raum weitaus häufiger präsent. Ebenso unterscheidet sich die Ausschüttungspolitik in den verschiedenen Wirtschaftssektoren oft allein aufgrund der jeweiligen Geschäftsmodelle. Branchen mit im Schnitt hohen, konstanten und regelmäßigen Dividenden stehen solchen mit gar keinen beziehungsweise niedrigen oder stark schwankenden Ausschüttungen gegenüber.

Im Gegensatz zu den zuvor thematisierten speziellen Anlageinstrumenten unterliegen reguläre AGs keiner Sondergesetzgebung, das heißt, für sie gelten die allgemeinen unternehmens- und kapitalmarktbezogenen Regularien desjenigen Landes, in dem sie ihren Firmensitz haben beziehungsweise an einer Börse gelistet sind. Die entsprechenden Gesetze und Verordnungen variieren freilich zum Teil erheblich. Angesichts dieser kaum überschaubaren Fülle sollte der Investor sich insbesondere auf die Rechtssicherheit konzentrieren und Börsenplätze, Branchen und Unternehmen meiden, bei welchen diese Rechtssicherheit in der Vergangenheit nicht hinreichend gewährleistet wurde.

Dies trifft nicht nur auf diverse Staaten der Zweiten und Dritten Welt mit Hang zu regierungsamtlicher Willkür zu, sondern muss durchaus auch bei Investitionen in den zumindest theoretisch der Rechtsstaatlichkeit verpflichteten Ländern der Ersten Welt beachtet werden. So hatte beispielsweise die »Energiewende« erhebliche Auswirkungen auf den Cashflow deutscher Energieversorgungsunternehmen und die Änderung des steuerrechtlichen Statuts machte vielen Income Trusts in Kanada den Garaus.

Umgekehrt gibt es natürlich auch Rechtsvorschriften, welche eine investorenfreundliche Ausschüttungspolitik begünstigen. Hier ist als positives Beispiel das in Anlegerkreisen eher ein Schattendasein fristende Land Chile hervorzuheben, welches bestenfalls den Rohstoffinvestoren aufgrund bedeutender Bergbauunternehmen ein Begriff ist. Das kleine, politisch stabile und ökonomisch prosperierende Land pflegt indes nicht nur ein hohes Maß fiskalischer Disziplin, sondern verpflichtet auch ansässige AGs, mindestens 30 Prozent ihres (Netto-)Gewinns an ihre Anteilseigner auszuschütten.

Dieser Umstand dürfte dadurch begünstigt worden sein, dass in Chile bereits vor Jahrzehnten ein (verpflichtendes) kapitalgedecktes Altersvorsorgesystem etabliert wurde, welches durch private Pensionsfonds und Rentenversicherer dominiert wird. Entsprechend dividendenfreudig verhalten sich auch die chilenischen Unternehmen. Wer hiervon profitieren möchte, muss übrigens nicht den ebenso teuren wie schwierigen Weg über die chilenische Börse in Santiago beschreiten. Wesentlich preisgünstiger kann via ADR in einzelne Titel beziehungsweise per CEF (siehe Kapitel 16.2) in breit gestreute Portfolios investiert werden.

Neben einigen Ländern und Märkten gibt es natürlich auch bestimmte Branchen, die schon fast traditionell für relativ hohe

Ausschüttungsrenditen bekannt sind. Zu diesen klassischen Witwen- und Waisenpapieren gehören vor allem Versorgungs- und Entsorgungsbetriebe, sogenannte Utilities, Firmen aus dem Energiesektor sowie Infrastrukturunternehmen. Ihnen allen ist gemein, dass sie für das reibungslose Funktionieren moderner Gesellschaften unverzichtbare Anlagen und Dienstleistungen bereitstellen, die oftmals langfristig gut kalkulierbare Einnahmen generieren.

Oft handelt es sich um gerade aufgrund ihrer volkswirtschaftlichen Bedeutung mehr oder weniger streng regulierte Branchen und Unternehmen, die einerseits kaum Wachstums- und Kursfantasien zu wecken in der Lage sind, andererseits aufgrund des Geschäftsmodells und gesetzlicher Bestimmungen nur wenig Wettbewerb zu fürchten haben. Sie verfügen also oftmals über hohe Markteintrittsbarrieren und entsprechende Preisgestaltungspotenz. Zu dieser Gruppe können schließlich auch jene Unternehmen gezählt werden, die über starke Markennamen, Vertriebskanäle oder andere Alleinstellungsmerkmals hohe Margen am Markt durchzusetzen in der Lage sind.

Wettbewerb belebt das Geschäft – diese alte kommerzielle Weisheit gilt auch für das unternehmerische Werben um Aktionäre mit Dividendenzahlungen. So sind reguläre Aktien mit hohen Ausschüttungen vor allem an jenen Börsenplätzen zu finden, an denen auch die zuvor thematisierten speziellen Anlageinstrumente notieren. Vor allem an der kanadischen (TSE) und australischen Börse (ASX) finden sich überproportional viele unterjährig ausschüttende Dividendenwerte, die ihre Ausschüttungen aus dem regelmäßigen Cashflow bedienen. Für Einkommens-Investoren besonders interessant sind die weit über 100 an der TSX gelisteten Unternehmen, die sogar ein monatliches Dividendenregime pflegen. Gerade in Kanada hat sich nach dem faktischen Ende der Income-Trust-Ära mit den High Yield Corporations vor allem ab 2010 ein eigenes Segment herausgebildet, welches sich zum großen Teil aus ehemaligen Income Trusts mit nach wie vor lukrativer Ausschüttungspolitik speist.

In absoluten Zahlen zwar weitaus mehr, relativ betrachtet allerdings weit weniger Hochdividendenpapiere werden an der US-amerikanischen Leitbörse (NYSE) gehandelt. Hier finden sich auch zahlreiche ausschüttungsstarke Unternehmen, die in der Karibik sowie der Zweiten und Dritten Welt beheimatet sind. In Asien werden insbesondere an den Börsen von Singapur (SGX) und Hongkong (HKE) einige interessante Dividendenwerte gehandelt. Und selbst in Europa existiert mit der eher kleinen norwegischen Börse (OSE) ein Handelsplatz, an dem überdurchschnittlich viele attraktive Dividendentitel notiert sind. Darüber hinaus operiert freilich in zahlreichen Ländern eine Vielzahl von Unternehmen mit hohen regelmäßigen Ausschüttungen und solider Geschäftsbasis, selbst in Nationen, die zum Kreis maroder Pleitestaaten gehören – gerade dort sind zahlreiche (Qualitäts-)Aktien oftmals stark unterbewertet und bieten attraktive Renditechancen.

Der seit dem nahezu weltweiten Absinken des Zinsniveaus ungebrochene Nachfragetrend nach soliden Dividendentiteln hat zudem die Konstruktion zahlreicher spezieller Indizes durch professionelle Finanzmarktakteure befördert, welche ausschüttungsorientierte Strategien abbilden. Für die meisten dieser Indizes existieren preiswerte Fondslösungen beziehungsweise ETFs, welche den jeweiligen Index nachbilden (siehe Kapitel 16.3).

Interessant sind die Indizes jedoch auch als ergiebige Informationsquelle, welche die Vorselektion nach dem Fünf-Punkte-Check vereinfacht. So enthält beispielsweise der S&P 500 Dividend Aristocrats diejenigen Unternehmen aus dem S&P 500, die seit mindestens 25 Jahren eine kontinuierlich steigende Dividende ausgeschüttet haben; aktuell sind das 51 Firmen. Sein kanadisches Pendant ist der S&P/TSX Canadian Aristocrats. Er umfasst derzeit 65 kanadische Gesellschaften mit einer Marktkapitalisierung von mindestens 300 Millionen kanadischen Dollar, die seit mindestens fünf Jahren eine kontinuierlich steigende Dividende ausschütten, wobei eine gleichbleibende Dividende über einen Zeitraum von maximal zwei Jahren ebenfalls zulässig ist.

Die kanadische Definition von Dividenden-Aristokraten ist hier also ein wenig nachgiebiger als die US-amerikanische Variante. Bei beiden Indizes lohnt bisweilen auch der Blick auf ehemalige Indexmitglieder, die oftmals über ein interessantes Chance-Risiko-Profil verfügen, aufgrund der rigide gehandhabten Vorgaben für den Verbleib beziehungsweise die Wiederaufnahme im Index nicht mehr in diesem vertreten sind.

Kosten und Besteuerung

Ein wesentlicher Nachteil gegenüber den vorgestellten speziellen Assetklassen ist bei gewöhnlichen AGs die Besteuerung auf Unternehmensebene. Diese mindert selbstverständlich die zur Ausschüttung verfügbaren liquiden Mittel. Zudem ist eine Anrechnung der Körperschaftsteuer auf die Einkommensteuer regelmäßig nicht möglich. Selbst in Deutschland wurde mit dem Übergang zum Halbeinkünfteverfahren das sogenannte Anrechnungsverfahren ab 2001 abgeschafft.[69] In der Regel werden die Erträge also zunächst auf Unternehmens- und dann noch einmal auf Investorenebene versteuert. Es spricht mithin für das Geschäftsmodell und seine Handhabung, wenn die Ertragskraft trotzdem ausreicht, um eine hohe Nettodividende aufseiten des Anlegers sicherzustellen.

Eng verbunden mit der Frage der Besteuerung ist auch die der Ausschüttungspolitik. Bei fast allen speziellen Anlageinstrumenten ist ja das Besteuerungsprivileg fest an eine Ausschüttungspflicht gekoppelt, also den Anspruch des Anlegers auf regelmäßige Zahlungen. Letztere ist daher bei regulären AGs mangels Steuerprivileg ebenfalls nicht gegeben, das heißt, der Anleger ist jedes Jahr erneut auf einen entsprechenden Ausschüttungsbeschluss der Hauptversammlung angewiesen. Allerdings entfallen im Gegenzug auch die Kosten für einen speziellen Rechtsrahmen beziehungsweise nach dem Gesetz notwendige juristische Konstruktionen, wie sie etwa bei einer BDC oder einem Trust üblich sind.

Chancen und Risiken

Eine immer wieder bei Hochdividendenwerten aufgeworfene Frage ist die der »nachhaltigen« Ausschüttungsrendite. Ein seit Jahren hierfür herangezogenes Negativbeispiel ist die Deutsche Telekom, welche als Zugeständnis an seine institutionellen Ankeraktionäre eine üppige Dividende auszuschütten pflegt. Diese konnte über viele Jahre jedoch nicht verdient, sondern musste jenseits des CAFD über verdiente Abschreibungen, die zwar den Gewinn, nicht jedoch die Liquidität reduzieren, oder gar neue Schulden finanziert werden. Grundsätzlich sollte jeder Einkommens-Investor allein aufgrund des Anlageziels, eine ewige Rente aufzubauen beziehungsweise davon leben zu können, auf die langfristige Tragbarkeit etwaiger Ausschüttungen achten. Das heißt, Dividenden sollten außer in begründeten Ausnahmefällen wie etwa bei bestimmten Royalty Trusts schwankungsbereinigt höchstens dem CAFD entsprechen und nicht durch die Aufnahme von Schulden oder den Rückgriff auf die Substanz oder Reserven der Gesellschaft gezahlt werden.

Eine wichtige Kennzahl in diesem Zusammenhang ist die bereits erörterte Payout Ratio, siehe auch Anmerkung 42, welche den Quotienten aus Auszahlung und Cashflow (teilweise auch Bilanzgewinn) in Prozent angibt. Schüttet beispielsweise ein Unternehmen die Hälfte des Cashflows als Dividende aus, beträgt die Payout Ratio 50 Prozent. Historische Payout Ratios geben in aller Regel einen recht zuverlässigen Hinweis auf die Ausschüttungspolitik des Unternehmens und deren Tragbarkeit. Es versteht sich von selbst, dass eine Payout Ratio jenseits von 100 Prozent langfristig nicht tragfähig ist und dem Grundkonzept einer ewigen Rente widerspricht.

Doch welche Dividendenrendite ist über einen langen Zeitraum überhaupt realistisch? Zwei auf Dividendenaktien spezialisierte deutsche Finanzprofis sind da ähnlicher Meinung. Alexandra Annecke, Fondsmanagerin bei der Union Investment, gibt sich bescheiden. Sehr hohe Dividendenrenditen sind ihrer Meinung nach fast ausschließlich die Folge stark gefallener Kurse. Sie selbst setzt daher nur auf Titel mit einer Dividendenrendite von maximal 6 Prozent.

Im Gegenzug verweist sie auf einen entscheidenden Vorzug solcher Dividendenaktien: »In der Regel sind Unternehmen mit hohen Dividenden reifere Unternehmen, deren Pleiterisiko ist meist geringer.« In das gleiche Horn bläst ihr Kollege Thomas Schüssler, Fondsmanager bei der zur Deutschen-Bank-Gruppe gehörenden größten deutschen Fondsgesellschaft DWS: »Eine Dividendenrendite von mehr als 6 Prozent ist ein Warnsignal und stellt die Nachhaltigkeit der Zahlung infrage.«

Sind also regelmäßige Ausschüttungsrenditen jenseits der 6 Prozent langfristig nicht zu verdienen und daher zwangsläufig substanzzehrend beziehungsweise die Folge abgestürzter Kurse, welchen die Erträge in Kürze zu folgen drohen? Das kann natürlich so sein, muss aber nicht. Die Eigenkapitalrentabilität zahlreicher Unternehmen, also deren Gewinn im Verhältnis zum Eigenkapital, lässt auch eine gänzlich andere Schlussfolgerung zu, nämlich dass den Aktionären bisweilen ein großer Teil der erwirtschafteten Mittel vorenthalten bleibt, die dann nur allzu oft für teure und verlustreiche Expansionen, Fusionen, Beteiligungen oder Umstrukturierungen verbrannt werden.[70]

Vor allem die zyklisch wiederkehrenden ökonomischen Schwächephasen legen immer wieder gnadenlos offen, dass Zukäufe erhebliche Risiken beinhalten, oftmals zu teuer getätigt wurden, die (Fix-)Kosten aufgebläht haben und vor gemutmaßten Synergien zudem hohe Aufwendungen für die Zusammenführung beider Organisationen nach sich gezogen haben. So kommt dann auch eine Studie der Boston Consulting Group aus dem Jahr 2016 nach einer Analyse von 19.000 Unternehmen zu dem Ergebnis, dass mehr als 50 Prozent aller Unternehmenskäufe letztendlich Wert vernichtet haben. Konkret bedeutet dies, dass die Mehrheit der Unternehmen vor der Übernahme höhere Gewinnsteigerungen erzielte, profitabler operierte und ihren Börsenwert stärker erhöhte als nach der Übernahme. Andere Studien ermitteln je nach Berechnungsmethode sogar Misserfolgsquoten von bis zu 70 Prozent. Diese Tendenz manifestiert sich insbesondere, wenn der Erwerb in Zeiten haussierender Börsen und niedriger Zinsen, also billigen Geldes und hoher Bewertungen, erfolgt (so beispielsweise vor den Jahren 2000 und 2008).

Dennoch konnten selbst nach der Finanzkrise börsennotierte Unternehmen mit Hauptsitz in Industrieländern regelmäßig Eigenkapitalrenditen jenseits der 10 Prozent erwirtschaften. Bei den führenden internationalen IT-Unternehmen Microsoft, Apple und Google beispielsweise lag die Eigenkapitalrendite im Jahr 2012 bei 21, 22 und gut 13 Prozent.[71] Dem standen deutsche Industrieunternehmen übrigens in nichts nach. Continental erzielte im selben Jahr eine Eigenkapitalrendite von 19 Prozent, der Mischkonzern Siemens gar knapp über 20 Prozent. Zwischen 10 und 20 Prozent lag diese auch bei vergleichbaren internationalen Wettbewerbern wie Magna, ABB oder General Electric.

Auch der Handel braucht diesbezüglich keinen Vergleich zu scheuen. So erzielten beispielsweise Puma und Adidas im entsprechenden Zeitraum Eigenkapitalrenditen zwischen 14 und 16 Prozent. Getoppt wurden sie jedoch alle von der SAP sowie der Volkswagen AG. Sowohl die Walldorfer Softwareschmiede als auch der Wolfsburger Automobilkonzern wiesen 2012 jeweils eine Eigenkapitalrendite jenseits der 30 Prozent aus.

Interessant sind in diesem Zusammenhang auch die Pressemitteilungen von Unternehmen. So strebt der Anlagenbauer und Hersteller von Industriegasen Linde als wichtigste Kenngröße eine Kapitalrendite von mittelfristig mindestens 13 Prozent an, wie der damalige Vorstandsvorsitzende Wolfgang Reitzle nur wenige Monate nach Ausbruch der Währungsturbulenzen innerhalb der Eurozone im Frühjahr 2010 bekannt gab. Die zwischen 1,8 und 2,0 Prozent schwankende Dividendenrendite bewegte sich seither allerdings im eher bescheidenen Rahmen. Harald Stock wiederum, Chef des nicht börsennotierten Pharmaunternehmens Grünenthal, peilt laut eigener Aussage im Rahmen eines Interviews mit der *Wirtschaftswoche* Gewinnmargen zwischen 10 und 20 Prozent an. Diese Höhe sei den Eigentümern – trotz hoher Forschungs- und Wettbewerbsintensität, Zulassungskosten sowie des bis heute nachwirkenden Contergan-Skandals – versprochen.

Die ebenfalls nicht börsennotierte Firma Vorwerk, Hersteller hochpreisiger Staubsauger, Küchengeräte, Teppiche und Kosmetika, hat mit seinem Direktvertriebsmodell stets eine zweistellige Gewinnmarge im Visier. Die Begründung für dieses Versprechen respektive diese Vorgabe ist in diesem Kontext ebenfalls unmittelbar einleuchtend: Die Anteilseigner, die im Laufe der Zeit zahlreicher gewordenen Nachfahren der Gründerfamilien, erzielen damit ein passives Einkommen, aus dem sie ihren Lebensunterhalt bestreiten. Weitaus bescheidener gibt sich demgegenüber Dieter Zetsche, seit dem 1. Januar 2006 Vorstandsvorsitzender der Daimler AG. In seiner Rede zur Hauptversammlung über das Geschäftsjahr 2011 legte er die Mindestrenditeziele des von ihm geführten Unternehmens wie folgt dar: »Unsere Kapitalrendite lag bei knapp 20 Prozent, also signifikant über unserem Verzinsungsanspruch von 8 Prozent.«

Jenseits der die öffentliche Aufmerksamkeit dominierenden Konzerne finden sich jedoch auch im Umfeld gänzlich unspektakulärer Alltagsunternehmen unvermutet ausschüttungsstarke Geschäftsmodelle. So verzeichnen die in jedem Landkreis und Stadtbezirk meist mehrfach präsenten Volks- und Raiffeisenbanken mit ihrer Konzentration auf das traditionelle Brot-und-Butter-Geschäft mit Zahl- und Sparkonten sowie Kreditverträgen in aller Regel Eigenkapitalrenditen weit jenseits der 10 Prozent. Und das trotz überwiegend hoher Eigenkapitaldecke und einer dem kaufmännischen Vorsichtsprinzip verpflichteten Geschäftspolitik.

Davon profitieren nicht zuletzt die Inhaber der jeweiligen Genossenschaftsanteile in besonderem Maße. So sind je nach Institut jährliche Ausschüttungsrenditen von 6 bis 7 Prozent nicht unüblich. Die durchschnittliche Dividendenrendite der aktuell circa 1100 Genossenschaftsbanken liegt seit über zehn Jahren trotz Börsencrash, Finanz-, Banken- und Staatsschuldenkrise durchgehend zwischen 5,4 und 5,6 Prozent. Allerdings ist der Anteilserwerb bei fast allen Instituten auf recht überschaubare Beteiligungssummen limitiert.[72]

Zuletzt hat selbst die formal immer noch dem Kommunismus als gesellschaftliches Endziel verpflichtete Regierung Chinas ihren unternehmerischen Beteiligungen Zielvorgaben in Richtung zweistelliger Kapitalrenditen verordnet. »Viele staatseigene Betriebe sind zu gigantischen Unternehmen herangewachsen, der Ölkonzern Sinopec (Umsatz 2011: 375 Milliarden Dollar) ist ein Beispiel. Meistens sind die Riesen in konkurrenzarmen Branchen aktiv, zu denen ausländische Wettbewerber kaum Zugang erhalten. Sie zahlen weniger Unternehmenssteuern als die Privatwirtschaft (10 statt 24 Prozent) und erhielten von 2007 bis 2009 staatliche Hilfen in Höhe von umgerechnet 22 Milliarden Euro – nach offiziellen Quellen. Die Regierung will auf diese Weise weltweit wettbewerbsfähige ›Nationale Champions‹ aufbauen. Dabei sind die Staatsbetriebe nicht sehr produktiv: Nach einer Untersuchung des Wirtschaftsforschungsinstituts Unirule liegt die Kapitalrendite der Staatsindustrie knapp unter 8,2 Prozent gegenüber 12,9 Prozent bei den Privatunternehmen.«

Zumindest für die USA gibt es für die letzten knapp 50 Jahre belastbare Zahlen bezüglich der Verzinsung auf das eingesetzte Kapital. So beträgt die historische Eigenkapitalrendite börsennotierter Unternehmen über alle Branchen, Unternehmensgrößen und Marktphasen hinweg im Durchschnitt erstaunlich stabile 12,5 Prozent. Sofern also die Börsenbewertung in etwa das Eigenkapital einer durchschnittlich wirtschaftenden AG reflektiert, stellt sich doch die Frage, warum sich (Klein-)Investoren mit niedrigen einstelligen Dividendenrenditen abspeisen lassen. Oder anders gefragt: Warum sollen unter dieser Prämisse Ausschüttungsrenditen jenseits der

6 Prozent ein »Warnsignal« darstellen und die »Nachhaltigkeit der Zahlung infrage« stellen? Großinvestoren, also Kollegen der hier warnenden Fondsmanager Annecke und Schüssler, sehen das auch offenbar ganz anders.

Schön zu beobachten war, dass zahlreiche Unternehmen, insbesondere während der letzten Finanzkrise, turnusmäßig oder außerordentlich refinanzieren mussten. So nutzte Warren Buffetts Investmentfirma Berkshire Hathaway die Gunst der Stunde für den Einstieg bei der von den Turbulenzen mäßig betroffenen US-amerikanischen (Investment-)Bank Goldman Sachs. Mit satten 10 Prozent auf den Kapitaleinsatz ließ sich die Beteiligungsholding seinerzeit den Einsatz verzinsen – pro Jahr natürlich. Gleiches gilt für zahlreiche Staats- und Investmentfonds, die vor allem jenseits der 10 Prozent per annum rentierende Vorzugsaktien und Wandelanleihen zahlreicher (Groß-)Unternehmen in Milliardenhöhe erwarben. Und selbst die zumindest in diesem Aspekt eher maßvoll agierende US-Regierung ließ sich die ihr abgerungenen Kapitalspritzen an »systemrelevante« Unternehmen mit 8 Prozent pro Jahr vergüten.

Nun könnte natürlich argumentiert werden, dass diese Renditen ein situationsbedingt entsprechend hohes Ausfallrisiko reflektierten. Wie die zuvor dargelegten Eigenkapitalrenditen beziehungsweise den Eignern versprochene Renditeziele belegen, war dies aber gerade nicht der Fall. Angesichts der Vielzahl staatlicherseits geschnürter Rettungspakete sowie der traditionell guten politischen Verdrahtung von Großinvestoren und ihrem damit einhergehenden Insiderwissen kann getrost davon ausgegangen werden, dass die Risiken ihrer Investitionen eher überschaubar waren.

Wenn aber die Forderungen der Großinvestoren nicht zu hoch gegriffen sind, warum sollten es dann die entsprechenden Wünsche der Kleinaktionäre sein? Was ihnen freilich fehlt, ist der Zugang zum politischen Apparat und die Möglichkeit der Einflussnahme auf die Entscheidungsgremien von AGs. Umso wichtiger ist es für sie, bei der Auswahl von Einzeltiteln auf die erwähnten Kennzahlen wie Dividendenpolitik und -historie, Payout Ratio sowie das Verhältnis von Eigenkapital und Börsenkapitalisierung beziehungsweise das Kurs-Buchwert-Verhältnis zu achten – und natürlich auf die Ertragsperspektiven, die Marktpositionierung sowie die (Bilanz-) Qualität des Unternehmens selbst.

Fazit

Dividenden sind und bleiben ein greifbarer Beweis für die Profitabilität und Eigentümerorientierung von Unternehmen. Dies gilt gerade in einem international ausgerichteten Investitionsspektrum, in welchem höchst unterschiedliche Bilanzierungs- und Publikationsstandards praktiziert sowie uneinheitliche Informations- und Kommunikationsstile gepflegt werden. Als Kennzahlenreihe, die alle relevanten Informationen über die Unternehmenstätigkeit verdichtet, sind regelmäßige Dividendenzahlungen für Privatanleger daher das effizienteste Mittel, ihre Interessen gewahrt zu wissen und zu ihrer Selbstdisziplin beizutragen.

Die Einzeltitelauswahl ist dabei ein Vorgehen, das sich vor allem für sachkundige Einkommens-Investoren eignet, die den damit einhergehenden Rechercheaufwand und notwendige Bilanzanalysen nicht scheuen. Bequemere Naturen, die es hinsichtlich Titelstreuung und Informationsbeschaffung einfacher haben wollen, können mittlerweile auf eine Vielzahl börsennotierter Sammelanlagen zurückgreifen (siehe Kapitel 16).

Den Emittenten und Verwaltern von KAGs mit klarem Fokus auf regelmäßige Ausschüttungen ist es wiederum durch ihre oftmals nicht unbedeutenden Beteiligungen in der Regel möglich, die von ihnen gehaltenen Unternehmen auf eine entsprechende Dividendenpolitik zu verpflichten.

Beispiele

- Die Greek Organisation of Football Prognostics SA (FSE: GRS 419003009), kurz OPAP, ist ein bereits 1958 gegründeter griechischer Anbieter von Lotterien und Sportwetten. Ein gesetzliches Monopol sichert stabile Einnahmen, die einstige Staatsbeteiligung von 30 Prozent sorgte für kontinuierliche, meist halbjährliche Ausschüttungen. Letztere musste allerdings im Zuge der Staatsschuldenkrise veräußert werden, zudem wird das Monopol von der EU infrage gestellt. Beides hat sich im Kurs wie auch der Dividende niedergeschlagen, dennoch hat das Unternehmen zuletzt an die positive Dividendenhistorie der Vergangenheit angeknüpft.
- Marine Harvest (OSE: NO0003054108) ist das in Norwegen beheimatete größte Zuchtlachsunternehmen der Welt. Bedeutendster Großaktionär ist der ehemals norwegische, jetzt zypriotische Milliardär John Fredriksen. Das Unternehmen schüttet 75 Prozent des freien Cashflows quartalsweise an die Aktionäre aus, sofern die Verschuldung des Unternehmens weniger als die Hälfte des Eigenkapitals ausmacht.
- Die britische MAN Group PLC (LSE: GB00B83VD954) ist selbst ein Anbieter alternativer Investments. Das Unternehmen betreibt mehrere Hedgefonds und verwaltet über 50 Milliarden US-Dollar. Kunden sind wohlhabende Privatpersonen sowie institutionelle Investoren.
- Amadeus Fire (FSE: DE0005093108) ist ein in Deutschland tätiges Personalvermittlungs- und Zeitarbeitsunternehmen, das sich auf kaufmännische und IT-Fachkräfte spezialisiert hat. Bedingt durch die Gesetzgebung zahlt das Unternehmen eine jährliche Dividende, diese fiel in der Vergangenheit stets relativ hoch aus.

15. ANLEIHEN

Zusammenfassung

Was im hiesigen Zusammenhang für den Aktienmarkt zutrifft, gilt auch für den eine wesentlich höhere Marktkapitalisierung aufweisenden und daher gerne als dessen »großer Bruder« bezeichneten Anleihemarkt.[73] Mit den Preferred Shares und Convertibles wurden bereits zwei hybride Wertpapiere vorgestellt, die zumindest teilweise anleiheähnliche Merkmale aufweisen, vor allem eine regelmäßige, nominal fixierte periodische (Zins-)Zahlung.

Letztere ist geradezu das Hauptmerkmal einer Anleihe beziehungsweise eines festverzinslichen Wertpapiers, wozu beispielsweise auch Schuldverschreibungen, Pfandbriefe, Geldmarkt- und Rentenpapiere sowie Obligationen gehören, denen jedoch allen exakt dasselbe Rechtsgeschäft zugrunde liegt. Der Einfachheit halber wird im Folgenden (wie bisher auch) der Kapitelname als Sammelbegriff verwendet.

Im Gegensatz zu allen bisher vorgestellten Instrumenten, die letztlich immer eine liquide Form unternehmerischer Beteiligung, also greifbares Sach- oder Produktivvermögen, repräsentieren, verkörpern Anleihen ausschließlich schuldrechtliches Geldvermögen. Schuldrechtlich deswegen, weil der Erwerber einer Anleihe Anspruch auf vorab festgelegte Zinszahlungen sowie auf Tilgung zum Nominalwert bei Fälligkeit hat, welcher in der Regel dem Emissionswert entspricht.[74] Während Aktien oder aktienähnliche Papiere also immer einen Anteil am Eigenkapital verbriefen, ist der Käufer einer Anleihe am Fremdkapital des Emittenten beteiligt, das heißt, er gewährt diesem ein Darlehen in einer bestimmten Währung.

Dafür muss der Eigentümer einer Anleihe auch vorrangig bedient werden. Ist dies dem Emittenten nicht möglich, kann er also seinen Zahlungsverpflichtungen nicht nachkommen, ist er insolvent. Dies grenzt Zinszahlungen auch klar von den letztendlich stets optionalen beziehungsweise in der Höhe variierenden Dividendenzahlungen ab, die immer erst aus dem um die Zinszahlungen bereinigten Unternehmensgewinn beziehungsweise Cashflow gezahlt werden können.[75]

Ein weiterer Unterschied zwischen beiden Ausschüttungsgrößen ist, dass die Zinshöhe unausweichlich an das Ausfallrisiko beziehungsweise die Bonität des Schuldners gekoppelt ist, wohingegen dieser Zusammenhang für Dividenden nicht gilt. Bei Dividenden gilt bisweilen das glatte Gegenteil, weisen hohe Ausschüttungen doch oftmals auf ein etabliertes Geschäftsmodell mit stabilen Zahlungsströmen hin, die eine langfristig konstante Dividende überhaupt erst ermöglichen.

Entwicklung und Besonderheiten

So einfach das Grundmodell einer auf simplen Zahlungsströmen basierenden Anleihebegebung auch ist, je nach Ausgestaltung der Emission können die Modalitäten recht komplexe Ausmaße annehmen. Diese Bedingungen finden sich im jeweiligen Emissionsprospekt, der in aller Regel auf der Homepage des Emittenten oder der des Börsenhandelsplatzes eingesehen werden kann. Grundsätzlich gilt: Jeder Anleger sollte nur das kaufen, was er auch wirklich versteht. Allzu komplex konstruierte Papiere sollten daher grundsätzlich nicht in Betracht gezogen werden. Komplizierte, intransparente (Zahlungs-)Bedingungen dürften in aller Regel ohnehin zugunsten des Emittenten ausfallen. Generell lassen sich Anleihen anhand der folgenden Parameter kategorisieren: Bonität, Laufzeit, Emittent, Rang, Besicherung und Zins.

Untrennbar mit einer Anleihe verbunden ist die Bonität des Emittenten, also seine Fähigkeit, den laufenden Kapitaldienst in Form von Zins und Tilgung zu leisten. Auskunft über die Bonität geben die bereits thematisierten Ratings, die von Agenturen in Form von Codes, Triple-A für höchste Bonität bis C beziehungsweise D für Zahlungsausfall, vergeben werden.[76] Höhere Bonitätsstufen gehen mit niedrigeren Zinsen einher und umgekehrt. Allerdings existieren auch Anleihen ohne Rating, was nicht zwangsläufig die Kreditwürdigkeit des Emittenten infrage stellen muss. Auch ist die Aussagekraft von Ratings spätestens seit der Finanzkrise ramponiert. Geratete Anleihen werden in zwei Gruppen unterteilt. Solche mit einem Rating von AAA bis BBB gehören zur Kategorie »Investment Grade«, diejenigen mit einem Rating von BB oder darunter zur Kategorie »Subinvestment Grade« oder »Speculative Grade«. Sie werden auch als Junk-Bonds, wörtlich Schrottanleihen, beziehungsweise High-Yield-Anleihen bezeichnet.[77]

Investoren unterscheiden bei Anleiheinvestments zudem grundsätzlich zwischen Kurzläufern oder »Short-Term Bonds« mit wenigen Jahren (Rest-)Laufzeit und den darüber hinausgehenden Langläufern oder »Long-Term Bonds«. Insgesamt variieren die Laufzeiten börsennotierter Anleihen von wenigen Monaten bis hin zu mehreren Jahrzehnten. Typischerweise beträgt die längste Laufzeit 30 Jahre, so zum Beispiel auch bei Emissionen der Bundesrepublik Deutschland. Allerdings haben jüngst einige Schuldner die Gunst der niedrigen Zinsen genutzt und Titel mit deutlich längeren Laufzeiten lanciert. So hat zum Beispiel die Republik Österreich eine Anleihe mit 50-jähriger, Mexiko, China und einige US-amerikanische Konzerne haben gar solche mit 100-jähriger Laufzeit emittiert. Bereits seit über 250 Jahren existieren zudem Anleihen ohne

Fälligkeit, sogenannte Konsols. Diese theoretisch ewig laufenden Papiere sind allerdings mit einem periodischen Kündigungsrecht durch den Emittenten versehen.[78] Grundsätzlich gilt: Je länger die Laufzeit, desto höher das Ausfall- und Zinsänderungsrisiko.

Beim Emittenten ist grundsätzlich zwischen öffentlich-rechtlichen Körperschaften einerseits und privaten Organisationen andererseits zu unterscheiden. Erstere (Government Bonds) werden von supranationalen Organisationen, Staaten, Provinzen, Städten, Gemeinden oder sonstigen (quasi-)staatlichen Einrichtungen begeben. Letztere (Corporate Bonds) werden von Unternehmen emittiert. In der Regel rentieren Staatsanleihen niedriger als Unternehmensanleihen, da ihre Emittenten einerseits auf das Besteuerungsmonopol und andererseits auf die traditionell enge Verquickung mit den entsprechenden Notenbanken zurückgreifen können. Allerdings hat die jüngste Finanz- respektive Staatsschuldenkrise auch gezeigt, dass solide finanzierte, international aufgestellte Unternehmen durchaus über ein besseres Rating verfügen können als ihr abgewirtschafteter Heimatstaat. Ferner haben sich selbst im Segment der Corporate Bonds die damit einhergehenden monetären Zentralbankexzesse bemerkbar gemacht. So gelang es im September 2016 mit der Henkel AG sowie Sanofi-Aventis SA erstmals zwei Unternehmen ohne direkte Staatsbeteiligung beziehungsweise staatliche Bürgschaft, Anleihen mit negativer Rendite zu platzieren.

Immobilieneigentümer, die zum Erwerb der eigenen vier Wände Fremdkapital eingesetzt haben, werden den schmerzhaften Unterschied zwischen erstrangigen und nachrangigen Darlehen kennen. Erstere sind zum Teil wesentlich günstiger als Letztere. Nicht anders verhält es sich auch bei Anleihen. Der Grund: Erstrangige Schulden (»Senior Debt« oder »Senior Loan«) haben Priorität bei der Bedienung im Fall der Liquidation oder Insolvenz des Emittenten. Umgekehrt werden nachrangige Schulden (»Junior Debt« oder »Subordinated Loan«) erst nach Befriedigung aller vorrangigen Schuldverhältnisse bedient, das heißt, die entsprechenden Gläubiger gehen in aller Regel leer aus.[79] Dies spiegelt sich analog zu Immobiliendarlehen im Zinssatz wider. Nachrangige Anleihen rentieren immer höher als erstrangige Anleihen desselben Emittenten.

Ebenfalls Auswirkungen auf die Zinshöhe beziehungsweise die Darlehensvergabe an sich hat die Stellung von Sicherheiten. Im Bereich der Anleihen betrifft dies ausschließlich Emissionen privater Organisationen, da hinter staatlichen Institutionen als Sicherheit das territoriale Gewaltmonopol als Garant für Zins- und Tilgungszahlungen via Steuererhebung steht. Die weit überwiegende Zahl der notierten Anleihen des Privatsektors ist nicht besichert, im Bereich der besicherten Anleihen (»Secured Loan«, »Leveraged Loan«, »Secured Debt« oder »Secured Bond«) nutzen manche Emittenten das Instrument freiwillig oder aufgrund regulatorischer Vorgaben. Letzteres ist beispielsweise bei Pfandbriefen oder forderungsbesicherten Wertpapieren der Fall.

Eine freiwillige Deckung erfolgt in der Regel entweder, um potenziellen Gläubigern mangels Rating oder Bonitätsfeststellung, was wie erwähnt nicht zwingend etwas über die Schuldnerqualitäten eines Unternehmens aussagt, eine Absicherung ihres Investments zu bieten, oder aber, um die Emission mit einem niedrigeren Zinskupon versehen zu können. Im zweiten Fall reduziert die Stellung einer Sicherheit die Risikokomponente des Zinssatzes. Und das wiederum senkt die Finanzierungskosten. Aus diesem Grund ist beispielsweise auch eine Hypothek für den Schuldner günstiger als ein Dispositionskredit.

Zu guter Letzt charakterisieren die Art, Höhe und das Zahlungsintervall der Zinsen eine jede Anleihe. Die weitaus meisten Papiere notieren als Festzinsanleihe mit jährlicher Auszahlung. Der im Kupon ausgewiesene Zins bezieht sich dabei immer auf den Emissionskurs der Anleihe. Änderungen des Zinsniveaus während der Laufzeit wirken sich daher immer auch auf den Kurs einer Festzinsanleihe aus. Es gilt: Steigende Zinsen führen zu sinkenden Anleihekursen und umgekehrt.[80]

Unabhängig davon werden Anleihen jedoch immer zum Nenn- oder Nominalwert (in der Regel der Emissionswert) am Ende der Laufzeit getilgt. Das heißt, ein Kursrisiko besteht nur während der Laufzeit – sofern der Emittent mit Ablauf derselben zahlungsfähig ist. Neben Festzinsanleihen gibt es auch sogenannte Floater oder Floating Rate Notes, deren Verzinsung variabel an einen Referenzzinssatz oder einen Index, oft zuzüglich eines fixen Aufschlages, gekoppelt ist. Bekannte Vertreter dieser Gattung sind beispielsweise inflationsindexierte Anleihen (»Inflation-linked Bond« oder »Linker«), deren Zinshöhe sich nach einem definierten Preisindex bemisst. Selbstverständlich existieren sowohl für Festzinsanleihen wie auch variabel verzinste Papiere zahlreiche Varianten.

Tatsächlich ist der Markt für börsengehandelte Anleihen um ein Vielfaches größer als der Aktienmarkt, was vor allem auch an den in der Regel parallel zur Staatsverschuldung steigenden Emissionen öffentlich-rechtlicher Institutionen liegt. Gemäß den Zahlen der World Federation of Exchanges (WFE), einer internationalen Interessenvereinigung der aktuell 60 weltweit bedeutendsten Börsen, standen Anfang 2014 den circa 44.000 notierten Aktien knapp 200.000 Anleihen gegenüber. Dafür allerdings werden diese wesentlich weniger häufig umgeschlagen. Während das gesamte Handelsvolumen mit Anleihen im ersten Halbjahr 2014 ungefähr 10 Billionen US-Dollar betrug, wurden im gleichen Zeitraum Aktien im Wert von etwa 28 Billionen US-Dollar gehandelt.

Auch hinsichtlich seiner volkswirtschaftlichen Bedeutung ist der Markt für Fremdkapital weitaus wichtiger als der für Eigenkapital. Hier wird im steten Zusammenspiel zwischen Angebot und Nachfrage letztendlich die herausragende ökonomische Schlüsselgröße schlechthin bestimmt: der Zins. Gehandelt werden Anleihen an allen größeren Börsen, teilweise in speziellen Segmenten, wie beispielsweise die Mittelstandsanleihen im Xetra Entry Standard Corporate Bond der Deutschen Börse in Frankfurt.

Kosten und Besteuerung

Im Gegensatz zu den Dividenden regulärer AGs unterliegen gezahlte Zinsen als Betriebsausgaben grundsätzlich nicht der Besteuerung auf Unternehmensebene. Wie bei Dividenden auch müssen die Anleger ausgezahlte Anleihezinsen in jedem Fall als Einkünfte auf Kapitalvermögen versteuern. Bei deutschen Investoren greift die Abgeltungsteuer, sofern der individuelle Sparerpauschbetrag ausgeschöpft wurde. Die gegebenenfalls einbehaltene Quellensteuer auf Zinszahlungen ausländischer Emittenten ist gemäß dem jeweiligen Doppelbesteuerungsabkommen anrechenbar.

Chancen und Risiken

Gerade die in Höhe und Zeit exakt kalkulierbaren Zinszahlungen prädestinieren Anleihen auf den ersten Blick geradezu als Investitionsobjekt für jeden Einkommens-Investor, zumal mit den sogenannten High-Yield-Anleihen sogar ein Marktsegment existiert, welches relativ hohe laufende Erträge verspricht. Warum also wurden bis hierher ausschließlich Aktien und aktienähnliche Wertpapiere besprochen?

Als verbriefte und damit handelbar gemachte Forderungen sind Anleihen bereits seit der Antike bekannt und letztlich so alt wie das Geld beziehungsweise Geld definierende monetäre Standards. Genau dies war und ist auch noch die entscheidende Achillesferse aller Geldwerte. Sie verbriefen immer und überall den Anspruch auf eben durch den Standard fixierte Geldeinheiten, deren Ausgestaltung bekanntlich seit jeher dem Bedarf und der Machbarkeit politischer Wunschvorstellungen untergeordnet wurde.

Kurz: Geldwerte sind im Gegensatz zu Sachwerten viel leichter manipulierbar. Dies gilt umso mehr für den heutzutage weltweit dominierenden Papiergeldstandard, der keinerlei materielle Deckung kennt. Entsprechend kurz sind auch die Verfallszeiten der dem

Primat der Politik unterliegenden Währungsordnungen, wie ein kurzer Blick in die Geldgeschichte der letzten Jahrhunderte belegt.

Seit dem Jahr 1500 lassen sich weltweit knapp 800 ökonomisch hinreichend relevante Währungen beziehungsweise gesetzliche Zahlungsmittelsysteme identifizieren. Lediglich 23 Prozent von ihnen existieren noch heute, 20 Prozent wurden irreparabel zerstört im Rahmen einer auf exzessiver Staatsverschuldung basierenden Hyperinflation. Das Ende der Papiermark in der Weimarer Republik – allein die im Jahr 1923 umlaufenden 524 Trillionen Mark Bargeld wurden fast ausschließlich gegen Schuldtitel des Staates ausgegeben – stellt welthistorisch betrachtet mitnichten einen Einzelfall dar. Der Rest der heute nicht mehr existenten Währungen ging infolge von Reformen, Umbenennungen, Konvertierungen oder kriegerischen Ereignissen unter. Hierbei gilt es zu beachten, dass eine monetäre Restrukturierung meist durch Schuldenschnitte das Maß der öffentlichen wie privaten Verbindlichkeiten und damit auch der Ansprüche von entsprechenden Anleihehaltern reduzierte.

Die durchschnittliche Lebensdauer einer Geldordnung beträgt übrigens für die hier betrachtete Datenbasis 17 Jahre. Die aktuell umlaufenden gut 170 Währungen sind zum Teil wahrhafte Langläufer, ihr mittleres Alter beträgt 37 Jahre. In sie fließen aber auch die wenigen relativ erfolgreichen Ausreißer ein, wie zum Beispiel das seit 1694 zirkulierende englische Pfund oder der seit 1792 umlaufende US-Dollar, deren Kaufkraftverluste sich allerdings seit Erstemission jeweils auf Werte jenseits der 90 Prozent summiert haben.

Insgesamt konterkariert diese nüchterne Statistik den hier thematisierten Grundgedanken eines ausdrücklich auf Langfristigkeit und Werterhalt angelegten Generationenportfolios, welches eine kaufkraftstabile, ewige Rente sichern soll. Für Einkommens-Investoren ergibt sich zudem bei der Anlage in Anleihen ein grundlegendes Dilemma: Aufgrund der in dieser Anlageklasse unausweichlichen Verbindung zwischen Zins und Risiko werfen relativ sichere Anleihen niedrige Erträge ab, Hochzinsanleihen wiederum sind relativ unsicher, die Wahrscheinlichkeit eines Totalausfalls ist zum Teil beträchtlich. Oder kurz: Niedriger Zins gleich sichere Tilgung, hoher Zins gleich unsichere Tilgung.

Zudem ist »sicher« angesichts der aktuellen Friktionen im Weltwährungsgefüge ein dehnbarer Begriff. Mittelfristig ist die Lage der drei großen Währungsblöcke US-Dollar, Euro und Yen als fragil zu betrachten, etwaige Verwerfungen würden sich unmittelbar auf jede in der entsprechenden Währung notierte Anleihe auswirken. Sachwerte hingegen können zwar in ihrer (Börsen-)Bewertung, die ja selbst wiederum in Geld erfolgt, zum Teil erheblich schwanken, verfallen jedoch nicht wertlos, sofern das jeweilige Unternehmen nicht in Konkurs geht oder enteignet wird. Anteile an Pipelines, Schiffen, Immobilien, Rohstoffquellen, Industrieanlagen, Unternehmen und Patenten gegen Schuldscheine in US-Dollar, Euro und Yen – was wird in 10, 25 oder 50 Jahren eher zum Vermögenserhalt beigetragen haben? In welche der beiden Kategorien sollte ein Langfristanleger investieren, der ein generationenübergreifendes Portfolio zusammenstellen möchte? Wie sähe die Entscheidung aus, wenn er jeden Geldbetrag nur ein einziges Mal anlegen dürfte, ihm also aktives Handeln verwehrt wäre?

Über das gesamte 20. Jahrhundert betrachtet lagen in allen Industrienationen die Anleiherenditen unterhalb der Aktienrenditen, vor allem (aber nicht nur) in den Nationen der Weltkriegsverlierer verzeichneten die Anleger über diesen Zeitraum real sogar Verluste mit festverzinslichen Anlagen. Zumindest in der Phase von 1940 bis 1979 gingen jedoch selbst die Siegernationen der westlichen Welt dazu über, ihre gigantischen Schuldenberge in Höhe von zum Teil dem Mehrfachen der jährlichen Wirtschaftsleistung mittels finanzieller Repression abzubauen.[81]

Mit von den USA, England und Frankreich begebenen Anleihen verloren Anleger in diesem Zeitraum nach Abzug der Inflation 1,8, 1,9 beziehungsweise 4,5 Prozent pro Jahr. Für den Zeitraum von 1945 bis 1980 kommt die US-amerikanische Wirtschaftswissenschaftlerin

Carmen M. Reinhart in einer zusammen mit ihrer Kollegin M. Belen Sbrancia verfassten Studie zu dem Ergebnis, dass der Realzins aller Industrieländer in der Hälfte der Jahre negativ war. Die durchschnittliche Rendite nach Abzug der Inflationsrate betrug minus 1,6 Prozent.

Insgesamt betrachtet sind die durchschnittlichen Anleiherenditen in den heutigen Industrienationen seit 1802 tatsächlich kontinuierlich gesunken, wenn auch langsam und unter Schwankungen.[82] Dieser Befund zu historischen Aktien- und Anleiherenditen gilt analog auch für die jüngere Vergangenheit in den weniger entwickelten Ländern, sofern diese nicht im Fokus eines ausgeprägten Hypes standen, selbst beziehungsweise gerade dann, wenn die volkswirtschaftlichen Rahmenbedingungen nicht gerade rosig waren.[83]

Allgemein betrachtet müssen die Käufer und Halter von relativ sicheren Anleihen den in aller Regel weniger schwankungsanfälligen Kurs der Papiere mit mehr Risikoarten bezahlen als Aktienanleger. Neben Ausfallrisiko, Währungsrisiko und Liquiditätsrisiko in engen Märkten, die auch bei Aktieninvestments stets präsent sind, gesellen sich bei Anleihen noch das Zinsänderungs- und Inflationsrisiko hinzu. Auch sie unterliegen einem Kursrisiko, sofern die entsprechende Anleihe nicht bis zum Ende der Laufzeit gehalten wird. Bei High-Yield-Anleihen unterscheidet sich Letzteres übrigens kaum von dem entsprechender Aktien. Gerade in Phasen ausgeprägter Unsicherheit und des damit einhergehenden »Liquiditätsabzugs« aus eher spekulativen Marktsegmenten entsprechen die Kursschwankungen hochverzinslicher Anleihen denen direkter unternehmerischer Beteiligungen.

Zuletzt war dies beispielsweise deutlich zu beobachten nach dem Zusammenbruch der Investmentbank Lehman Brothers; lediglich die Kurse erstklassig bewerteter Staatsanleihen notierten stabil beziehungsweise stiegen entsprechend der Nachfrage zahlreicher plötzlich nach Sicherheit strebender Anleger. Wenn also gerade in Zeiten fallender Kurse die stabilisierende Diversifikation eines (Aktien-)Portfolios durch High-Yield-Anleihen nicht möglich ist, besteht auch kein Grund dafür, Letztere zu erwerben. Im Gegenteil erkauft sich der Anleger hierdurch sogar, wie dargelegt, zusätzliche Risiken, ohne dafür angemessen entschädigt zu werden. Zumindest in den Industrienationen werden High-Yield-Anleihen zudem ausschließlich von Unternehmen emittiert. Daher können Anleger die Depotkomponente der Unternehmensbeteiligung zweckmäßigerweise gleich über Sachwerte beziehungsweise Eigenkapital, sprich Aktien – und nicht über Geldwerte beziehungsweise Fremdkapital, sprich Anleihen – abdecken.

Wer dennoch auf eine Beimischung hochverzinslicher Corporate Bonds nicht verzichten möchte, sollte daher auf sehr kurzlaufende Titel (»Short-Term High-Yield Bonds«) oder aber besicherte Anleihen zurückgreifen. Für Letztere werden Vermögenswerte des Unternehmens exklusiv für die Anleiheemission verpfändet. Das heißt, sie dienen im Fall einer Insolvenz ausschließlich der Bedienung der besicherten Anleihen und fallen nicht in die Konkursmasse. Aufgrund des hohen Risikos bei einer Einzelanlage sollte in diesem Segment ausschließlich auf börsennotierte Fondslösungen zurückgegriffen werden, die zum Teil mehrere Hundert Titel verwalten.

Nichtsdestotrotz können Anleihen im Rahmen bestimmter Anlagestrategien ihren Zweck für einen Einkommens-Investor erfüllen. Zum einen stellen kurzlaufende Staatsanleihen von Emittenten mit soliden Finanzkennzahlen aus stabilen Währungsräumen ein geeignetes vorübergehendes Aufbewahrungsinstrument für anfallende flüssige Mittel dar, sofern diese nicht unmittelbar in Aktien oder aktienähnliche Positionen reinvestiert werden. Die Anlage in solche relativ sicheren, äußerst schwankungsarmen Titel kann beispielsweise im Rahmen automatisierter Strategien (siehe Kapitel 17.3) erfolgen, um Ausschüttungen zwischenzuparken oder hohe Kursgewinne aus dem (Teil-)Verkauf anderer Papiere zu sichern und für eine Wiederanlage nach Kurskorrekturen bereitzuhalten.

Ferner ist ein reines Aktien- oder aktienähnliches Portfolio aufgrund der potenziell beträchtlichen Schwankungsbreite nicht unbedingt für jeden Anlegertyp geeignet. Das gilt insbesondere für risikoscheue Naturen. Die Schwankungsbreite kann selbst bei erstklassigen Aktien erheblich sein, systematische Risiken wie zum Beispiel 9/11 oder die Lehman-Pleite können die (Aktien-)Märkte global erfassen und in die Knie zwingen sowie – zumindest bisher in der modernen Börsengeschichte immer temporär – hohe Buchverluste bescheren.

Um die Volatilität zu verringern, bietet es sich entsprechend der individuellen Risikoneigung an, einen bestimmten Prozentsatz des Depotvolumens in Anleihen zu veranlagen und durch regelmäßige periodische Umschichtungen konstant zu halten. Eine Alternative hierzu ist die Anlage liquider Mittel auf einem verzinsten Tagesgeldkonto – Schuldner ist dann nicht der Anleiheemittent, sondern das Kreditinstitut –, was durch den Wegfall der Handelsgebühren die kostengünstigere Variante darstellt.

Dafür erlaubt diese Variante allerdings oft keine Streuung über Währungen sowie Schuldner und birgt zudem immer ein Bankenausfallrisiko. Ob und wann in einem etwaigen Pleitefall die installierten Sicherungssysteme greifen, darüber kann nur spekuliert werden.

Fazit

Reine Zinsanlagen erfreuen sich im Vergleich zu börsennotierten Unternehmensbeteiligungen gerade in Deutschland außerordentlicher Beliebtheit. Jeder Bundesbürger, dessen Konto nicht beständig ein Negativsaldo aufweist, ist zumindest immer auch Gläubiger einer Bank. Gleiches gilt natürlich auch für sämtliche Spar- und Termineinlagen sowie für Staats- und Unternehmensanleihen inklusive sämtlicher indirekten Formen des Anleihenerwerbs.

Diese umfassen nicht nur Rentenfonds, sondern auch das überwiegende Anlagevermögen von Lebens- und Rentenversicherungen, Pensions- und Unterstützungskassen sowie Riester- und Rürup-

Verträgen. Hingegen ist die Aktionärsquote in Deutschland, der Anteil von Aktionären an der Gesamtbevölkerung, erstaunlich niedrig und verharrt seit den 1960er-Jahren auf einem konstanten Niveau von um die 7 Prozent. Werden noch die indirekten Formen des Aktienerwerbs wie beispielsweise Fonds hinzugerechnet schwankt der Wert um die 13 Prozent. Eine sehr kurzlebige Ausnahme stellt die Phase unmittelbar vor dem Platzen der Dotcom-Blase um das Jahr 2000 dar.

Das kann angesichts der historisch regelmäßigen Währungskrisen und Staatsbankrotte nur erstaunen. Deutschland erfuhr allein im 20. Jahrhundert zwei Zäsuren, bei denen Eigentümer von Geldwerten nahezu vollständig enteignet wurden. Und das ist keineswegs Rekord. Frankreich ging zwischen 1500 und 1800 achtmal in Konkurs, Spanien – der europäische Rekordhalter – sogar über zehn Mal. Insgesamt befanden sich in den letzten 200 Jahren stets zwischen 10 und 50 Prozent der europäischen Staaten am Rande der Zahlungsunfähigkeit oder bereits einen Schritt weiter. So kommt dann auch der US-amerikanische Finanzautor (und Neurologe) William J. Bernstein zu folgender pragmatischen Beurteilung: »Bei langem Zeithorizont sind Anleihen riskanter als Aktien, da sie anfälliger für des Anlegers größte Plage sind: Inflation. Bei einem Zeithorizont von weniger als 20 Jahren tragen hingegen Aktien deutlich mehr Risiko als Anleihen.«

Zumindest auf Basis der Schwankungsbreiten US-amerikanischer Treasuries (zehnjährige Staatsanleihen) und Aktien (S&P 500) in den 215 Jahren zwischen 1800 und 2015 schrumpft diese Grenze unter Berücksichtigung der Inflation sogar auf zehn Jahre. Werden hierbei die jeweiligen Höchst- und Tiefstwerte über zehnjährige rollierende Anlageperioden zugrunde gelegt, konnte mit Aktien im Vergleich zu Anleihen eine höhere Rendite bei gleichzeitig geringerem Risiko erzielt werden. Das jedenfalls ist das Resultat einer im Frühjahr 2016 publizierten Langfristanalyse der internationalen Vermögensverwaltung Allianz Global Investors. Diese Ergebnisse weichen auf den ersten Blick deutlich von dem in Kapitel 2.2

zusammengefassten Befund von Robert D. Arnott ab. Allerdings hebt sich in beiden Fällen die Methodik bezüglich Berechnung und Auswertung voneinander ab, beispielsweise unterscheiden sich Zeiträume und Maßstäbe. Umgekehrt eint sie wiederum eine Gemeinsamkeit, die sich weder in die heutige Zeit noch in die Eurozone ohne Weiteres übertragen lässt: Einerseits waren im gesamten Betrachtungszeitraum negative Zentralbank- beziehungsweise Nominalzinsen unbekannt, andererseits wurde mit dem US-Dollar eine außergewöhnlich langlebige, nicht repräsentative Währung herangezogen. Eine einzige Währungsreform – in welcher Form auch immer – dürfte daher, wie demonstriert, ausreichen, um Arnotts Berechnung zuungunsten der Geldwerte zu verschieben.

Vor diesem Hintergrund scheint für langfristig orientierte Einkommens-Investoren die Konzentration auf Sachwerte zweckmäßig, greifbare Vermögensgegenstände, die einen beständigen Cashflow generieren. Nichtsdestotrotz können in soliden Währungen notierende Anleihen bestens beleumundeter Schuldner als Ergänzung eines Aktienportfolios im Rahmen der Gewinnsicherung oder einer Diversifizierungsstrategie ihre Berechtigung haben (siehe auch Kapitel 17.3), vor allem bei einer nur mäßig ausgeprägten Risikoneigung des Anlegers. Auf hochverzinsliche, ungesicherte Unternehmensanleihen sollte hingegen verzichtet werden, da hier unter Risiko-Rendite-Gesichtspunkten der Erwerb von Eigenkapital- dem von Fremdkapitalbeteiligungen vorzuziehen ist.

Hierbei sollten sich Anleger allerdings stets vor Augen halten, dass die Situation am Markt für verzinsliche Wertpapiere spätestens seit 2015 ahistorisch ist. Die beispiellose Ausnahmesituation lässt sämtliche Studien, Analysen, Zusammenhänge und Auswertungen für die jüngste Gegenwart zumindest fraglich erscheinen, welche Aussagen zu Geldwerten treffen. Das schließt die in dieser Publikation aufgeführten Untersuchungen freilich mit ein.

Beispiele

- Eine 2019 fällige Staatsanleihe des Königreichs Norwegen (FSE: NO0010429913) wurde bei Emission im Jahr 2008 mit einem Kupon von 4,5 Prozent ausgestattet. Aufgrund des gestiegenen Kurses beträgt die Rendite derzeit etwa 0,7 Prozent pro Jahr. Bei Norwegen dürfte es sich um einen der solidesten Schuldner der Welt handeln. Zum einen ist die Staatsverschuldung im Verhältnis zum BIP vergleichsweise gering, zum anderen verwaltet die Regierung einen der größten Staatsfonds der Welt, der das ausgegebene Anleihevolumen um ein Vielfaches übertrifft.
- Die 2005 emittierte Staatsanleihe des Commonwealth of Australia (FSE: AU300TB01224) verfügt über einen Kupon von 5,25 Prozent und eine Laufzeit bis 2019. Die annualisierte Rendite liegt bei 1,87 Prozent. Auch bei Australien handelt es sich um einen sehr soliden Schuldner mit äußerst geringer Staatsverschuldung, der zudem ebenso wie Norwegen von der jüngsten Banken-, Wirtschafts- und Währungskrise nicht betroffen war und über erhebliche Rohstoffvorkommen verfügt.

16. KAPITALANLAGE-GESELLSCHAFTEN (KAGs)

16.1 Allgemeines

In den bisherigen Kapiteln wurden zu jedem Instrument ausschließlich börsennotierte Einzelwerte vorgestellt. Sicher, so manche MLP betreibt zahlreiche Pipelines, so gut wie jeder REIT bewirtschaftet eine Vielzahl von Immobilien und alle größeren Schifffahrtsgesellschaften bereedern ganze Flotten. Unabhängig von der Anzahl betreuter Vermögenswerte handelt es sich dabei jedoch stets um eine einzige juristische Person mit entsprechendem Kurs- und Insolvenzrisiko – ein Damoklesschwert, welches permanent über der gesamten Investition schwebt. Auf der anderen Seite ist dieses Risiko wiederum bei jedweder Anlage untrennbar an die potenziell erzielbare Rendite gekoppelt. Aus diesem Grund wird in so gut wie allen Börsenpublikationen immer wieder das Thema der Verteilung der zur Verfügung stehenden Mittel auf mögliche Investments diskutiert.

Genau genommen geht es dabei immer um das Spannungsverhältnis zwischen Konzentration und Diversifikation, dem vor allem ein Kursgewinn-Investor ausgesetzt ist. Da er einen Gewinn allein aus der Differenz zwischen Kauf- und Verkaufspreis ziehen kann, ist er zur Vermeidung von Verlusten mindestens bei stagnierenden und fallenden Märkten zur selektiven Einzeltitelauswahl oder aber zu einem exakten Timing in der Wahl der Ein- und Ausstiegspunkte gezwungen. Gleiches gilt bei steigenden Märkten, sofern der Kursgewinn-Investor deren Entwicklung outperformen möchte. »Diversifikation ist ein Schutz gegen Unwissenheit«, konstatiert daher auch der legendäre Warren Buffett, denn »[wenn] man sichergehen wollte, dass einem im Vergleich zum Gesamtmarkt nichts Schlimmes passiert, dann müsste man alles besitzen. Daran ist nichts falsch. Das ist ein vollkommen richtiger und vernünftiger Weg für jemanden, der nicht weiß, wie man Unternehmen analysiert.«[84]

Zumindest Buffett weiß, wovon er spricht. Im Schnitt machen die fünf größten Positionen knapp drei Viertel des von ihm verwalteten milliardenschweren Portfolios aus. Streng dem Motto des Altmeisters »Wenn Sie über einen Harem mit vierzig Frauen verfügen, lernen Sie keine richtig kennen« folgend, setzt sich dieses im Durchschnitt lediglich aus gut 30 Positionen zusammen. So lauten jedenfalls die Ergebnisse einer Studie aus dem Jahr 2007, die Buffetts Börsenaktivitäten der letzten 25 Jahre zum Thema hatte. Nun, Buffett ist eine ganz spezielle Kombination aus Geschäftsmann und Investor par excellence. Spätestens mit Begründung seines Ruhms, erworben in Zeiten da, siehe Anmerkung 7, professionelle Investoren private Anleger noch systematisch übervorteilen konnten, verkehrt er im Dunstkreis der US-amerikanischen Finanz- und Wirtschaftselite mit Kontakten in höchste politische Kreise. Sein Status als Insider dient ihm daher mit Sicherheit nicht zuletzt auch als »Schutz gegen Unwissenheit«.

Für Nicht-Insider und damit für so gut wie alle Privatinvestoren sowie Profianleger ist dagegen Unwissenheit unauflösbar mit jedem Börsenengagement verbunden. Sie ist, wie in Kapitel 2.3 dargelegt, geradezu das Kennzeichen komplexer Systeme und beinhaltet neben der systematischen Komponente (Marktrisikokomponente) – Ereignisse wie 9/11, vor denen selbst ein Buffett-Portfolio nicht gefeilt ist – eben auch eine unsystematische oder Unternehmensrisikokomponente. Zu Letzterer gehören beispielsweise teure Managementfehler oder ein verlorener Rechtsstreit mit hohen Folgekosten sowie die »Windfall Profits« oder eben »Windfall Losses«. Genau diese unsystematischen Risiken sind es, die Anleger wie Warren Buffett kontrollieren, alle anderen jedoch nur wegdiversifizieren können. Je breiter dies über Titel, Branchen, Regionen und Länder hinweg erfolgt, desto geringer ist das unsystematische Risiko, da sich »Windfall Profits« und »Windfall Losses« wechselseitig zunehmend ausgleichen. Dies ist die wesentliche Erkenntnis, die auf der recht mathematisch gehaltenen Portfoliotheorie des US-amerikanischen Ökonomen Harry Markowitz fußt, der dafür im Jahr 1990 mit dem Wirtschaftsnobelpreis ausgezeichnet wurde.

Die vollständige Eliminierung dieser Komponente kann folglich nur über eine möglichst vollständige Diversifizierung gelingen. Der Preis dafür ist ein Verzicht auf Überrenditen gegenüber dem entsprechenden Marktindex. Mehr als die Marktrendite abzüglich Handels- und Verwaltungskosten kann der voll diversifizierte Kursgewinn-Investor logischerweise nicht erwarten. Vor allem in Phasen stagnierender und fallender Märkte, die mitunter viele Jahre andauern können, kann die Neutralisierung des unsystematischen Risikos allerdings nicht wirklich trösten – der monetäre Nutzen ist und bleibt für Kursgewinn-Investoren per definitionem negativ.

Sofern der Kursgewinn-Investor nicht auf wenig vielversprechendes Timing setzt, muss er sich im Gegenteil in solchen Phasen geradezu dem spezifischen Risiko aussetzen, möchte er dem Markttrend zum Trotz eine positive Rendite einfahren. Die wiederum erkauft er sich mit den prinzipiell nicht vorhersehbaren hohen Verlusten einzelner Depotpositionen, die im Rahmen einer Konzentrationsstrategie natürlich umso stärker in das Gesamtergebnis eingehen, je weniger diversifiziert das Depot ist.

Das Ringen zwischen Konzentration und Diversifikation, zwischen Buffett und Markowitz, ist ein klassisches Dilemma, dem jeder Kursgewinn-Investor zwangsläufig ausgesetzt ist. Einkommens-Investoren haben diesbezüglich hingegen einen ganz klaren Vorteil: Für sie lohnt sich Diversifikation immer – je breiter, desto besser. Dies hängt damit zusammen, dass sie gerade keine Differenzgeschäfte betreiben, sondern ihre Investments ganz nach dem langfristigen Einkommensstrom ausrichten können. Aus je mehr Quellen sich dieser speist, desto sicherer ist er auch. Zehn Anlagen mit einer Ausschüttungsrendite von 8 Prozent generieren ein verlässlicheres Einkommen als eine davon. Die Diversifikation von Einkommensquellen ist daher grundsätzlich vorteilhaft und schützt den Einkommens-Investor dabei in zweifacher Hinsicht.

Zum einen sichert Diversifikation die Erträge ab. Kürzungen oder gar Ausfälle von Dividenden sind schließlich auch bei bestens geführten Unternehmen niemals auszuschließen, sei es aufgrund von Systemrisiken, von Missmanagement oder auch aufgrund einer Änderung der Ausschüttungspolitik, beispielsweise auf Druck eines neuen Großaktionärs. Das Risiko der Einkommenskürzung lässt sich durch Diversifikation massiv reduzieren.

Zum anderen ermöglicht Diversifikation die auch bei Kursgewinn-Investoren stets relevante Absicherung des Gesamtportfolios. Dies umfasst das Kurs- und Insolvenzrisiko, welches den Gegenwert einer Einzelanlage bis auf null fallen lassen kann, wovor freilich auch solide Dividendentitel nicht gefeit sind. Schwarze Schwäne suchen schließlich nicht nur ganze Märkte, sondern auch Segmente und Einzeltitel heim. Dies wurde bereits am Beispiel des Halloween-Massakers und des damit einhergehenden Kurssturzes bei den Income Trusts sowie der Marginalisierung von Allied Capital verdeutlicht.[85]

Erfreulicherweise stehen Einkommens-Investoren für ihre Zwecke selbst nach Filterung gemäß dem Fünf-Punkte-Check Hunderte von Anlagetiteln zur Auswahl. Wie viele sollten erworben werden, um einen ausreichenden Grad an Diversifikation zu erreichen? Das hängt natürlich auch von der Risikoneigung und der auf das Gesamtportfolio bezogenen Verlustbereitschaft des Anlegers ab. Der Totalausfall einer Position in einem aus vier gleichgewichteten Titeln bestehenden Portfolios beschert sowohl hinsichtlich Substanz wie auch Ertrag einen Verlust von 25 Prozent – ein für Einkommens-Investoren sicherlich zu hoher Wert.

Einen Anhaltspunkt zur Erzielung einer hinreichenden Diversifikation bietet die empirische Finanzmarktforschung. Demnach lassen sich mit 20 Positionen zumindest die unsystematischen Risiken weitestgehend eliminieren, die Hereinnahme weiterer Titel führt dann zu keiner Erhöhung des Diversifikationseffektes mehr. Dies gilt allerdings nur dann, wenn die Portfoliopositionen weltweit über Branchen und Regionen gestreut sind, die Aktien von 20 amerikanischen Banken beispielsweise erlauben so gut wie keine Diversifikation.

Einkommens-Investoren erzielen durch eine Erhöhung der Anzahl ihrer Depotpositionen zumindest hinsichtlich des Einkommensrisikos immer einen zusätzlichen Diversifikationseffekt, sodass ein entsprechendes Portfolio getrost bis zu 30 Positionen umfassen darf. Darüber hinaus nehmen allerdings Betreuungsaufwand und Übersichtlichkeit zumindest für Privatinvestoren überproportional zu.

Ein Nachteil der sehr breiten Diversifikation ist das hohe Vermögen, das nötig ist, um jede Einzelposition zu vertretbaren Kosten an der Börse zu erwerben. Fast alle Banken und Broker erheben Mindestgebühren für den Wertpapierhandel, sodass sich Klein- und Kleinstaufträge nicht lohnen. Als Faustregel sollte pro Transaktion eine Untergrenze von 3000 Euro veranschlagt werden, was bei 20 Positionen ein Minimum von 60.000 Euro als Anlagekapital voraussetzt. Vor allem in der Anspar- oder Vermögensaufbauphase ist diese Summe oftmals nicht zu stemmen.

Die Lösung dafür sind die börsennotierten Produkte von Kapitalsammelstellen. Sie bündeln die Einzahlungen zahlreicher Anleger und ermöglichen damit eine breite Streuung verschiedenster Titel in nur einem Wertpapier. Zudem können sie so auch Privatanlegern auf den Hauptversammlungen ihrer jeweiligen Beteiligungen eine wirksame Stimme verleihen. Dies gilt insbesondere bei ausschüttungsorientierten Sammelanlagen, so zum Beispiel Fonds mit Anlageschwerpunkt auf Hochdividendentitel, da diese an einer entsprechenden Ausschüttungspolitik ihrer Investments ein hohes Eigeninteresse haben, welches sich in diesem Fall zudem exakt mit dem Kundeninteresse deckt und daher ein Handeln im Sinne der Auftraggeber (Fondsanteilseigner) anhand klarer Kriterien befördert.

Historisch betrachtet findet sich das Konzept der Kapitalsammelstellen bereits in der Antike. Sie diente von Beginn an vor allem der Verteilung des unternehmerischen Risikos sowie der Finanzierung von Großprojekten. Neben (Kapital-)Versicherungen waren es vor allem Investmentfonds, die parallel zur Entfaltung der modernen Kapitalmärkte sukzessive Verbreitung erfuhren. Den ersten Anlagefonds zeitgenössischer Prägung gründete der niederländische Kaufmann Adriaan van Ketwich im Jahr 1774, nachdem er zahlreiche Bankenpleiten infolge erheblicher Klumpenrisiken in deren Kreditportfolios miterleben musste, bei denen unzählige Kunden ihr gesamtes Vermögen verloren. Der Fonds mit dem Namen »Eendragt Maakt Magt« (zu Deutsch: »Eintracht macht stark«) richtete sich vornehmlich an Kleinanleger, nahm regelmäßige Ausschüttungen vor und wurde 1824 mit Gewinn liquidiert. Die Anlageregularien sahen aus Gründen der Risikostreuung bewusst eine sehr breite Diversifikation über Titel, Branchen und Regionen vor; investiert wurde unter anderem in dänische Banken, südamerikanische Kaffeeplantagen und die sächsische Post. In Belgien, Schottland und der Schweiz wurden Anfang bis Mitte des 19. Jahrhunderts erste Publikumsfonds aufgelegt, die USA folgten Ende des Jahrhunderts (1894). In Deutschland wurde die erste Fondsgesellschaft (ADIG) im Jahr 1949 gegründet, 1950 folgte mit dem Fondak die Lancierung des ersten Aktienfonds in der Bundesrepublik.

Bei allen international gängigen Investmentfonds stellen die investierten Gelder sogenanntes Sondervermögen dar. Dieses befindet sich rechtlich im Eigentum der Anleger, nicht der Fondsgesellschaft oder des Managements. Dies ist wichtig, da auch eine immer unternehmerisch agierende KAG in Schieflage geraten und insolvent werden kann. Deren Gläubiger haben aber in diesem Fall keinerlei Ansprüche auf das separat verwaltete Investmentvermögen. Die Trennung des Sondervermögens erfolgt in aller Regel nicht nur juristisch, sondern auch faktisch und wird meist durch entsprechende Finanzmarktgesetze vorgeschrieben. Fondsgelder und -anlagen müssen demnach separat von einer unabhängigen Depotbank verwahrt und verwaltet werden, die selbst wiederum bestimmten Rechten und Pflichten unterliegt. In Deutschland sind diese Regularien im Investmentgesetz (InvG) verankert. Zu den Rechten und Pflichten der Depotbank gehören beispielsweise die Kontrolle bezüglich der Rechtmäßigkeit getätigter Geschäfte, die Abwicklung von Wertpapiertransaktionen und die korrekte Ermittlung des Anteilspreises. Diese und weitere Regulierungen verhindern zumindest bei öffentlich zugelassenen Publikumsfonds eine Veruntreuung oder missbräuchliche Verwendung der überlassenen Gelder.[86]

Diese Maßnahmen schützen den Anleger freilich nicht vor schlechten, aber eben gemäß den Fondsstatuten zulässigen Anlageentscheidungen (unsystematische Risiken) oder aber vor Ereignissen, die das gesamte Spektrum, in dem der Fonds anlegt, in Mitleidenschaft ziehen (systematische Risiken). Da Fonds grundsätzlich befugt sind, mit dem Sondervermögen besicherte Kredite aufzunehmen, um höhere Renditen zu generieren, ist zudem eine Reduzierung des Fondsvermögens oder gar dessen Insolvenz möglich. Im ersten Fall, der auch gänzlich ohne Kreditaufnahme eintreten kann, erfolgt meist aufgrund der nunmehr in Relation zum Fondsvermögen überproportional hohen Verwaltungskosten die Auflösung des Fonds. Dabei werden sämtliche eventuell noch vorhandenen Vermögenswerte liquidiert und an die Anteilseigner ausgezahlt.

Beim bisher schwersten Börsenkrach der jüngeren Finanzgeschichte und der sich anschließenden Großen Depression ab dem Jahr 1929 verschwanden beispielsweise allein in den USA die Hälfte der Aktienfonds durch Pleite, Auflösung oder Fusion vom Markt. Nicht zuletzt aufgrund dieser Erfahrung wurde der Darlehensaufnahme öffentlich gehandelter Publikumsfonds in vielen Ländern strenge Grenzen gesetzt. In den USA beschränkt der Act of 1940 die Kreditaufnahme auf ein Drittel des gesamten Fondsvermögens beziehungsweise 50 Prozent im Rahmen der Emission von Preferred Stocks.[87] Auch das InvG gibt je nach Fondskategorie maximal zulässige Fremdkapitalquoten vor.

Den Vorteilen der Kapitalbündelung, der Streuung des Fondsvermögens und Senkung des Betrugsrisikos stehen natürlich auch einige Nachteile gegenüber. Zum einen hat der Anleger keinerlei Einfluss auf die konkreten Anlageentscheidungen des Fondsmanagements. Über die Dauer seines Fondsengagements ist er also zur Passivität verdammt, seine Entscheidungshoheit beschränkt sich auf den Kauf oder Verkauf des Gesamtportfolios unter Inkaufnahme eines entsprechenden Managementrisikos. Zum anderen kann der Fondsanleger langfristig maximal eine dem Marktdurchschnitt entsprechende Rendite erwarten – abzüglich aller fondsspezifischen Kosten.

Den empirischen Beleg für diesen Umstand haben sowohl der US-amerikanische Professor Burton Malkiel als auch sein deutscher Kollege Martin Weber durch Auswertung Dutzender von Studien zum Thema nachgewiesen. Nach den Darlegungen aus Kapitel 2 kann das auch nicht wirklich verwundern. Da diesen jedoch auch ausnahmslos sämtliche Privatanleger unterliegen, handelt es sich um keinen fondsspezifischen Nachteil, sondern um eine allgemeingültige Gesetzmäßigkeit, die sich jeder Anleger stets vergegenwärtigen sollte. Neben dem Managementrisiko verbleibt somit bei der Fondsanlage der Kostennachteil. Dieser allerdings kann bisweilen beträchtlich sein und setzt sich aus den folgenden drei Komponenten zusammen:

- Direkte Kosten: Diese umfassen den Ausgabeaufschlag (seltener Rücknahmeabschlag) als Differenz zwischen Kauf- und

Verkaufspreis sowie die Verwahrungsgebühr, sofern der erworbene Fonds nicht in ein Bankdepot gebucht, sondern durch die Fondsgesellschaft selbst gelagert wird.

- Indirekte Kosten oder Total Expense Ratio (TER):[88] Hierzu gehören neben den Verwaltungsgebühren (Management Fee) die Betriebskosten des Fonds wie beispielsweise Aufwendungen für Personal und Research, Sachkosten und Depotbankgebühren, nicht jedoch die Kosten für den Wertpapierhandel.
- Sonstige (indirekte) Kosten: Hierunter fallen die Handels- oder Transaktionskosten des Fonds, etwaige erfolgsabhängige Zusatzvergütungen des Fondsmanagements sowie die Kosten des laufenden Fondsbetriebs wie Druck- oder Portokosten.

In der Praxis können sich die direkten Kosten je nach Fonds auf über 5 Prozent belaufen, das heißt, von jedem angelegten Euro werden lediglich 95 Cent investiert, die Differenz vereinnahmt die Fondsgesellschaft. Die indirekten Kosten betragen für Aktienfonds im Schnitt 1,5 Prozent pro Jahr. Diesen Gewinn muss also ein Fonds jährlich mindestens erzielen, um überhaupt den Anteilspreis stabil halten zu können.[89] Bei den sonstigen Kosten schlagen vor allem Erfolgsbeteiligungen zu Buche, die durchaus 20 Prozent vom Jahresgewinn jenseits einer (im Fondsprospekt) definierten Mindestrendite ausmachen können.[90]

Da sämtliche indirekten Kosten regelmäßig dem Fondsvermögen entnommen werden müssen, sind diese zudem für den Anleger kaum nachzuverfolgen, es sei denn, er studiert akribisch die jeweiligen Pflichtpublikationen (Quartals-, Halbjahres, Jahresberichte). Zudem fallen sie in aller Regel im Vergleich zur kurzfristigen Wertentwicklung kaum ins Gewicht. Dennoch sind die Auswirkungen auf die langfristige Gesamtrendite erheblich, wie Professor Weber an einem repräsentativen Beispiel demonstriert.

Ein Investor legt hierzu 100.000 Euro für 30 Jahre in einem Fonds an. Die Höhe des Endvermögens wird bei einer unterstellten Rendite von 8 Prozent vor Kosten für zwei Fälle ermittelt:

- Der Fonds erhebt keinen Ausgabeaufschlag und eine TER von 0,3 Prozent.
- Der Fonds erhebt einen Ausgabeaufschlag von 5 Prozent und eine TER von 1,5 Prozent.

Im ersten Fall beträgt das Endvermögen 926.000 Euro, im zweiten lediglich 630.000 Euro. Ganz ohne Gebühren wären es übrigens knapp über 1.000.000 Euro. Das heißt, allein ein Drittel des bei einer günstigen Kostenstruktur möglichen Ertrages geht bei einem durchschnittlichen Gebührenmodell verloren! Die Bedeutung dieser (Opportunitäts-)Kosten, so Weber, würde regelmäßig unterschätzt, da neben deren Sichtbarkeit und Transparenz vor allem die Zins- oder Exponentialrechnung dem menschlichen Denken nicht intuitiv zugänglich ist. Kosten gehen nicht in Investitionen mit ein, produzieren keine Erträge, deren Wiederanlage zusätzliches Einkommen generiert, und so weiter. Über längere Zeiträume kommen durch den ausbleibenden Zinseszinseffekt erhebliche Summen zusammen. Aus dem gleichen Grund warnt Weber auch vor häufigen Umschichtungen. »Hin und her macht Taschen leer« – diese Börsenweisheit trifft auch Einkommens-Investoren mit voller Härte.

Vor diesem Hintergrund sind die Ausführungen von Robert G. Hagstrom zur seit Jahrzehnten zunehmenden Umschlagshäufigkeit an den US-amerikanischen Wertpapierbörsen (aber nicht nur dort) bemerkenswert und außer für die Handelsplätze kaum als renditefördernd zu erachten: »1960 betrug der annualisierte, nach Wert gewichtete Umschlag an der NYSE und der AMEX weniger als 10 Prozent. Heute beträgt er über 300 Prozent – hat sich also in den letzten 50 Jahren verdreißigfacht.« Bereits im Jahr 1999 hat Warren Buffett daher die Kosten für Handel, Provisionierung, Verwaltung und Verwahrung allein von Aktien der sogenannten Fortune-500-Unternehmen, also der 500 umsatzstärksten US-amerikanischen Unternehmen, auf 100 Milliarden US-Dollar geschätzt. Das entsprach seinerzeit etwa 1 Prozent der Marktkapitalisierung, allerdings knapp 30 Prozent der insgesamt 334 Milliarden US-Dollar, die diese Unternehmen insgesamt im Vorjahr an Gewinn erwirtschaftet hatten. Da wie bekannt aktuell gut 90 Prozent der Handelsaktivitäten auf institutionelle Investoren entfallen, kann es auch nicht weiter verwundern, dass das Finanzdienstleistungsunternehmen Morningstar im Rahmen einer vergleichenden Studie einen signifikanten Zusammenhang zwischen Umschlagsrate und Rendite bei US-Aktienfonds ausmachen konnte. Bei den insgesamt 3650 Fonds betrug der durchschnittliche Renditeunterschied zwischen solchen mit einer Umschlagsrate von einerseits unter 20 und andererseits über 100 Prozent, bezogen auf einen Zeitraum von zehn Jahren, ganze 14 Prozent.

Allein zwecks Einsparung der direkten Fondskosten sollten daher vorzugsweise börsennotierte Produkte mit vorteilhafter Gebührenstruktur zur Sammelveranlagung genutzt werden. Glücklicherweise steht Einkommens-Investoren hier eine Vielzahl an Investitionsmöglichkeiten zur Verfügung, die sogar eine breite Streuung über alle bisher vorgestellten Instrumente ermöglicht. Ferner existiert eine Vielzahl börsennotierter Fonds, die in verschiedene Anleihen diverser Währungsräume investieren und damit die Streuung beziehungsweise (Zwischen-)Sicherung des Vermögens ermöglichen.

Neben börsennotierten Fonds wird im Folgenden auch auf die Anlageklasse der in der Regel sehr kostengünstigen ETFs sowie der sogenannten Covered Call Funds beziehungsweise Covered Call ETFs eingegangen. Letztere verfügen über eine einfache und transparente Kursabsicherungsstrategie, die gleichzeitig zusätzlichen Cashflow generiert und gezielt Einkommens-Investoren ansprechen soll.

16.2 Börsennotierte Fonds

Börsennotierte Fonds bieten die Möglichkeit, Produkte einer KAG indirekt, also nicht über den Anbieter selbst und damit unter Umgehung etwaiger Ausgabeaufschläge oder Rücknahmeabschläge zu erwerben.[91] Eine Fondsorder über die Börse erfolgt wie jeder andere Wertpapierkauf auch. Bei Kauf beziehungsweise Verkauf fallen lediglich die üblichen Transaktionskosten an, welche die beauftragte Bank oder der beauftragte Broker in Rechnung stellen.

Diese setzen sich – wie bei Aktien oder Anleihen – aus der Orderprovision, den Börsenspesen und einer Maklercourtage sowie je nach Börsenplatz einer Steuer und zusätzlichen Abwicklungsentgelten zusammen. Hinzu kommt vor allem bei kleineren börsennotierten Fonds oft noch eine Differenz aus Kauf- und Verkaufskurs, ein sogenannter Spread, wie es ihn auch bei anderen marktengen Wertpapieren sowie Zertifikaten gibt. Der Spread spiegelt das Liquiditätsrisiko für den Anleger wider und finanziert gegebenenfalls den jeweiligen Market-Maker oder Designated Sponsor. Hierbei handelt es sich um professionelle Börsenmakler, oftmals (Groß-)Banken, welche die Handelbarkeit und damit Attraktivität zahlreicher Wertpapiere sicherstellen, indem sie laufend Kauf- beziehungsweise Verkaufskurse stellen und temporäre Ungleichgewichte bei Angebot und Nachfrage rasch ausgleichen. Trotz des Spreads lohnt sich ab einem Anlagevolumen von 3000 bis 5000 Euro in aller Regel der Weg über die Börse statt über die Fondsgesellschaft. Das liegt vor allem daran, dass Letztere prozentuale Gebühren erheben, die Börsenorder jedoch überwiegend aus gedeckelten Komponenten besteht.

Weltweit existieren Zehntausende börsennotierte Fonds, allein in der Bundesrepublik Deutschland sind knapp 4000 Papiere gelistet. Die Fonds, die den speziellen Bedürfnissen von Einkommens-Investoren entgegenkommen, machen dabei zwar nur einen kleinen Teil aus, dennoch stehen hierfür gut 1000 potenzielle Investments zur Verfügung. Diese sind überwiegend an jenen Börsen zu finden, an denen auch die hier vorgestellten Instrumente beziehungsweise Titel mit hohen Ausschüttungen notieren. Neben regulären Investmentfonds sind vor allem folgende drei Varianten für Einkommens-Investoren besonders interessant:

- US-amerikanische CEFs
- Kanadische Closed-end Investment Trusts
- Australische Managed Funds

Zu Letzteren werden auch die bereits beschriebenen LICs und LITs gezählt. Bei allen drei Varianten handelt es sich um börsennotierte geschlossene Fonds nahezu gleicher Konstruktion (siehe auch Anmerkung 35): Nach Einwerbung des Startkapitals von privaten oder institutionellen Investoren wird der Fonds geschlossen und erhält ein Börsenlisting. Im Gegensatz zu börsengehandelten offenen Fonds werden bei diesen geschlossenen Fonds durch die Kapitalanlagegesellschaft (KAG) keine Anteile mehr ausgegeben oder zurückgenommen, ein Parallelhandel findet nicht statt, einzige Bezugsquelle ist die Börse.[92] Der Vollständigkeit halber sei darauf hingewiesen, dass die hier besprochenen geschlossenen Fonds nichts mit den gleichnamigen, kaum liquiden und wenig transparenten Finanzanlagen in Deutschland zu tun haben.

Für alle drei oben erwähnten Anlageinstrumente existieren im Internet zum Teil recht umfangreiche Informationsseiten, die auch Verweise auf die jeweilige Homepage der Fonds beinhalten. Darauf finden interessierte Anleger neben der Ausschüttungshistorie auch die aktuelle Zusammensetzung des Fondsportfolios sowie sämtliche Finanzberichte, welche selbst wiederum eine sehr gute Quelle für interessante Wertpapiere sein können.

Eine offene Investmentfonds verwaltende KAG ermittelt in aller Regel einmal täglich den Kurs je Fondsanteil. Dazu wird das stichpunktbezogene Fondsvermögen zu Marktpreisen, also der innere Wert beziehungsweise NAV, durch die Anzahl der umlaufenden Anteile dividiert. Der so ermittelte Kurs gilt als Basis für die Ausgabe neuer und für die Rückgabe bereits emittierter Anteile.

Bei börsennotierten Fonds hingegen findet eine permanente Bewertung auf Basis von Angebot und Nachfrage statt, aus der die Marktkapitalisierung oder der Börsenwert des Fonds resultiert

(Kurs je Anteil mal Anzahl der umlaufenden Anteile). Das eröffnet neben dem Vorteil der permanenten Handelbarkeit gerade Einkommens-Investoren eine besondere beziehungsweise die einzige Chance auf eine risikolose Steigerung der Ausschüttungsrendite, was so nur im Segment nicht kursgepflegter Sammelanlagen funktioniert.

Auch wenn es der Intuition widersprechen mag: NAV und Marktkapitalisierung können, müssen jedoch keinesfalls übereinstimmen. Ganz im Gegenteil weicht der Börsenwert eines Fonds regelmäßig und zum Teil deutlich vom NAV ab, vor allem wenn kein Market-Maker eine laufende Kurspflege betreibt. Über- und Unterbewertungen von 10, teilweise gar 20 und mehr Prozent sind keineswegs selten. Erfreulicherweise wird dieser Umstand von sehr vielen Fonds auch transparent kommuniziert, meist indem der aktuelle Kurs und NAV unmittelbar nebeneinander, teils in Echtzeit, auf der Homepage publiziert werden.

Woher resultiert diese Abweichung? Nun, im Wesentlichen aus denselben Gründen, die beispielsweise auch bei Einzelaktien zum Tragen kommen und dort zu einer Diskrepanz zwischen Börsenkurs und innerem Wert führen können. Angebot und Nachfrage resultieren aus Erwartungen, die oftmals vom NAV losgelöst sind. Werden den Managementaktivitäten respektive Depotpositionen des Fonds von hinreichend vielen Anlegern positive (negative) Aussichten beschieden, wird diese Erwartung antizipiert und treibt die Handelskurse nach oben (unten). Es handelt sich mithin um eine klassische Demonstration des reflexiven Charakters der Kursbildung, wie er in Kapitel 2.3 erörtert wurde.

Auch zwischen den für die Börse an Wendepunkten so charakteristischen sowie Massenbewegungen auslösenden Stimmungsmomenten Euphorie und Panik fallen einzelne Kursbewegungen oft überproportional stark aus. Eine weitere Ursache besteht in der erwartungsunabhängigen Zuführung beziehungsweise im Entzug von Liquidität durch eine hinreichend große Anlegerzahl, was sich unmittelbar auf die Handelskurse niederschlagen kann und gegebenenfalls eine sich selbst verstärkende Auf- oder Abwärtsspirale in Gang setzt, die durch den Einsatz von Krediten in beide Richtungen beträchtlich gehebelt werden kann. Und nicht zuletzt sind es bisweilen rein zufällige Ereignisse, systematische wie unsystematische Chancen und Risiken, welche einzelne Kursentwicklungen oder die ganzer Branchen und Segmente treiben.

Diese Faktoren kommen allerdings nur bei Fonds mit ausschließlicher Börsennotiz zum Tragen. Die Ausgabe und Rücknahme über die jeweilige KAG erfolgt dagegen unabhängig von Angebot und Nachfrage zum NAV zuzüglich Ausgabe- beziehungsweise abzüglich Rücknahmeabschlag. Dadurch, dass jede Order befriedigt werden kann, wird auch jeder Preisbildungseffekt neutralisiert. Das gilt auch für Fonds, die zusätzlich zur Ausgabe und Rücknahme via KAG über ein Börsenlisting verfügen und deren Börsenkurse selbstverständlich nur marginal von denen der durch die KAG ermittelten abweichen.

Dass Börsenkurs und NAV häufiger auseinanderfallen, kann und sollte sich jeder interessierte Anleger zunutze machen. Zum einen verbietet sich der Kauf von Anlagen, die an der Börse deutlich oberhalb des NAV notieren, da hier für den Bezug eines Portfolios mehr Mittel aufgewendet werden müssen, als die jeweiligen Einzelpositionen in Summe kosten würden. Umgekehrt sollten Fondinvestments nach Möglichkeit mit Discount beziehungsweise Abschlag auf den NAV getätigt werden. In diesem Fall erwirbt der Anleger nicht nur ein Portfolio zu einem Preis, der geringer ist als die Summe seiner Bestandteile, zusätzlich wird dadurch auch noch seine Ausschüttungsrendite gehebelt.

Deutlich wird dies anhand eines Exempels: Das Portfolio eines börsennotierten Dividendenfonds schüttet Barmittel in Höhe von 6 Prozent pro Jahr bezogen auf den NAV aus. Notiert der Fonds beispielsweise 20 Prozent unterhalb des NAV, hebelt allein dieser Umstand die Rendite auf 7,5 Prozent, was einer Steigerung von

25 Prozent entspricht. Es lässt sich mathematisch darlegen, dass die Ausschüttungsrendite bei nominal konstanter Dividende stets überproportional zur Höhe des Abschlags steigt beziehungsweise unterproportional zur Höhe des Aufschlags sinkt. Je höher also der Discount, desto höher auch der Hebel auf die Rendite.

Zumindest also im Fondsbereich kann und sollte sich der Einkommens-Investor unbedingt an Warren Buffetts Mantra orientieren, den inneren Wert stets mit dem Preis einer Anlage zu vergleichen. Im Gegensatz zum Erwerb von Einzelaktien ist hier auch keine aufwendige Analyse von Unternehmenskennzahlen nötig. Neben einer soliden Fondsbilanz, das heißt einem, wenn überhaupt, nur mäßigen Einsatz von Krediten, reicht ein Blick auf den jeweiligen Kurs und NAV des Wertpapiers.

Beispiele

- Der First Trust Specialty Finance and Financial Opportunities Fund (NYSE: FGB, ISIN: US33733G1094) ist ein CEF, der gemäß seinen Statuten mindestens 80 Prozent des aktiv gemanagten Portfolios in BDCs investiert. Aktuell hält der Fonds mehrere Dutzend Beteiligungen. Der CEF operiert mit geringem Fremdkapitaleinsatz. Die Ausschüttungen erfolgen quartalsweise.
- Kayne Anderson (NYSE: KYN, ISIN: US4866066016) ist ein CEF, der überwiegend in Midstream-MLPs investiert. Das Portfolio umfasst mehrere Dutzend Gesellschaften, die Erdöl und Erdgas raffinieren, bevorraten, transportieren und verteilen. Seit der ersten Börsennotiz im Jahr 2005 weist Kayne Anderson mit einer einzigen Ausnahme mindestens konstante, meist aber sogar steigende Ausschüttungen aus. Selbst von der Finanzkrise im Jahr 2008 war der Kurs nur mäßig betroffen.
- Canoe EIT Income Fund (TSE: EIT.UN, ISIN: CA13780R1091) ist ein kanadischer Closed-end Investment Trust, also ein Fonds, der in der Rechtsform eines Income Trusts notiert. Das breit diversifizierte Portfolio umfasst etwa 50 überwiegend

nordamerikanische Hochdividendenwerte und weist eine Marktkapitalisierung von weit über einer Milliarde kanadischer Dollar auf. In Tradition der Income Trusts erfolgt die Ausschüttung monatlich.

- Calamos Convertible Opportunities and Income Fund (NASDAQ: CHI, ISIN: US1281171082) ist ein monatlich ausschüttender, aktiv gemanagter CEF. Das Portfolio besteht zu knapp zwei Dritteln aus Wandel- und zu gut einem Drittel aus Unternehmensanleihen von im Schnitt mittlerer Bonität. Die Anlage erfolgt hauptsächlich in den USA, zudem wird im zulässigen Umfang Fremdkapital zur Steigerung der Ausschüttungsrendite eingesetzt. Seit Lancierung des Fonds im Jahr 2002 verzeichnet dessen NAV fast durchweg positive Jahresrenditen. Außer 2008, als der Nettoinventarwert im Zuge der Finanzkrise um knapp 40 Prozent nachgab, schloss lediglich noch das Jahr 2015 aufgrund eines Kursverfalls am Markt für hochverzinsliche Anleihen mit einem leichten Minus von 6 Prozent ab.

16.3 Exchange Traded Funds

Die für klassische Fonds übliche Kombination aus relativ hohen Verwaltungsgebühren und im Verhältnis zu korrekt gewählten Vergleichsindizes unkalkulierbar schwankenden, im langfristigen Schnitt bestenfalls durchschnittlichen Performance brachte den US-Amerikaner John C. Bogle (siehe auch Anmerkung 10) vor über 40 Jahren auf die Idee, passive Anlageprodukte zu kreieren. Warum passiv? Inspiriert durch die Arbeiten des schon erwähnten Burton Malkiel, aber auch anderer Autoren wie beispielsweise Eugen Fama, brach Bogle radikal mit dem bis dato gängigen Streben nach Outperformance. Er setzte unter Verzicht auf jedwede Strategie konsequent auf das nüchterne Minimalprinzip des passiven Managements: Wenn durch aktiven Börsenhandel langfristig nach Kosten kein Index beziehungsweise keine Benchmark zu schlagen ist, warum dann nicht gleich den Index selbst nachbilden?[93]

Auf die Kosten für ein aktives Fondsmanagement sowie für aufwendige Markt- und Unternehmensanalysen kann somit verzichtet werden, was sich natürlich unmittelbar auf die Höhe der Verwaltungskosten auswirkt. Bei einem passiven Ansatz fallen zudem nur dann Transaktionskosten an, wenn sich die Zusammensetzung des Referenzindex selbst ändert, was eher sporadisch der Fall ist. Dieser strikte Automatismus führt daher zu tendenziell wesentlich weniger Umschichtungen, als dies bei aktiv gemanagten Fonds der Fall ist. Als in aller Regel indexbasierte Investmentfonds mit Börsenlisting werden ETFs analog zu CEFs ebenfalls direkt über die Börse emittiert und nicht über die Kapitalanlagegesellschaft (KAG) gehandelt.

Zur praktischen Umsetzung gründete Bogle im Jahr 1975 die Vanguard Group, die aktuell zu den weltweit führenden Anbietern passiv gemanagter Investmentlösungen zählt. Im darauffolgenden Jahr lancierte die Gesellschaft den ersten öffentlichen Indexfonds. Der später in Vanguard 500 Index Fund umbenannte First Index Trust bildete die Werteentwicklung des S&P 500 ab und wurde ausschließlich am Primärmarkt, also direkt über die Emittentin, gehandelt. Die erste Börsennotierung eines ETF erfolgte in den USA im Jahr 1989, in Deutschland war es die Indexchange Investment AG, die im Jahr 2000 das erste Produkt dieser Gattung auf den heimischen Markt brachte. Seit Jahren erfreuen sich ETFs steigender Beliebtheit, was zuletzt in diesem Segment zu einem erheblichen Konkurrenzkampf der Fondsgesellschaften um Marktanteile geführt hat.[94]

Über 200 Emittenten mit mehreren Tausend ETFs buhlen mittlerweile um die Gunst der Anleger – allein in den USA beträgt die Kapitalisierung des Segments über eine Billion US-Dollar –, was den Druck auf die Kostenstruktur und damit das Gebührenniveau deutlich erhöht. Die Höhe der Gebühren ist schließlich gerade aufgrund des passiven Ansatzes bei gleicher Benchmark beziehungsweise gleichem Referenzindex das ganz wesentliche Entscheidungskriterium der meisten Anleger. Neben niedrigen Kosten – die Total Expense Ratio (TER, Gesamtkostenquote) beträgt bei einem ETF fast nie mehr als 1 Prozent, in aller Regel liegt sie sogar unter 0,5

Prozent – punkten ETFs aber auch in Bezug auf die Liquidität. Wie bei anderen börsennotierten Fonds werden zahlreiche ETFs von Market-Makern betreut, die laufend An- und Verkaufskurse stellen, um jederzeit einen reibungslosen Handel zu gewährleisten. Ferner ermittelt und veröffentlicht der Emittent eines ETF im Gegensatz zu denen anderer börsennotierter Fonds laufend (bei der Deutschen Börse alle 15 Sekunden) einen sogenannten indikativen Net Asset Value (iNAV), den »fairen« Preis je ETF-Anteil, an dem sich die Market-Maker bei ihrer Kursstellung orientieren und der einen unmittelbaren Vergleich mit der jeweiligen Benchmark ermöglicht.

Anteile an einem ETF verbriefen wie bei jedem anderen Investmentfonds auch einen fest definierten Anteil am Sondervermögen beziehungsweise Fondsportfolio. Der Preis je Anteil bildet sich wie bei einem CEF durch Angebot und Nachfrage an der Börse, das heißt, auch in diesem Fondssegment ist es theoretisch möglich, Anteile mit Auf- oder Abschlag zum iNAV zu erwerben. Realiter ist dies jedoch höchst selten und nur bei sehr marktengen Papieren der Fall, da dies dem Anspruch einer möglichst kongruenten Indexnachbildung zuwider laufen würde und da signifikante Abweichungen unverzüglich von Market-Makern ausgeglichen werden, wofür ja wiederum laufend der iNAV ermittelt wird.

Aufgrund der Tatsache, dass jeder ETF einerseits einen künstlich zusammengesetzten, um Handelskosten bereinigten Index nachbildet, andererseits nicht nur zur Nachbildung desselben Gebühren anfallen, lässt sich ein im Laufe der Zeit zunehmender Nachbildungsfehler oder Tracking Error nicht vermeiden. Je niedriger der Tracking Error, desto weniger weicht die Performance des ETF von derjenigen der entsprechenden Benchmark, bezogen auf einen bestimmten Zeitraum (typischerweise ein Jahr), ab und desto niedriger fällt auch die Kostenbelastung des Fondsportfolios aus.[95]

Nichtsdestotrotz ist ETF nicht gleich ETF, selbst wenn sich beide Produkte auf ein und denselben Index beziehen. Insbesondere das Bestreben der Anbieter, die TER und damit den Tracking Error zu minimieren, hat zu verschiedenen, teils komplexen Methoden der Indexnachbildung geführt. Es existieren vier grundsätzliche Verfahren beziehungsweise darauf basierende ETFs: die physische, die optimierte, die synthetisch besicherte sowie die synthetisch unbesicherte Replikation.

Bei der ersten und zweiten Variante wird der zugrunde liegende Index durch eine sogenannte volle Replikation oder »Full Replication« nachgebildet. Ein physischer ETF hält dabei genau diejenigen Wertpapiere in exakt der Gewichtung, wie sie auch im entsprechenden Index vertreten sind. Optimierte ETFs weichen von der exakten Indexabbildung geringfügig ab, indem sie die oftmals zu sehr geringem Anteil in einen Index einfließenden Wertpapiere nicht in das ETF-Portfolio integrieren. Dies spart Handels- und Verwaltungskosten bei gleichzeitig nur minimaler Abweichung des ETF im Vergleich zur Benchmark. Bisweilen schneiden optimierte ETFs daher sogar besser ab als physisch replizierende ETFs. Dies ist dann der Fall, wenn sich die Entwicklung mehrerer kleiner Wertpapierpositionen gegenseitig aufhebt und somit die eingesparten Gebühren beim optimierten ETF den Tracking Error reduzieren.

Die dritte und vierte Variante versucht, die Abbildungskosten durch eine synthetische Replikation oder »Synthetic Replication« zu minimieren. Ein synthetischer ETF hält dabei nicht zwangsläufig die im jeweiligen Referenzindex enthaltenen Titel, ihm kann auch ein Portfolio mit gänzlich anderen Wertpapieren, selbst vollkommen gattungsfremden, zugrunde liegen.[96] Die zwangsläufig auflaufende Differenz zwischen Index- und Portfolioentwicklung gleicht der Emittent des ETF über eine Vereinbarung mit einem Finanzinstitut, dem sogenannten Swap-Partner, laufend aus. Der Swap-Partner garantiert dem Emittenten dabei die korrekte Indexabbildung.

Swap-Geschäfte beinhalten freilich das Risiko der Insolvenz des Swap-Partners, also ein Adress- oder Kontrahentenrisiko, welches sich bei Eintritt in Verlusten des ETF-Portfolios niederschlagen kann. Je nach Rechtsraum sind Swap-Geschäfte daher limitiert, so beispielsweise in der EU auf maximal 10 Prozent des NAV. Um das Kontrahentenrisiko zu minimieren, werden bisweilen die Ansprüche eines ETF aus Swap-Vereinbarungen durch die Verpfändung von Wertpapieren aus dem Bestand des Swap-Partners besichert (besicherte beziehungsweise unbesicherte Replikation). Im Fall der Insolvenz des Swap-Partners kann der ETF die Sicherheiten verwerten, um etwaige Verluste aus dem Swap-Geschäft kompensieren zu können. Während in Europa mittlerweile mehr synthetische als physische und optimierte ETFs gehandelt werden, sind beispielsweise in USA Swap-ETFs nicht für den Handel mit Privatpersonen zugelassen.

Allerdings ist es bei allen vier Varianten durchaus übliche Praxis, Teile des Wertpapierbestandes gegen Gebühr zu verleihen. Kunden solcher Operationen sind beispielsweise Leerverkäufer, auf hochriskante Differenzgeschäfte abzielende Kursgewinn-Investoren also, welche die geliehenen Wertpapiere in der Hoffnung verkaufen, sie später zu niedrigeren Kursen zurückerwerben zu können. Die Einnahmen aus solchen Leihoperationen reduzieren die TER und verringern den Tracking Error. Allerdings ist auch die Wertpapierleihe mit dem Ausfallrisiko der Gegenpartei, zum Beispiel der Insolvenz eines Leerverkäufers, verbunden. Ferner ist der Einsatz von Derivaten zur Optimierung der Indexnachbildung beziehungsweise zur Minimierung der Transaktionskosten bei allen gelisteten ETF-Varianten üblich.

Insbesondere seit Ausbruch der Finanzkrise und der Insolvenz der US-Investmentbank Lehman Brothers, eines der bis dato größten Swap-Partner und Leerverkäufer auf dem internationalen Börsenparkett, hat die Bedeutung voll replizierter ETFs wieder zugenommen. Auf Sicherheit bedachte ETF-Investoren sollten darüber hinaus auch die Handhabung von Leihgeschäften und Derivaten im jeweiligen Wertpapierprospekt studieren.

Die meisten ETFs replizieren gängige Aktien- und Anleiheindizes, ferner existieren auch Wertpapiere, die Branchen-, Regional- oder auch Strategie-Indizes abbilden. Zu Letzteren gehören beispielsweise Dividendenstrategien oder die im nächsten Abschnitt thematisierte Covered-Call-Strategie. Zahlreiche Produkte bilden zudem auch Indizes auf diverse hier vorgestellte Instrumente ab.

Gerade das weite Feld der ETFs eröffnet Anlegern die kostengünstige Abdeckung einer vergleichsweise sicheren Anleihen- und einer ausschüttungsstarken Aktienkomponente. Erfreulicherweise existieren auch für den ETF-Sektor zahlreiche Internetseiten mit Listen, Such- und Filterfunktionen sowie weiterführenden Informationen. Verweise hierzu finden sich in Kapitel 18. Auch die Publikationen zu dividendenorientierten ETFs beziehungsweise der jeweiligen Benchmark können der Identifizierung interessanter Einzeltitel dienen.

Beispiele

- Alerian MLP Exchange Traded Fund (NYSE: AMLP, ISIN: US00162Q8666) repliziert den von der gleichen Gesellschaft ermittelten MLP Infrastructure Index. Dieser beinhaltet 25 nach Marktkapitalisierung gewichtete MLPs. Jeweils etwa ein Drittel der Gesellschaften ist im Bereich Ölpipelines, Gaspipelines sowie Lagerung und Verarbeitung von Energierohstoffen tätig. Die Marktkapitalisierung des ETF liegt bei über 9 Milliarden US-Dollar, Ausschüttungen erfolgen quartalsweise.
- Der Market Vectors Preferred Securities ex Financial ETF (NYSE: PFXF, ISIN: US92189F4292) repliziert einen von der Großbank Wells Fargo berechneten Index auf US-amerikanische Preferred Shares. Dabei schließt der Index von Finanzinstituten begebene Papiere aus, berücksichtigt werden ausschließlich Emissionen von Unternehmen aus der Realwirtschaft. Aktuell hält der ETF knapp 70 Positionen, die Ausschüttung erfolgt monatlich zuzüglich einer jährlichen Auszahlung realisierter Kursgewinne.
- BMO Aggregate Bond Index ETF (TSE: ZAG, ISIN: CA05590C1086) bildet den DEX UniverseXM Bond Index nach. Dieser

repräsentiert das breitestmögliche Spektrum des kanadischen Anleihemarktes hinsichtlich Emittenten und Laufzeiten. Das Portfolio umfasst über 500 festverzinsliche Wertpapiere, die Erträge werden monatlich an die Anteilseigner ausgekehrt.

- Der PowerShares High Yield Equity Dividend Achievers Portfolio ETF (NYSE: PEY, ISIN: US73935X3026) hält ein international diversifiziertes Portfolio aus 50 Aktien mit hoher Dividendenrendite, welches den von der NASDAQ ermittelten Mergent Dividend Achievers 50 Index abbildet. Ausschüttungen werden monatlich vorgenommen.
- Der BetaShares Australian High Interest Cash ETF (ASX: AAA, ISIN: AU000000AAA3) investiert das Fondsvermögen nicht in Wertpapiere, sondern legt es zu Konditionen von Großinvestoren bei mehreren australischen Banken an. Die Erträge werden monatlich ausgeschüttet und replizieren die Bank Bill Swap Rate (BBSW) für 30 Tage, einen australischen Interbankenzinssatz. Die Rendite betrug in den letzten Jahren zwischen 2,0 und 3,5 Prozent.
- Der Market Vectors Australian Property ETF (ASX: MVA, ISIN: AU000000MVA4) bildet einen Index ab, der die 14 größten und liquidesten an der ASX notierten REITs abbildet. Das Portfolio umfasst dabei eine Mischung aus Handels-, Büro- und Industrieimmobilien. Die Ausschüttungen erfolgen quartalsweise.

16.4 Covered-Call-Fonds

Ein spezieller Investmentansatz, der sowohl bei CEFs als auch bei ETFs zur Generierung zusätzlicher Einnahmen respektive Ausschüttungen genutzt wird und sich gezielt an Einkommens-Investoren richtet, ist das Schreiben »gedeckter Kaufoptionen« oder »Covered Calls«. Fonds, die diese Strategie anwenden, werden daher Covered-Call- oder auch Buy-Write-Fonds genannt.

Ein »Covered Call« ist eine Kaufoption (englisch »Call«), ein mehr oder weniger standardisiertes Derivat, das den Käufer berechtigt, aber nicht verpflichtet, ein bestimmtes Wertpapier (Basiswert) in einer definierten Anzahl zu einem vorab festgelegten Preis (Ausübungspreis) zu einem bestimmten Zeitpunkt (europäische Option) oder innerhalb eines bestimmten Zeitraums (amerikanische Option) zu erwerben. Meist umfasst ein Optionsgeschäft, ein sogenannter Kontrakt, 100 Einheiten des Basiswerts beziehungsweise ein Vielfaches davon. Die meist standardisierten Laufzeiten bewegen sich zwischen einem und 24 Monaten.

Sofern der Verkäufer der Option den Basiswert im Bestand hat, ist die Option gedeckt (englisch »covered«). Somit ist sichergestellt, dass das Wertpapier bei Ausübung der Option durch den Käufer geliefert werden kann, ein Emittentenrisiko ist also ausgeschlossen. Die zusätzliche Einnahme für den Halter des Wertpapiers resultiert dabei aus dem Verkaufspreis der Option beziehungsweise der Optionsprämie, die der Käufer für den Erwerb des Kaufrechts zahlt.

Was für ein einzelnes Wertpapier funktioniert, lässt sich natürlich auch auf ein ganzes Portfolio oder Teile davon ausdehnen. Wird der Ansatz zudem systematisch betrieben, lässt sich mit dieser Strategie ein laufendes Zusatzeinkommen erzielen. Genau dies versuchen Covered-Call-Fonds umzusetzen. Der Preis hierfür ist die begrenzte Chance auf Kursgewinne, denn selbstverständlich wird der Käufer der Option zum Ausübungsstichtag den Basiswert abrufen, sofern dessen Kurs oberhalb des Ausübungspreises liegt. Die Differenz zwischen dem Kurs bei Ausübung der Option und dem Ausübungspreis ist der entgangene Kursgewinn, den der Emittent der Kaufoption gegebenenfalls tragen muss.

Ein konkretes Beispiel soll die recht abstrakte Konstruktion eines gedeckten Optionsgeschäfts verdeutlichen: Ein Anleger erwirbt zu Jahresbeginn 100 Aktien zum Preis von 50 Euro pro Stück. Das Gesamtinvestment beträgt also ohne Berücksichtigung der Gebühren 5000 Euro. Die AG hat zudem bereits die Ausschüttung einer Dividende von einem Euro je Anteil für das neue Jahr beschlossen. Nach Verbuchung der Titel in seinem Depot verkauft der Investor auf die gesamte Position eine gedeckte Kaufoption. Diese verbrieft das Recht (aber nicht die Pflicht), die 100 Aktien zum Preis von 55 Euro pro Stück am Ende desselben Jahres zu beziehen. Es handelt sich mithin um eine europäische Option. Als Optionsprämie verlangt der Anleger 6 Euro pro Aktie, der Preis für den Kontrakt beläuft sich also auf insgesamt 100 mal 6 Euro beziehungsweise 600 Euro. Wie sieht nun am Jahresende die Gewinn- und Verlustrechnung für den Anleger aus? Dies hängt nun im Wesentlichen vom Kursverlauf der Aktie ab:

- Jahresschlusskurs 50 Euro: Da der Kurs unter dem Ausübungspreis der Option liegt, lohnt sich die Ausübung für den Käufer nicht, da er die Aktien über die Börse preiswerter beziehen kann. Sie verbleiben also im Eigentum des Anlegers. Sein Depotwert beträgt unverändert 5000 Euro. Zudem sind ihm die Optionsprämie von 600 Euro sowie eine Dividende in Höhe von 100 mal ein Euro, also 100 Euro, zugeflossen. Das Gesamtvermögen des Anlegers beläuft sich nun auf 5700 Euro. Das ergibt eine Jahresrendite von 14 Prozent.
- Jahresschlusskurs 60 Euro: Da der Kurs über dem Ausübungskurs liegt und der Käufer der Option einen sicheren Arbitragegewinn erzielen kann, sofern er die bezogenen Aktien umgehend zum Marktpreis über die Börse veräußert, übt er diese aus. Der Anleger verkauft ihm seinen Aktienbestand zu 55 Euro je Aktie. Neben dem Verkaufserlös von 5500 Euro kann er die Optionsprämie von 600 Euro sowie die Dividende von 100 Euro verbuchen. Sein Vermögen beträgt insgesamt 6200 Euro, was einer annualisierten Rendite von 24 Prozent entspricht.[97]
- Jahresschlusskurs 70 Euro: Wie im Fall zuvor lohnt sich für den Käufer die Ausübung der Option, sein möglicher Arbitragegewinn steigt sogar überproportional an. Für den Anleger ändert sich hingegen nichts, da er nach wie vor verpflichtet ist, seinen Aktienbestand zu 55 Euro je Stück an den Käufer der Option zu veräußern. Seine Jahresrendite beträgt damit unverändert 24 Prozent.

- Jahresschlusskurs 40 Euro: Analog zum ersten Fall lässt der Käufer der Option sein Ausübungsrecht verfallen. Der Depotwert des Anlegers ist auf 4000 Euro gesunken, zuzüglich der vereinnahmten Summe aus Optionsprämie und Dividende von insgesamt 700 Euro beläuft sich sein Vermögen auf 4700 Euro. Seine Rendite für dieses Jahr beträgt -6 Prozent.

Aus den Beispielen wird ersichtlich, dass eine Covered-Call-Strategie insbesondere bei stagnierenden sowie leicht steigenden oder fallenden Kursen ihre Stärke ausspielen kann und dem Emittenten der Kaufoption einen geldwerten Mehrwert bietet. Bei stark fallenden Kursen gewährt die Strategie lediglich einen Puffer in Höhe der Optionsprämie, darüber hinaus schlagen Kursverluste ungeschmälert zu Buche. Bei stark steigenden Kursen wiederum deckelt die Ausgabe der Kaufoption den realisierbaren Kursgewinn auf Höhe des Ausübungspreises. Von darüber hinausgehenden Preissteigerungen profitiert allein der Käufer der gedeckten Option.

Wie weiterhin ersichtlich, hängt das genaue Gewinn- und Verlustpotenzial ganz wesentlich von der Ausgestaltung der Option ab. Grundsätzlich steht die Emission gedeckter Kaufoptionen auch jedem Privatkunden offen, zu empfehlen ist sie jedoch ausschließlich ausgewiesenen Kennern der Materie, die zudem über die nötige Infrastruktur verfügen und die vorgegebenen Mindestanlagesummen aufbringen können. Interessierte Einkommens-Investoren sollten daher regelmäßig und ganz im Sinn der Diversifikation auf Covered-Call-Fonds zurückgreifen, welche exakt die hier skizzierte Strategie anwenden und die so vereinnahmten Erträge regelmäßig an die Anteilseigner ausschütten.

Covered-Call-Fonds werden überwiegend in den USA und Kanada emittiert und an der NYSE sowie der TSX als CEFs oder ETFs gehandelt. Der Anteil des Depots, auf den gedeckte Kaufoptionen geschrieben werden, variiert dabei, meist beträgt er zwischen 30 und 100 Prozent. Die Laufzeit der lancierten Optionen ist kurz und bewegt sich überwiegend zwischen einem und drei Monaten. Abhängig von der Qualität des Managements und seiner Erfahrung im Umgang mit Derivaten variieren freilich auch die Ergebnisse entsprechender börsennotierter Fonds. Es existieren durchaus Negativbeispiele für die Umsetzung einer Covered-Call-Strategie, die sich beispielsweise unschwer an den entsprechenden Kursverläufen im Zuge des Lehman-Crashs im Jahr 2008 und der anschließenden Erholung der Weltbörsen ablesen lassen.

Insgesamt betrachtet handelt es sich hierbei um einen eher konservativen Investmentansatz, der übrigens mit dem Discountzertifikat ein ganz analog strukturiertes Wertpapier im Bereich der Anlagezertifikate vorzuweisen hat. Ein entscheidender Vorteil der Strategie ist der Umstand, dass sich über die Ausgabe gedeckter Kaufoptionen auch dann laufend ein relativ hohes Einkommen generieren lässt, wenn der Basiswert selbst lediglich geringe oder sogar überhaupt keine Ausschüttungen vornimmt. Letzteres ist nicht nur bei vielen Aktien der Fall, sondern auch durchgehend bei Rohstoffen wie beispielsweise Edelmetallen, Erdöl und Erdgas. Somit bieten Covered-Call-Fonds Einkommens-Investoren die einzige Möglichkeit, in gewöhnlich nicht zur Anlagestrategie passende Assetklassen zu investieren; gedeckte Kaufoptionen lassen sich schließlich auf jeden börsengängigen Vermögenswert emittieren.

Beispiele

- Der Horizons Natural Gas Yield ETF (TSE: HNY, ISIN: CA44050R1073) hält ein Portfolio aus Rohstofffonds sowie über Warenterminbörsen handelbare Optionen und Futures, welches den Erdgaspreis abbildet. Auf maximal ein Drittel dieses Portfolios begibt der ETF laufend gedeckte Kaufoptionen. Die schwankenden Erträge hieraus werden monatlich ausgeschüttet.
- Der Wells Fargo Advantage Global Dividend Opportunity Fund (NYSE: EOD, ISIN: US94987C1036) verwaltet ein global diversifiziertes Aktienportfolio mit Schwerpunkt Dividendentitel.

Entsprechend sind Papiere aus den Sektoren Versorger, Telekommunikation und Energie übergewichtet. Zusätzlich werden auf einen Teil des Depots Kaufoptionen emittiert, welche die Quartalsausschüttungen zusätzlich erhöhen.

17. PRAKTISCHE UMSETZUNG

17.1 Die Depotbank

Sämtliche vorgestellten Instrumente beziehungsweise Anlagen können ausschließlich über amtliche Börsen gehandelt werden. Hierzu ist die Einrichtung eines Depots inklusive Verrechnungskonto erforderlich, welches in aller Regel auch der Verbuchung sämtlicher Ausschüttungen dient. Entsprechende Dienstleistungen bieten so gut wie alle Banken und Broker an. In diesem Zusammenhang sind folgende Punkte besonders zu berücksichtigen:

- Der Zugang zu den wichtigsten internationalen Börsenplätzen, vor allem in Amerika sowie Asien und dem pazifischen Raum, muss gegeben sein.
- Aufgrund der langfristig maßgeblichen Beeinflussung potenzieller Renditen sollten möglichst niedrige Handelsgebühren und Verwahrungskosten erhoben werden. Dies gilt vor allem für die überwiegend frequentierten Börsenplätze.
- Die ordnungsgemäße Abwicklung der Ausschüttungen sollte sichergestellt sein, insbesondere auch was (steuer-)rechtliche

Belange wie zum Beispiel den korrekten Abzug ausländischer Quellensteuern angeht.

- Wünschenswert ist zudem die Unterstützung von Kunden bei der Erstattung zu viel gezahlter ausländischer Quellensteuer, vor allem hinsichtlich der administrativen Prozesse und Zuständigkeiten.
- Abhängig von der jährlichen Ausschüttungssumme und der Höhe des Sparerpauschbetrages sollte die Einrichtung einer Bankverbindung im Ausland geprüft werden, um die laufende, bisweilen übermäßig hohe Belastung der Ausschüttung mit der Abgeltungsteuer zu verhindern.[98]
- Das Institut sollte zumindest einmal pro Jahr eine unentgeltliche Erträgnisaufstellung anfertigen, die von der deutschen Finanzverwaltung als Nachweis über Kapitaleinkünfte akzeptiert wird.
- Für das Verrechnungskonto sollten keine Gebühren erhoben werden. Idealerweise ist es verzinst und erlaubt die Führung mehrerer Unterkonten in unterschiedlichen Währungen, was gegebenenfalls die zum Teil nicht unerheblichen Umtauschgebühren spart.[99]
- Vom Verrechnungskonto aus sollte es möglich sein, auf mindestens ein (deutsches) Referenzkonto schnell und zuverlässig Überweisungen zu tätigen.
- Das Institut sollte einem geeigneten Einlagensicherungssystem angeschlossen sein, welches mindestens die maximal vorhandenen liquiden Mittel des Anlegers voll abdeckt.[100]
- Schließlich verbietet sich ein Institut, welches in den Geschäftsbedingungen eine Erlaubnis zur Wertpapierleihe beziehungsweise zum »Security Lending« mit Wertpapieren im Kundenbestand erlaubt.[101]

Nun hat das Inkrafttreten der Richtlinie 2014/65/EU über Märkte für Finanzinstrumente, kurz MiFID II, am 3. Januar 2018 die Handelbarkeit insbesondere außereuropäischer Wertpapiere für Privatkunden mit Wohnsitz in der EU spürbar erschwert. Grund: Die Richtlinie schreibt für strukturierte Finanzprodukte wie Investmentfonds einschließlich ETFs ein Basisinformationsblatt (»Key Investor Information Document«, KIID) sowie eine Zielmarktdefinition vor. Diese müssen definierten Mindeststandards genügen und für das heimische Publikum in deutscher Sprache verfasst sein. So soll sichergestellt werden, dass Anleger nur noch Wertpapiere erwerben können, die zu ihrer Erfahrung und Risikoneigung passen. Das bedeutet: Ohne Zielmarktdefinition keine Produktfreigabe, ohne Produktfreigabe kein Handel!

Für zahlreiche ausschließlich außerhalb der EU notierte Wertpapiere, darunter viele Hochdividendenfonds, liegt weder ein KIID noch eine Zielmarktdefinition vor. Daher sind sie bei deutschen Banken und Brokern beziehungsweise für Kunden mit EU-Wohnsitz meist nicht (mehr) handelbar. Das übrigens selbst für Kunden, die diese Wertpapiere bereits im Bestand haben. An diesem Zustand dürfte sich auch künftig kaum etwas ändern, da die Emittenten in der Regel ihren Heimatmarkt bedienen und nicht auf europäische Anleger angewiesen sind.

Die Richtlinie lässt sich auch nicht mit jedem Depotanbieter außerhalb der EU umgehen. Der Grund dafür ist das hierin verankerte Marktortprinzip. Demnach finden grundsätzlich die Regeln (hier: MiFID II) für den Zielmarkt (hier: EU) Anwendung, nicht die des Landes, in dem der Anbieter der Leistung seinen Sitz innehat (zum Beispiel USA). Das bedeutet, dass auch Broker außerhalb der EU an MiFID II gehalten sind, sofern sie hierzulande über eine Banklizenz verfügen und ihre Leistungen dem heimischen Publikum aktiv anbieten.

Unter Berücksichtigung all dieser Vorgaben, insbesondere der Gebührenstruktur, kommen die meisten Filialbanken nicht infrage. Ein Vorteil wäre die mögliche Beratung bei der Wertpapierauswahl sowie die Unterstützung bei der Umsetzung adäquater Strategien.

Allerdings ist in klassischen Filialbanken eine Wertpapierberatung jenseits standardisierter Produkte aus Gründen der Haftung, des bürokratischen Dokumentationsprozesses sowie aufgrund des mit individuellen Anlageempfehlungen einhergehenden Zeitaufwandes bestenfalls auf vermögende Kunden beschränkt. Teilweise haben die Institute sogar die Wertpapierberatung komplett eingestellt. Zudem dürfte ein Großteil der hier besprochenen Instrumente selbst erfahrenen Kundenberatern ebenso wenig bekannt sein wie Konzepte zum Aufbau eines passiven Einkommens auf Basis einer Dividenden- oder Börsenrente.

Folglich können informierte Einkommens-Investoren auf eine Filialbankverbindung verzichten und sich für ein kostengünstiges Depot bei einer Direktbank oder einem Onlinebroker entscheiden. Diese bieten in der Regel keine Kundenberatung, ihre Kernleistung umfasst meist die Administration eines Wertpapierdepots inklusive eines oder mehrerer gebührenfreier Verrechnungskonten. Aufträge nehmen sie in aller Regel sowohl online als auch telefonisch an.

Während sich der Service der verschiedenen Institute nur minimal unterscheidet und alle gängigen Dienstleistungen rund um die Wertpapierverwaltung beinhaltet (unter anderem die automatische Verbuchung aller Dividenden), variieren die Gebührenmodelle zum Teil erheblich. Es ist daher aus Kostengesichtspunkten ein auf die eigenen Handelsaktivitäten abgestimmtes Preis-Leistungs-Verhältnis anzustreben. Sollten sich wesentliche Parameter ändern, ist ein Depotübertrag auf ein anderes Institut problemlos möglich, wenngleich der Wechsel, zumindest zu einer Depotbank in einem anderen Land, womöglich mit Kosten behaftet ist.

Anleger, die die gesamte Bandbreite an Hochdividendenwerten, also vor allem börsennotierte Fonds beziehungsweise ETFs handeln wollen, kommen dabei nicht um ein Auslandsdepot herum. Selbstverständlich ist es für Anleger mit Wohnsitz in der EU legal, ein solches bei einem Institut zu eröffnen, welches nicht der MiFID-II-Richtlinie unterliegt. Hierfür eignen sich vor allem Schweizer Broker, die neben dem uneingeschränkten Wertpapierhandel mit komplett deutschsprachigem Service punkten und auch hinsichtlich der Gebühren keinen Vergleich zu scheuen brauchen.

Die Eröffnung eines Depots und Verrechnungskontos bei einer Direktbank oder einem Onlinebroker erfolgt analog zu dem bei einer Filialbank, nur eben postalisch. Alle nötigen Eröffnungsunterlagen finden sich auf der Internetseite der jeweiligen Bank, können meist aber auch als Postsendung angefordert werden. Die national wie international vorgeschriebene Identitätsprüfung erfolgt bei inländischen Instituten meist über das Identifizierungsverfahren der Deutschen Post. Dabei wird anhand des Personalausweises in einer Niederlassung vor Ort die Identität und Unterschrift des künftigen Depotinhabers geprüft und auf einem gesonderten Formular vermerkt. Bei im Ausland ansässigen Instituten ist der Identitätsnachweis oft noch einfacher. Diese verlangen meist die beglaubigte Kopie eines offiziellen Personaldokuments, welche postalisch zugestellt werden kann.

Nach Zusendung aller Kontoeröffnungsunterlagen, zu denen fast immer auch eine Selbsteinschätzung zur Erfahrung im Wertpapierhandel gehört, erfolgt in aller Regel wenig später die schriftliche Eröffnungsbestätigung inklusive der für den Zugriff erforderlichen Zugangsdaten.

17.2 Zur Titelauswahl

Das beste Depot nutzt nichts ohne einen Schlüssel, der das Tor zum Börsenhandel öffnet. Auch im Fall der Cashgeneratoren ist das die International Securities Identification Number (ISIN), eine international normierte, zwölfstellige Buchstaben-Zahlen-Kombination, über die jedes an einer Börse handelbare Wertpapier eindeutig identifizierbar ist. Daneben führen Börsen jedoch auch eigene, in der Regel wesentlich gängigere Kürzel oder Nummern für die an ihnen gelisteten Titel. Ein Beispiel ist die deutsche Wertpapierkennnummer (WKN) oder die in den angelsächsischen Ländern beliebten Buchstabenkürzel, wie sie auch in den vorangegangenen Kapiteln verwendet wurden.

Wie gelangen interessierte Investoren an die zum Handel notwendigen Börsencodes sowie weitere für ihre Entscheidung relevanten Informationen? Hierzu steht eine Vielzahl von Quellen zur Verfügung. Eine erste Ausgangsbasis für die individuelle Recherche bieten die in diesem Buch zu jedem Instrument erwähnten Beispiele und Internetseiten. Oftmals verweisen diese auf weitere interessante Informationsangebote zum Thema beziehungsweise zu bestimmten Anlageklassen. Ein einfacher Weg, Informationen im Internet zu erschließen, besteht darin, die hier besprochenen Instrumente in eine Suchmaschine einzugeben. In den Ergebnislisten finden sich fast immer Verweise auf spezialisierte Informationsangebote. Auch die im Quellenverzeichnis gelisteten elektronischen und meist frei zugänglichen Dokumente vermitteln tiefergehende Kenntnisse zum jeweiligen Thema.

Eine weitere Möglichkeit ist die Suche nach Anlagen über die Homepage der jeweiligen Börsenbetreiber, vor allem in den USA, Kanada und Australien. Hier finden sich Unterseiten zu zahlreichen hier besprochenen Wertpapiergattungen, die zum Teil in eigenen Börsensegmenten zusammengefasst werden. Ferner existieren mehrere Interessenvereinigungen zu in dieser Publikation vorgestellten Instrumenten, die über eigene Webseiten verfügen. Da diese ja den (Börsen-)Handel fördern wollen, bieten sie nicht nur umfangreiches Informationsmaterial, sondern oftmals auch Such- und Filterfunktionen, um Interessenten ihre Suche so einfach wie möglich zu gestalten. Beispiele hierzu finden sich ebenfalls in Kapital 17. Neben übersichtlichen Zusammenfassungen zu einzelnen Wertpapieren nebst Ausschüttungshistorie enthalten diese Seiten regelmäßig auch direkte Verweise auf die Internetseite des jeweiligen Unternehmens beziehungsweise Fonds.

Eine weitere Quelle sind Finanzportale, die meist ein breites Spektrum von international gehandelten Wertpapieren über definierbare Suchparameter zu analysieren erlauben. Ein möglicher Ansatz besteht darin, den Datenbankbestand absteigend nach der Höhe der Dividendenrendite sortieren zu lassen und nach Möglichkeit mit derjenigen der Vorjahre zu vergleichen, um statistische Ausreißer und Einmaleffekte eliminieren zu können. Ferner können gängige Dividendenindizes beziehungsweise Indizes, die ausschüttungsorientierte Strategien abbilden, zur Wertpapierrecherche genutzt werden. Hierzu lässt sich in aller Regel über die Homepage des jeweiligen Anbieters die konkrete Zusammensetzung des Index ermitteln. Anschließend können einzelne Wertpapierpositionen einer genaueren Untersuchung unterzogen werden.

Am Ende der Recherchen sollte eine nach Instrumenten geordnete Liste möglicher Investments stehen. Ist erst einmal der Name des Wertpapiers bekannt, können über eine der großen Suchmaschinen beziehungsweise über die entsprechende Unterseite für Finanzdaten sowohl ISIN als auch Börsenkürzel und gegebenenfalls WKN ermittelt werden. Oftmals werden im Zuge der Suche ähnliche Wertpapiere als verwandte Suchbegriffe vorgeschlagen, sodass sich auch über diesen Kanal weitere Anlagemöglichkeiten recherchieren lassen. Nach der Recherche kommen Einkommens-Investoren zumindest um eine Kurzanalyse der potenziellen Investments nach dem Fünf-Punkte-Check nicht herum.

Hierzu sind allerdings in der Regel grundlegende Kenntnisse der englischen Sprache sowie ein elementares Verständnis hinsichtlich der Finanzberichterstattung unumgänglich. Die notwendigen Dokumente finden sich bei Einzeltiteln auf der Internetseite des Unternehmens unter der Rubrik »Investor Relations«. Für börsengehandelte Fonds unterhält die verwaltende KAG meist eine eigene (Unter-)Seite, die sämtliche relevanten Informationen thematisch sortiert bereitstellt. Sowohl bei Einzeltiteln als auch bei Sammelanlagen umfasst dies neben dem Börsenlisting, der Marktkapitalisierung und dem Kursverlauf vor allem die Dividendenhistorie sowie ältere und aktuelle Quartals- und Halbjahresberichte beziehungsweise Jahresabschlüsse.

Fast alle Fonds, aber auch einige Unternehmen stellen zudem ein sogenanntes Factsheet zur Verfügung, eine laufend aktuell gehaltene Kurzdokumentation von ein bis zwei DIN-A4-Seiten Länge mit zahlreichen relevanten Zahlen, Daten und Fakten. Bei Fondsanlagen findet sich fast immer auf der entsprechenden Internetseite beziehungsweise dem Factsheet neben der Marktkapitalisierung auch der jeweilige NAV.

Am Ende der Recherche und des Analyseprozesses sollte eine Liste konkreter Investments stehen, die den individuellen Präferenzen und persönlichen Vermögensverhältnissen des Einkommens-Investors entsprechen. Wie viele Positionen sollte diese Liste umfassen? Hierzu wurden bereits in Kapitel 16 grundsätzliche Überlegungen angestellt. Im Sinne einer ausreichend breiten Diversifikation einerseits sowie einer hinreichend praktikablen Handhabbarkeit andererseits sollte diese mindestens 10 und höchstens 30 Titel umfassen. Die konkrete Anzahl ist auch von der grundsätzlichen Ausrichtung in Richtung Einzeltitel oder Sammelanlagen und der zu investierenden Vermögenshöhe abhängig. Aufgrund der höheren Risiken von Einzeltiteln sollte ein entsprechend ausgerichtetes Depot tendenziell mehr Investments umfassen als bei Konzentration auf Sammelanlagen.[102]

Hierbei ist zu beachten, dass mit der Anzahl der Depotpositionen auch die Transaktionskosten steigen; der Kauf und gegebenenfalls Verkauf von fünf Einzeltiteln ist in aller Regel teurer als der einer einzigen Sammelanlage. Zudem sind, wie in Kapitel 16 ausgeführt, aus Kostengründen mindestens 3000 Euro Handelsvolumen pro Order anzusetzen. Ein aus dem hier veranschlagten Maximum von 30 Einzeltiteln bestehendes Depot erfordert demnach bereits eine Gesamtinvestitionssumme von 90.000 Euro. Ein entsprechend geringerer Kapitaleinsatz ist bei der Investition in eine überschaubarere Zahl von Sammelanlagen wie börsennotierte Fonds oder ETFs notwendig.

Die Überlegungen gelten analog für ein gemischtes Portfolio aus Einzelwerten und Sammelanlagen. In jedem Fall ist auf eine ausgewogene Mischung der verschiedenen Instrumente, Anlageformen und Länder zu achten, um keine Klumpenrisiken einzugehen und das systematische Marktrisiko möglichst klein zu halten.[103] Eine breite Streuung möglichst gering korrelierender, also wenig wechselseitig aufeinander einwirkender Assetklassen senkt zudem die Volatilität des Depots bei gleichen Renditeaussichten.

Gewappnet mit diesen Informationen ist es dem Einkommens-Investor nunmehr möglich, sein Vermögen zu disponieren. Mithilfe der ISIN oder des Börsenkürzels können entsprechende Orders über die Depotbank beziehungsweise den Broker platziert werden. Die Stückzahl errechnet sich dabei über den gewünschten Anlagebetrag geteilt durch den aktuellen Kurs des entsprechenden Papiers. Hierbei ist gegebenenfalls der Wechselkurs in die Rechnung einzubeziehen. Eventuell muss auf ganze Stücke auf- oder abgerundet werden.

Grundsätzlich kann eine Kauf- oder Verkaufsorder ohne Limit versehen, also »billigst« oder »bestens« in Auftrag gegeben werden. Da einige der hier besprochenen Wertpapiere bisweilen marktеng gehandelt werden, also an der Börse nicht allzu liquide sind, empfiehlt es sich, eine Order grundsätzlich mit einem Limit zu versehen. So ist sichergestellt, dass das Papier höchstens zum angegebenen Kurslimit gekauft beziehungsweise mindestens zum selbigen verkauft wird.[104]

17.3 Umsetzungsstrategien

Bei der zur Anwendung kommenden Anlage- beziehungsweise Cashgenerator-Strategie ist grundsätzlich zu unterscheiden, ob Vermögen erst aufgebaut oder ein bereits bestehender Kapitalstock verwaltet werden soll. Letzteres beinhaltet zusätzlich die

Entscheidung, anfallende Erträge wiederanzulegen und das Vermögen weiter auszubauen oder nach Erreichen eines definierten Einkommensniveaus gegebenenfalls zu konsumieren. Ein Verzehr des »Stammes«, das Schlachten der (Wertpapier-)Gans, ist im Gegensatz zur Verwertung der »Früchte«, der goldenen (Dividenden-) Eier, nicht vorgesehen, weshalb kurz- bis mittelfristig erforderliche Liquiditätsreserven für die langfristig konzipierte Anlage ausdrücklich nicht eingesetzt werden sollten.

Sofern der Vermögensaufbau im Vordergrund steht, wird systematisches Sparen für den Investor unumgänglich. Hierzu sollte monatlich zumindest ein Teil der freien liquiden Mittel sowie etwaiger Sonderzahlungen wie beispielsweise Steuererstattungen oder Weihnachtsgeld auf das Depotkonto überwiesen werden. Um den Sparprozess zu automatisieren, empfiehlt es sich, die monatliche Sparrate prozentual an das Gehalt zu koppeln und per Dauerauftrag zu Monatsanfang transferieren zu lassen. Bei Sonderzahlungen sollte zumindest die Hälfte der erhaltenen Summe dem Vermögensaufbau zugeführt werden.

Leider existiert für die hier besprochenen Wertpapiere so gut wie keine Möglichkeit, kostengünstige Sparverträge abzuschließen, sodass es immer erst notwendig ist, das für eine kosteneffiziente Börsenorder hinreichende Kapital anzusparen. Die Schwelle hierfür liegt, wie bereits erwähnt, je nach Depotbank bei circa 3000 Euro. Beginnend mit der ersten Wertpapieranlage fließen dem Depotkonto natürlich nicht nur die Sparbeiträge, sondern auch die Ausschüttungen zu, welche den Wertpapierbestand über Reinvestitionen und damit letztlich auch die Summe der Ausschüttungen sukzessive erhöhen.

Da beim Vermögensaufbau keine Diversifikation des Portfolios über Einzeltitel und Sammelanlagen erfolgen kann, muss diese bestmöglich über ein einziges Wertpapier umgesetzt werden. Hierbei sollte es sich um einen börsengehandelten Fonds oder einen kostengünstigen ETF handeln, der möglichst weltweit in verschiedene ausschüttungsstarke Instrumente und Titel investiert ist.

Beispiele

- Der Guggenheim Multi-Asset Income Fund (NYSE: CVY, ISIN: US18383M5067) ist ein weltweit anlegender CEF, dessen über eine Milliarde US-Dollar schweres Portfolio 150 Positionen umfasst. Angelegt wird in ein breites Spektrum aus Aktien, ADRs, MLPs, REITs, Preferred Securities und Royalty Trusts.
- Der Arrow Dow Jones Global Yield ETF (NYSE: GYLD, ISIN: US04273H1041) verwaltet ebenfalls ein Portfolio aus 150 Wertpapieren, die zu je gleichen Quoten auf die fünf Kategorien globale Aktien, REITs, alternative Investments (unter anderem BDCs und MLPs), Unternehmensanleihen und Staatsanleihen verteilt sind. Abgebildet wird damit der Dow Jones Global Composite Yield Index.

Selbstverständlich kann diese sehr komfortable Strategie jenseits des Vermögensaufbaus auch für den Vermögensausbau beibehalten werden, wenngleich diese Bequemlichkeit mit einem Insolvenz- und Managementrisiko erkauft werden muss, das sich selbst bei einem breit gestreuten ETF nicht gänzlich verhindern lässt.

Alternativ bietet sich ab einer hinreichenden Vermögenshöhe die gezielte Investition in klarer fokussierte Einzelwerte oder Sammelanlagen an. Hierbei stellt sich natürlich die Frage, wie sich eine entsprechende Aufteilung des verfügbaren Vermögens auf verschiedene Assetklassen, die sogenannte Asset Allocation, unter Maßgabe möglichst geringer Transaktionskosten bewerkstelligen lässt. Vor allem ist im Rahmen der Anlagestrategie zu überlegen, ob und gegebenenfalls wie nach eher aktienähnlichen (schwankungsreichen) beziehungsweise eher anleiheähnlichen (schwankungsarmen) Investments differenziert und wie mit Buchgewinnen respektive -verlusten einzelner Positionen und Instrumente verfahren werden soll. Hierauf kann es keine allgemeingültige Antwort geben, da diese von der individuellen, in Höhe und Zeit variierenden Verlusttragfähigkeit abhängt. Je höher diese ausgeprägt ist, desto größer darf auch der Anteil aktienähnlicher Investments am

Gesamtportfolio sein – und umgekehrt. Für den einzelnen Einkommens-Investor kann es in diesem Zusammenhang nützlich sein, sich verschiedene Crash-Szenarien für verschiedene Gewichtungen vor Augen zu führen und deren Auswirkungen auf den Wert des Gesamtportfolios abzuschätzen, wobei für schwankungsintensive Assetklassen mit einem Rückschlagpotenzial von mindestens 50 Prozent kalkuliert werden sollte. Grundsätzlich gilt dabei, so William J. Bernstein, nachfolgende Gesetzmäßigkeit: »Der größte Zuwachs von Rendite versus Risiko erfolgt, wenn man sich von 100 Prozent Aktien oder Anleihen einer Kombination im Verhältnis 75/25 annähert. Die Bewegung von 75/25 zu 50/50 wirkt sich bei Weitem nicht so stark aus.«

Weniger wichtig beziehungsweise meist deutlich überbewertet wird hingegen die konkrete Verteilung der Mittel, vor allem innerhalb beziehungsweise zwischen aktienähnlichen Anlageklassen, also die Strukturierung der schwankungsreichen Depotkomponenten nach Instrumenten, Größenklassen, Regionen und Währungen. Dies hat zumindest eine Studie respektive Simulation des US-amerikanischen Investmentmanagers Mebane T. Faber aus dem Jahr 2013 zu genau dieser Frage ergeben. Faber hat hierbei das Rendite-Risiko-Profil mehrerer unterschiedlich zusammengestellter Portfolios für den Zeitraum 1970 bis 2012 ausgewertet. Die Portfolios orientierten sich dabei an den langfristig ausgerichteten Buy-and-Hold-Strategien bekannter und erfolgreicher Investoren wie beispielsweise derjenigen des Investmentdirektors der Yale University David F. Swensen oder des bereits erwähnten William J. Bernstein. Im Ergebnis spielte die genaue Allokation beziehungsweise der prozentuale Anteil beispielsweise von US-Aktien, internationalen Aktien, Standard- und Nebenwerten, REITs und Rohstoffen am Gesamtportfolio so gut wie keine Rolle; sowohl die durchschnittlichen Jahresrenditen als auch die Schwankungsraten bewegten sich alle innerhalb eines engen Korridors.

Auch Bernstein kommt bei einer ähnlichen Untersuchung zu dem gleichen Ergebnis: »Die Zusammensetzung des Aktienanteils eines sehr riskanten Depots unterscheidet sich nicht sehr stark von der in einem risikoaversen Portfolio. Der Hauptunterschied besteht in der allgemeinen Allokation zwischen Aktien und Anleihen.« Vor diesem Hintergrund dürfte sich eine naive Diversifikation, also die gleichmäßige Aufteilung der verfügbaren Mittel auf die verschiedenen aktienähnlichen Assets, tatsächlich als recht pragmatisch erweisen. Alternative, den individuellen Vorlieben eher entsprechende Verteilungsschlüssel sind Faber zufolge grundsätzlich ebenfalls vertretbar, sofern diese dann auch beibehalten und nicht dem jeweiligen persönlichen Befinden angepasst werden, was zwangsläufig kostenintensive Umschichtungen zur Folge hat.

Bezüglich der periodischen Anpassung der einmal festgelegten Portfoliostruktur sowie der Verwendung der ausgeschütteten Mittel sollen nachfolgend vier exemplarische Cashgenerator-Strategien diskutiert werden, die sich freilich an die individuellen Präferenzen des Anlegers flexibel anpassen lassen:

- Stetige Reinvestition
- Situative Reinvestition
- Reinvestition mit gedeckeltem Liquiditätspuffer
- Systematische Rebalancierung

Bei der stetigen Reinvestition wird das verfügbare Vermögen auf eine bestimmte Anzahl Wertpapiere gleichmäßig aufgeteilt. Beispiel: In zehn börsengehandelte Fonds oder ETFs mit unterschiedlichem Fokus werden jeweils 5000 Euro, also insgesamt 50.000 Euro investiert.[105] Diese einmal getroffene Aufteilung wird beibehalten, das heißt, die Positionen werden nicht mehr liquidiert, es sei denn, ein Fonds wird aufgelöst oder entspricht nicht mehr den Kriterien gemäß dem Fünf-Punkte-Check. Letzterem werden einmal jährlich alle Titel unterzogen. Sämtliche ausgeschütteten Mittel werden reinvestiert, sobald die für eine Börsenorder wirtschaftliche Schwelle erreicht ist.

Da sich die einzelnen Wertpapiere unterschiedlich entwickeln, wird immer in die bis dato kleinste Depotposition reinvestiert. Der Vorteil der Strategie ist die sehr einfache Handhabung bei einem Minimum an Transaktionskosten. Der Nachteil ist eine gewisse Starre, die es nicht erlaubt, Gewinne aus besonders gut gelaufenen Papieren systematisch und vor allem antizyklisch umzuschichten beziehungsweise Baissephasen gezielt für Investitionen zu nutzen.

Zumindest diesem letzten Punkt wirkt die Strategie der situativen Reinvestition entgegen. Hierbei werden die Ausschüttungen nicht sofort nach Erreichen der wirtschaftlichen Schwelle reinvestiert. Vielmehr werden die ausgeschütteten Mittel auf einem idealerweise verzinsten Konto angesammelt oder alternativ in einem Geldmarktfonds oder ETF mit kurzlaufenden Anleihen bestmöglicher Bonität. Die Reinvestition erfolgt ausschließlich in Phasen ausgeprägter Marktschwäche. Für solche sind unbedingt klare Schwellenwerte zu definieren. Eine Möglichkeit hierzu besteht darin, sich am prozentualen Verlust eines Leitindex, ausgehend von dessen Höchststand, zu orientieren. Beispielsweise könnte eine solche Regel die Reinvestition aller angesammelten Mittel immer dann auslösen, wenn der Dow Jones Industrial Average 30 Prozent von seinem historischen Höchststand eingebüßt hat.

Da sich Baissephasen oft über Monate oder Jahre hinziehen können, wäre auch ein Stufenplan denkbar, der die Reinvestition eines prozentualen Anteils der liquiden Mittel bei bestimmten Verlustschwellen vorsieht, beispielsweise je 50 Prozent der Mittel bei 20 und bei 40 Prozent Rückgang vom Höchstwert aus gerechnet. Der Vorteil dieser Strategie besteht darin, dass Schwächeperioden, die erfahrungsgemäß gerade für Einkommens-Investoren ein vorteilhaftes Dividenden-Kurs-Profil bieten (siehe Kapitel 3.3), systematisch ausgenutzt werden. Allerdings wird dies mit dem Nachteil erkauft, dass liquide Mittel über längere Phasen nicht in ausschüttungsstarken Titeln und gegebenenfalls in Phasen haussierender Märkte investiert sind.

Dies dürfte langfristig die Rendite vermutlich eher schmälern, wie eine vergleichende Studie des US-amerikanischen Finanzmaklers Charles Schwab aus dem Jahr 2013 zum Timing periodischen Investierens ergab. Hierbei wurden zwischen den Jahren 1993 und 2012, also über einen Zeitraum von zwei Dekaden, jährlich 2000 US-Dollar nach fünf verschiedenen Ansätzen in den S&P 500 beziehungsweise den Geldmarkt investiert:

1. Zum niedrigsten Schlusskurs auf Monatsbasis
2. Zum höchsten Schlusskurs auf Monatsbasis
3. Am ersten Handelstag im Jahr
4. In zwölf gleichen Raten jeweils zum Monatsanfang
5. Ausschließlich und durchgehend als Tagesgeld

Es ist wenig erstaunlich, dass der erste Ansatz, also der des perfekten Timings, mit 87.004 US-Dollar Gesamtwert zum besten Ergebnis führte. Hierauf folgte allerdings bemerkenswert dicht mit 81.650 US-Dollar der dritte Ansatz, also der des unverzüglichen Anlegens, dahinter mit 79.519 US-Dollar geringfügig beziehungsweise mit 72.487 US-Dollar deutlich abgeschlagen die Ansätze vier und zwei. Weiterhin bemerkenswert: Selbst Ansatz zwei, also die durchgehende Investition zu jährlichen Höchstkursen, schlägt die Investition in Tagesgeld, welche sich zu insgesamt 51.291 US-Dollar summiert hätte, trotz zweier ausgewachsener Crashs deutlich. Inwieweit das Ergebnis auch für andere Perioden repräsentativ ist, sei dahingestellt. Auch wenn die Strategie der situativen Reinvestition keinen monetären Vorteil versprechen sollte, so kann zumindest ein emotionaler mit ihr einhergehen, der aus dem beruhigenden Gefühl eines Liquiditätspolsters für sprichwörtlich schlechte Zeiten und damit günstige Zukäufe erwächst.

Die Reinvestition mit Liquiditätspuffer ist eine Kombination aus den beiden zuvor besprochenen Strategien. Hierbei werden die liquiden Mittel zwar ebenfalls wie in Variante zwei angespart, allerdings nur bis zu einer bestimmten Summe. Alle weiteren zufließenden Mittel werden gemäß Variante eins reinvestiert. Wie hoch sollte der so gedeckelte Liquiditätspuffer sein? Auch das lässt sich nicht pauschal beantworten und ist von den Präferenzen des Anlegers abhängig. Ein niedriger Puffer bietet eher die Vor- und Nachteile der Variante eins, ein hoher die der Variante zwei.

Die systematische Rebalancierung wiederum versucht die Antwort auf genau diese Frage durch regelmäßiges periodisches Umschichten zu automatisieren. Auch hierbei muss der Anleger im Vorfeld entscheiden, welchen Anteil des zu investierenden Vermögens er in welchen Titeln mit aktienähnlichem beziehungsweise anleiheähnlichem Profil anlegen möchte; das Depot wird also ebenfalls von vornherein in eine schwankungsintensive Risiko- und eine schwankungsarme Sicherheitskomponente unterteilt. Im Fall einer gleichgewichteten oder naiven Diversifikation erfolgt die Aufteilung in beide Komponenten jeweils zu 50 Prozent sowie innerhalb der Komponenten ebenfalls gleichmäßig verteilt über die gewünschten Instrumente beziehungsweise Titel.

Die Umschichtung wird dann in regelmäßigen, allerdings nicht zu kurzen Abständen von mindestens einem Jahr zu gleichen Stichtagen durchgeführt – häufigere Umschichtungen führen statistisch betrachtet zur Umkehrung des Rebalancierungseffekts oder Readjustierungsbonus (siehe weiter unten). Hierbei wird die ursprüngliche Gewichtung dadurch wiederhergestellt, dass zunächst Anteile der relativ besser performenden Positionen verkauft und anschließend solche der relativ schlechter performenden Positionen gekauft werden.

Das Vorgehen lohnt sich freilich nur, wenn der Unterschied in Euro gemessen so hoch ist, dass die jeweiligen Transaktionen wirtschaftlich durchführbar sind – denn sowohl beim Verkauf als auch beim Kauf fallen Gebühren an. Im Rahmen der Umschichtung können und sollen natürlich auch die aufgelaufenen Mittel aus den zwischenzeitlich erfolgten Ausschüttungen verwendet werden. Der entscheidende Vorteil der Rebalancierung ist der automatisierte, antizyklische Handlungsansatz, der empirischen

Untersuchungen zufolge die Rendite eines vergleichbaren, aber statisch gemanagten Portfolios geringfügig erhöht und gleichzeitig dessen Risiko respektive Schwankungsintensität leicht verringert. Bernstein geht dabei sogar noch weiter und misst diesem Vorteil gar eine ganz entscheidende Bedeutung im Rahmen der Anlagestrategie bei: »Der ›Readjustierungsbonus‹, also die Zusatzrendite durch rigorose Wiederherstellung der ursprünglichen Allokation, ist wahrscheinlich wichtiger als die Risikoreduzierung durch Diversifikation.« Ferner weist er darauf hin, dass regelmäßiges Rebalancieren ein gesundes Vertrauen in die eigene Person und Misstrauen gegenüber der Börsenstimmung trainiert, da es periodisch dazu zwingt, gegen die jeweils aktuelle Mehrheitsmeinung zu agieren.

Für alle Strategien gilt dabei der Grundsatz, dass jede Ausweitung der Sicherheitskomponente durch die damit automatisch einhergehende Reduktion der Risikokomponente die potenzielle Gesamtrendite senkt. Gerade bei einer sehr hohen Quote aktienähnlicher Anlagen lässt sich damit jedoch auch das Risiko überproportional stark reduzieren, sodass beispielsweise ein breit mit internationalen Standard- und Nebenwerten bestücktes Portfolio, bei dem die Sicherheitskomponente 25 Prozent ausmacht, eine höhere Rendite und ein niedrigeres Risiko aufweist als ein Standardwerte-Index wie beispielsweise der S&P 500. Derzeit ist allerdings die konkrete Anlage im Hinblick auf die Sicherheitskomponente nicht ganz unproblematisch. (Staats-)Anleihen mit aktuell guter Bonität rentieren vor allem aufgrund massiver Zentralbankinterventionen innerhalb der großen Währungsblöcke vermutlich auf Jahre äußerst dürftig bis negativ, siehe auch Kapitel 14. Hinzu kommen die nicht von der Hand zu weisenden Risiken in Form von Schuldenschnitten und Währungsreformen, während gleichzeitig nicht heimische Währungen selbst solider Schuldner teilweise erheblichen Wechselkursschwankungen unterliegen und damit gerade kein stabilisierendes Element darstellen können.

Unabhängig von der konkreten Entscheidung für eine der hier vorgeschlagenen oder auch eine alternative Cashgenerator-Strategie bestimmt die (Selbst-)Disziplin ganz wesentlich mit, ob das anvisierte Ziel erreicht wird oder nicht. Sehr wichtig ist hierbei, die einmal festgelegte Strategie konsequent durchzuhalten, wie noch einmal Bernstein betont: »Viel wichtiger als die Wahl der richtigen Asset Allocation ist es, Ihrer Depotstruktur durch dick und dünn treu zu bleiben.« Feste Regeln helfen bei der Selbstbindung, die reale Aussicht auf finanzielle Autonomie muss indes stark genug sein, um die Versuchung zu unterdrücken, die Gans samt ihren ungelegten goldenen Eiern zu schlachten. Disziplin und hier vor allem Geduld sind umso wichtiger, als es sich beim Aufbau einkommensorientierter Anlagen um einen sehr langfristigen Investmentansatz handelt. Abgeschlossen ist dieser erst dann, wenn das regelmäßig angestrebte Niveau der Dividendenrente auf Basis mittel- bis langfristig relativ sicher kalkulierbarer Ausschüttungen erreicht ist.

Diese Tugenden sind jedoch ebenso wie ein periodischer Fünf-Punkte-Check auch danach im Zuge der reinen Vermögensverwaltung unentbehrlich. Mit Erreichen der Zielrente aus Wertpapierausschüttungen rückt, sofern zumindest ein teilweiser Konsum der Mittel angestrebt wird, deren Sicherung in den Vordergrund. Ziel muss hierbei sein, auch in Zeiten schwerer Finanz- und Wirtschaftskrisen das Auszahlungsniveau insgesamt halten zu können. Auch hierzu sollen kurz zwei mögliche Handlungsansätze vorgeschlagen werden:

- Teilentnahmeverfahren
- Liquiditätsreservehaltung

Beim Teilentnahmeverfahren wird ein fester Betrag, die gewünschte Dividendenrente, der Gesamtausschüttung entnommen, wobei Letztere allerdings nicht gänzlich ausgeschöpft werden darf. Die im Regelfall unter den üblichen Schwankungen niedrigste periodische Ausschüttung muss dabei stets höher sein als die im selben Zeitraum entnommene Dividendenrente, das heißt, die auf das Depot bezogene Payout Ratio liegt unterhalb von 100 Prozent. Der nicht entnommene Ausschüttungsbetrag wird sodann in definierten Zeitintervallen nach der festgelegten Strategie wieder dem Vermögen zugeführt und erhöht weiterhin den Wertpapierbestand respektive die Ausschüttungssumme. Der so sukzessive aufgebaute Puffer stellt in Zeiten (vorübergehend) fallender Börsen beziehungsweise Dividenden und Zinsen idealerweise sicher, dass das Rentenniveau gehalten werden kann. Reicht der Puffer hingegen nicht aus, bleibt dem Anleger keine andere Wahl, als die Entnahmen zu kürzen, möchte er die Vermögenssubstanz nicht angreifen.

Bei der Liquiditätsreservehaltung wird ein Teil des Vermögens als kurzfristige, schnell liquidierbare Sicherheitskomponente angelegt. Diese dient ausschließlich dazu, in Baissephasen über einen bestimmten Zeitraum einen definierten Dividendenausfall auszugleichen und somit die Rente stabil zu halten. Die Höhe der Reserve bestimmt sich nach dem Sicherheitsbedürfnis des Anlegers. Beispiel: In der jüngsten Finanzkrise verlor der Dow Jones Industrial Average zwischen 2007 und 2009 deutlich über 50 Prozent. Erst im Jahr 2013 erreichte der Index seinen alten Höchststand. Die Dividenden begannen allerdings erst im Jahr 2008 zu fallen, das Niveau büßte je nach Wertpapierart im Schnitt ein Drittel ein und verharrte bis 2010 auf diesem Stand. Ab 2011 konnte das Dividendenniveau wieder an den Vorkrisenstand anknüpfen.

Ein Einkommens-Investor, der seine Dividendenrendite in einem solchen Krisenszenario stabil halten möchte, muss demnach über eine Liquiditätsrücklage verfügen, die eine um ein Drittel gekürzte Dividende über drei Jahre zu kompensieren in der Lage ist. Beträgt die Dividendenrente vor Ausbruch einer derartigen Krise beispielsweise umgerechnet 1500 Euro pro Monat, so muss die nötige Rücklage 36 Monate lang den Ausfall von 500 Euro pro Monat ersetzen können, was einer Gesamtreserve von 18.000 Euro entspricht. Um die Reserve jedoch auch nach einer Entnahmephase wieder auffüllen zu können, kommt der Einkommens-Investor nicht um Elemente der ersten Variante, also einen Teilverzehr der Ausschüttungen, herum.

Dieser praxisorientierte Abschnitt soll mit dem Zitat des ersten US-Dollar Milliardärs und vermutlich reichsten Menschen der Neuzeit abgeschlossen werden. Der als Ölmagnat berühmt gewordene John D. Rockefeller war nicht nur ein innovativer Unternehmer, sondern auch ein passionierter Einkommens-Investor. Sein diesbezügliches Motiv darf aller Wahrscheinlichkeit nach zeitlose Gültigkeit beanspruchen: »Wissen Sie, was mir wirklich Freude bereitet? Die einlaufenden Dividenden auf meinem Konto.«

17.4 Steuerrechtliche Anmerkungen

Ein ebenso leidiges und bedauerlicherweise auch nicht gerade triviales Thema, welches zu guter Letzt zumindest angeschnitten werden soll, ist die steuerrechtliche Behandlung von Erträgen aus den hier vorgestellten Kapitalanlagen durch den deutschen Fiskus. Wie bereits in mehreren Kapiteln ausgeführt, unterliegen Einkünfte aus Kapitalvermögen bei in Deutschland steuerpflichtigen Privatpersonen seit Januar 2009 einer Kapitalertragsteuer mit abgeltender Wirkung, kurz Abgeltungsteuer.

Der Steuersatz beträgt einheitlich 25 Prozent. Auf die Abgeltungsteuer wird noch der Solidaritätszuschlag von 5,5 Prozent aufgeschlagen, wodurch sich die Steuerbelastung auf 26,375 Prozent summiert. Ja nach Bundesland und Konfessionszugehörigkeit kommt zudem ein Kirchensteuerzuschlag von 8 oder 9 Prozent hinzu, die Gesamtlast erhöht sich damit auf maximal 27,8186 beziehungsweise 27,9951 Prozent. Die Abgeltungsteuer wird dabei sowohl auf Ausschüttungen als auch realisierte Kursgewinne jeder Art erhoben, wobei Kursverluste nur mit vorherigen oder künftigen Kursgewinnen verrechnet werden dürfen, nicht jedoch mit Ausschüttungen.[106]

Grundsätzlich profitieren von dieser Regelung Personen, deren (Grenz-)Steuersatz jenseits der 25 Prozent liegt, da die Abgeltungsteuer durch die Pauschalierung die Steuerbelastung deckelt, diese also prozentual mit der Höhe der Einkünfte aus Kapitalvermögen nicht weiter ansteigt. Im Gegensatz dazu liegt der aktuelle Spitzensteuersatz für die weiteren Haupteinkunftsarten selbstständige und unselbstständige Arbeit sowie Vermietung und Verpachtung bei 45 Prozent. Die Schwelle, ab der jeder weitere Euro Einkommen mit mindestens 25 Prozent besteuert wird, liegt bei Alleinstehenden übrigens bereits bei einem zu versteuernden Jahreseinkommen von knapp 20.000 Euro. Doch selbst wer weniger Einkommen beziehen sollte, erleidet durch die Abgeltungsteuer zumindest keinen Nachteil, da im Rahmen der jährlichen Einkommensteuererklärung die sogenannte Günstigerprüfung für Kapitalerträge beantragt werden kann. Hierzu ist lediglich in der Anlage KAP das entsprechende Feld anzukreuzen. In diesem Fall prüft das Finanzamt, ob die Besteuerung der Kapitalerträge nach dem regulären persönlichen Steuersatz, also unter Einbeziehung aller anderen Einkünfte, oder eben unter Ansatz der Abgeltungsteuer für den Antragsteller vorteilhafter ist. Die Veranlagung erfolgt mit dem entsprechend niedrigeren Steuersatz.

Einen schwerwiegenden Nachteil für Anleger brachte der Übergang zur Abgeltungsteuer im Vergleich zur vorhergehenden Rechtslage allerdings mit sich. Denn seither werden, wie oben erwähnt, nicht nur Ausschüttungen wie Dividenden und Zinszahlungen zur Steuer herangezogen, sondern auch Kursgewinne. Diese waren zuvor nach einer Haltefrist von mindestens einem Jahr stets steuerfrei, was insbesondere mittel- bis langfristig orientierten Aktionären zugutekam. So erfreulich diese Regelung auch war, so sehr verzerrte sie natürlich auch die Anreizstruktur eines potenziellen Anlegers weg von den Einkommen und hin in Richtung möglicher Kursgewinne. Und bekanntermaßen ist kaum ein Trieb so ausgeprägt wie der Steuerspartrieb. Jedenfalls besteht zwischen beiden Möglichkeiten der Mehrwerterzielung zumindest steuerrechtlich wieder annähernde Waffengleichheit.[107]

Ergänzend muss hinzugefügt werden, dass die bis hierher erwähnten Regelungen zur Abgeltungsteuer erst dann greifen, wenn der jeweilige Sparerpauschbetrag ausgeschöpft ist. Dieser beträgt 801 Euro pro Person beziehungsweise 1602 Euro pro Ehepaar und Jahr und kann beliebig auf inländische Kreditinstitute verteilt werden. Fallen im Laufe des Jahres Ausschüttungen oder realisierte Kursgewinne an, werden diese bis zur Höhe des erteilten Freistellungsauftrags steuerlich nicht belastet. Darüber hinaus greift bei Ausschüttungen regelmäßig die Abgeltungsteuer, mit Kursgewinnen werden etwaige Verlustvorträge, beispielsweise aus in früheren Jahren realisierten Kursverlusten, verrechnet. Anleger, die bei ihrer Bank keinen Freistellungsauftrag eingereicht haben und daher ab dem ersten Euro Kapitaleinkommen zur Abgeltungsteuer herangezogen wurden, erhalten übrigens im Zuge der Einkommensteuererklärung eine Erstattung entsprechend dem nicht ausgeschöpften Freibetrag. Im Steuerbescheid wird mittlerweile sogar darauf hingewiesen, sollte der Sparerpauschbetrag nicht voll ausgeschöpft oder ineffektiv verteilt worden sein.

Bis hierher entsprechen die Ausführungen noch dem denkbar einfachsten Fall, nämlich der Verwaltung inländischer Wertpapiere bei einer inländischen Bank. Verkompliziert wird die Materie durch den Einbezug unterschiedlicher ausländischer Einkünfte aus verschiedenen Rechtsräumen, für die jeweils andere Doppelbesteuerungsabkommen greifen, sowie durch eine mögliche Verwahrung von Wertpapieren im Ausland. Liegen ausländische Wertpapiere in einem deutschen Bankdepot, so gelten grundsätzlich dieselben Regeln wie bei inländischen Wertpapieren, das heißt, alle den Freibetrag übersteigende Einkünfte werden mit dem Abgeltungssteuersatz belastet. Bei Zinsen, Dividenden und sonstigen Ausschüttungen werden allerdings die gemäß Doppelbesteuerungsabkommen anrechenbaren und tatsächlich gezahlten Quellensteuern in Abzug gebracht.[108]

Ein Beispiel soll das verdeutlichen: Ein unverheirateter, konfessionsloser Einkommens-Investor mit einem Wertpapierdepot bei einer deutschen Direktbank bezieht kalenderjährlich eine Bruttoausschüttung von (umgerechnet) 2000 Euro aus einem US-amerikanischen CEF. Seiner Bank hat er einen Freistellungsauftrag in Höhe von 700 Euro erteilt. Von der Bruttoausschüttung behält die US-amerikanische Zahlstelle 15 Prozent Quellensteuer ein, das heißt, dem Depot des Anlegers fließt eine Nettodividende von 1700 Euro zu.

Von der Nettodividende wird der Freistellungsauftrag in Höhe von 700 Euro abgezogen, sodass die Berechnung der Abgeltungsteuer auf Basis von 1000 Euro erfolgt. Diese werden einschließlich Solidaritätszuschlag mit 26,375 Prozent oder 263,75 Euro belastet, allerdings ist die anteilig gezahlte Quellensteuer gemäß dem deutsch-amerikanischen Doppelbesteuerungsankommen anzurechnen. Demnach können bei Dividenden und dividendenähnlichen Erträgen maximal 15 Prozent in Abzug gebracht werden, was bei 1000 Euro insgesamt 150 Euro ausmacht. Diese werden von den 263,75 Euro abgezogen, sodass 113,75 Euro Abgeltungsteuer verbleiben, welche direkt von der Depotbank an das Finanzamt abgeführt werden. Die Gesamtbelastung für den Anleger beläuft sich also jenseits des Sparerpauschbetrages so oder so auf einen Gesamtsatz von 26,375 Prozent.

In jedem Fall sollten Anleger jede Wertpapierabrechnung hinsichtlich der korrekten Erfassung und Abführung der Abgeltungssteuer kontrollieren, da hier insbesondere bei kaum geläufigen Papieren und wenig versierten Banken leicht Fehler unterlaufen können. Diese lassen sich allerdings in der Regel schnell korrigieren, sofern auf die betreffenden Rechtsgrundlagen verwiesen wird.[109] Zusätzlicher Aufwand ist für Investoren allerdings immer dann unvermeidlich, wenn rechtmäßig mehr ausländische Quellensteuer in

Abzug gebracht wird, als anteilig auf die deutsche Abgeltungsteuer angerechnet werden kann.

Auch hierzu ein Beispiel: Zahlreiche Schweizer Unternehmen schütten eine attraktive Dividende aus. Leider behält die eidgenössische Steuerverwaltung üppige 35 Prozent Quellensteuer ein. Gemäß Doppelbesteuerungsabkommen zwischen der Schweiz und Deutschland sind allerdings nur 15 Prozent Quellensteuer auf die deutsche Abgeltungsteuer anrechenbar. Von umgerechnet 100 Euro Bruttodividende werden dem in Deutschland steuerpflichtigen Anleger nach Ausschöpfung des Sparerpauschbetrags 35 Euro Quellensteuer abgezogen beziehungsweise 65 Euro ausgezahlt. Der heimische Fiskus setzt ebenfalls bei der Bruttodividende an, wobei 15 Prozent der Schweizer Quellensteuer automatisch angerechnet werden, sodass der Anleger letztlich weitere 10 statt 25 Prozent Abgeltungsteuer (zuzüglich Solidaritätszuschlag und gegebenenfalls Kirchensteuer) abgezogen bekommt. Ihm verbleiben nach Abzug der Quellen- und Abgeltungsteuer spärliche 55 Euro Nettodividende. Nun besagt obiges Doppelbesteuerungsabkommen allerdings auch, dass sich der Investor die Differenz zwischen der gezahlten (35 Prozent) und anrechenbaren (15 Prozent) ausländischen Quellensteuer, in diesem Fall also 20 Euro, vom Schweizer Fiskus erstatten lassen kann.

Das funktioniert allerdings nicht automatisch, sondern muss durch den Anleger jährlich neu beantragt werden. Hierfür hat er mit Ablauf des Jahres, in dem ihm die Ausschüttung zugeflossen ist, drei Jahre Zeit. Danach verjährt sein Erstattungsanspruch. Das für die Erstattung notwendige Formular sowie eine Anleitung finden sich wie für alle anderen Länder, mit denen die Bundesrepublik Deutschland ein DBA abgeschlossen hat, auf der Internetseite des Bundeszentralamtes für Steuern (BZSt, www.bzst.de). Zudem benötigt der Anleger die Bestätigung seiner Depotbank über die abgeführte ausländische Quellensteuer. Hierfür kann beispielsweise die fallweise Dividendenabrechnung oder aber die jährliche Erträgnisaufstellung genutzt werden. Alternativ kann der Anleger bei der

Bank auch eine Steuerbescheinigung beantragen, für die allerdings je nach Institut womöglich Gebühren anfallen. Manche Depotbanken unterstützen ihre Kunden auch bei der Rückforderung zu viel gezahlter ausländischer Quellensteuern bis hin zur Übernahme des ganzen administrativen Prozesses. Teilweise ist diese Leistung kostenpflichtig, teils aber auch unentgeltlich beziehungsweise je nach Depotvolumen verhandelbar.

Vom jeweiligen Staat beziehungsweise seinen Behördenmitarbeitern hängen letztlich auch die Bearbeitungsdauer und damit der Zeitraum bis zur Erstattung ab. Dies kann im günstigsten Fall wenige Monate, im ungünstigsten Fall jedoch auch mehrere Jahre dauern. Als Faustregel gilt: Je bürokratischer das Verwaltungssystem, desto länger dauert das Erstattungsverfahren; Deutschland selbst kann in diesem Kontext aus Sicht ausländischer Erstattungsberechtigter übrigens als relativ unbürokratisch eingestuft werden. Ob sich Aufwand und Wartezeit lohnen, hängt natürlich auch von der Gesamthöhe der zu viel gezahlten Quellensteuer ab.

An der Erhebung, Abführung und gegebenenfalls Erstattung ausländischer Quellensteuern ändert auch die Wertpapierverwahrung in einem ausländischen Depot nichts. Allerdings nehmen im Ausland ansässige Institute keine automatische Berechnung und Einbehaltung der deutschen Abgeltungsteuer vor.[110] Die Erträge muss der Anleger nebst gezahlter und anrechnungsfähiger ausländischer Quellensteuer selbst im Rahmen seiner Einkommensteuererklärung angeben, die Abgeltungsteuer wird dann im Rahmen der Veranlagung nacherhoben. Deren Fälligkeit wird also lediglich vom Zeitpunkt der Ausschüttung auf den Zeitpunkt der Festsetzung des Steuerbescheids verschoben, womit der Anleger zunächst einen Zeitvorteil erzielen kann.[111]

Zur korrekten Veranlagung sind alle ausländischen Kapitalerträge in der Anlage AUS getrennt nach Herkunftsstaat zusammenzufassen. Ferner ist die jeweils anrechenbare ausländische Quellensteuer anzugeben. Die Nettoerträge wiederum müssen in die Anlage KAP übertragen werden. Als Nachweis über Art und Höhe der Erträge sowie geleistete Quellensteuern können wiederum die einzelnen Ausschüttungsabrechnungen oder die jährliche Erträgnisaufstellung herangezogen werden. Sämtliche Einkünfte, die nicht in Euro eingehen, werden übrigens nach dem Devisenkurs zum Zeitpunkt des Zuflusses bewertet und umgerechnet, auch wenn diese nicht oder nur teilweise in Euro konvertiert wurden. In diesem Fall kann der Anleger abhängig von der Kursentwicklung der jeweiligen Währung bis zur tatsächlichen steuerlichen Veranlagung einen zusätzlichen Gewinn oder Verlust erzielen.

Ein weiteres, für in Deutschland ansässige Anleger steuerrechtlich relevantes Thema ist das zum 01. Januar 2018 in Kraft getretene Gesetz zur Reform der Investmentbesteuerung (InvStRefG) und »auf Investmentfonds und deren Anleger« anzuwenden ist. Was genau versteht der Gesetzgeber unter dem Begriff »Investmentfonds«? Hierzu wird im Wesentlichen auf die Definition im Kapitalanlagegesetzbuch (KAGB) zurückgegriffen. Letzteres definiert Investmentfonds als einen »Organismus für gemeinsame Anlagen, der von einer Anzahl von Anlegern Kapital einsammelt, um es gemäß einer festgelegten Anlagestrategie zum Nutzen dieser Anleger zu investieren und der kein operativ tätiges Unternehmen außerhalb des Finanzsektors ist.«

Das KAGB löste das alte Investmentgesetz (InvG) ab und erweiterte dieses um Vorgaben zweier EU-Richtlinien: Zum einen die Richtlinie 2009/65/EG zur Koordinierung der Rechts- und Verwaltungsvorschriften betreffend bestimmte Organismen für gemeinsame Anlagen in Wertpapieren (überarbeitete OGAW-Richtlinie), zum anderen die Richtlinie 2011/61/EU über die Verwalter alternativer Investmentfonds (AIF-Richtlinie). Erfasst werden hierdurch „die im Gebiet der Mitgliedstaaten niedergelassenen Organismen für gemeinsame Anlagen in Wertpapieren“ beziehungsweise Gesellschaften, die Investmentfonds „in der Union verwalten und/oder vertreiben“. Der Rückgriff des InvStRefG auf das KAGB ist insofern logisch, als dass es sich bei letzterem bereits um ein Regelwerk zur Vereinheitlichung EU-weiter Standards handelt.

Darüber hinaus klassifiziert das InvStRefG drei besondere Anlageinstrumente als Investmentfonds, die ausschließlich dem Stopfen bekannter Schlupflöcher dienen und vor allem der Gesetzgebung in Luxemburg zu verdanken sind. So können gut betuchte Privatinvestoren seit 2007 im Herzogtum einen persönlichen Investmentfonds auflegen lassen. Über den Fonds kann das angelegte Vermögen dann steuerfrei verwaltet werden – legal versteht sich.

Damit fehlt es sämtlichen Einzeltiteln bereits an einer grundlegenden Eigenschaft, um als Investmentfonds klassifiziert zu werden: Sie sind keine gemeinsamen Anlagen, also Kapitalsammelstellen, die Gelder von Anlegern verwalten. Sie fallen daher grundsätzlich nicht unter das InvStRefG. Dies trifft neben klassischen Aktien auch auf BDCs, MLPs, Income Trusts, Preferred Shares, Convertibles, Stapled Securities und alle weiteren börsennotierte Unternehmensformen zu – unabhängig vom Domizil.

Bei den in Kapitel 16 besprochen Kapitalanlagegesellschaften beziehungsweise Sammelanlagen gilt es nach der konkreten Rechtskonstruktion zu unterscheiden. Einfach abzuhandeln sind die CEFs. Rechtlich handelt es sich hierbei um Aktien und nicht um Investmentfonds. Als solche werden sie auch beim WM Datenservice geführt. Bei kanadischen Closed-end Investment Trusts handelt es sich technisch gesehen um börsennotierte Treuhandvermögen, die so nur in angelsächsisch geprägten Rechtsordnungen existieren. Die australischen Managed Funds wiederum kennen beide Varianten: Es existieren sowohl Investment Companies als auch Investment Trusts.

Unabhängig davon, ob nun eine aktien- oder trustbasierte Beteiligungsgesellschaft vorliegt, bei den hier erwähnten Varianten handelt es sich in jedem Fall nicht um einen „Organismus für gemeinsame Anlagen“. Denn hierzu müssten sie ja per Definition obigen EU-Richtlinien genügen und ihren Sitz in der EU haben oder in selbiger verwaltet oder vertrieben und beaufsichtigt werden. Tatsächlich aber sind CEFs, Closed-end Investment Trusts und Managed Funds in den USA, Kanada und Australien beheimatet sowie dort börsennotiert und verfügen in der Regel nicht über eine Vertriebszulassung als Investmentfonds nach EU-Recht. Das bedeutete natürlich nicht, dass EU-Bürger diese Papiere nicht erwerben dürfen, sondern nur, dass diese nicht EU-reguliert sind. Dieses Abgrenzungskriterium lässt sich auch auf die verbleibenden Sammelanlagen im Hochdividendenbereich, sonstige börsennotierte Fonds wie beispielsweise ETFs sowie REITs übertragen.

Fazit: Damit ein Wertpapier der OGAW- beziehungsweise AIF-Richtlinie der EU entspricht, muss es als Investmentfonds zum innereuropäischen Vertrieb zugelassen sein und von einer europäischen Finanzaufsicht überwacht werden. Genau das ist bei Hochdividendenwerten im Fonds- oder ETF-Mantel regelmäßig nicht der Fall. Das gilt zumindest dann, wenn diese ihr Domizil im außereuropäischen Ausland haben und auch dort über ihre Hauptbörsennotiz verfügen. Für sie greifen daher unverändert die bereits vor dem 01. Januar 2018 geltenden Besteuerungsregeln.

Aufgrund der Komplexität dieses Rechtsgebiets, das hier lediglich exemplarisch und in Auszügen skizziert werden konnte, sowie zahlreicher anwendbarer Einzel- und Sonderbestimmungen empfiehlt es sich im Zweifelsfall, einen in der Materie bewanderten Steuerberater zu konsultieren.

18. NÜTZLICHE INTERNETADRESSEN

Wertpapierbörsen

- ASX (Australian Securities Exchange): http://www.asx.com.au
- FSE (Börse Frankfurt): http://www.boerse-frankfurt.de/de/start
- HKE (Hongkong Stock Exchange): http://www.hkex.com.hk/eng/index.htm
- LSE (London Stock Exchange): http://www.londonstockexchange.com
- NASDAQ (US-Technologiebörse): http://www.nasdaq.com
- NYSE (New York Stock Exchange): https://www.nyse.com/index
- OSE (Oslo Stock Exchange): http://www.oslobors.no/ob_eng
- SGX (Singapore Exchange): http://www.sgx.com
- TSE (Toronto Stock Exchange): http://www.tmxmoney.com/en/index.html

Onlinebroker

- Die ING-DiBa AG ist eine Tochter der niederländischen Bankengruppe ING und die größte Direktbank in Deutschland: https://www.ing-diba.de
- Der Onlinebroker Consorsbank gehört zur französischen Großbank BNP Paribas: https://www.consorsbank.de
- An der Comdirect Bank AG, dem börsennotierten Direktbankableger der Commerzbank AG, hält die Mutter nach wie vor eine deutliche Mehrheitsbeteiligung: http://www.comdirect.de
- Die Luxemburger Internaxx ist ein selbstständig operierendes Tochterunternehmen der Swissquote Group Holding S. A. (siehe unten)

und richtet sich speziell an internationale Anleger beziehungsweise "Expatriates": http://www.internaxx.lu/de

- Der von (Groß-)Banken seit jeher unabhängige Schweizer Marktführer im Onlinebanking ist die Swissquote Group Holding S.A., der allerdings in Deutschland keine BaFin-Erlaubnis für Bankgeschäfte hat: www.swissquote.ch

Finanzportale

- Finanzportal der Suchmaschine Google: http://www.google.com/finance
- Finanzportal der Suchmaschine Yahoo: http://finance.yahoo.com/
- Eines der führenden Finanzinformationsportale in deutscher Sprache wird von der OnVista Group betrieben: www.onvista.de

Wertpapiere

- Auf der Homepage der TSX können über die Rubriken »Research« und »Investor Tools« Übersichten unter anderem mit sämtlichen notierten Income Trusts, REITs und ETFs abgerufen und erstellt werden: http://www.tmxmoney.com/en/index.html
- Eine Alternative zur TSX bietet der kanadische Börseninformationsdienst Investcom: http://www.investcom.com
- Dasselbe Angebot unterhält die ASX zu den Anlagekategorien A-REITs, ETFs, Infrastrukturfonds, LICs und LITs: http://www.asx.com.au/products/etf/managed-funds-etp-product-list.htm
- Die Closed-end Fund Association (CEFA), ein Interessenverband großer US-amerikanischer KAGs, unterhält auf ihrer Internetseite eine umfangreiche Datenbank zu den notierten CEFs ihrer Mitglieder mit vielfältigen Suchfunktionen: http://www.cefa.com
- Ein ähnliches Angebot zum Thema CEF mit hervorragenden Filterfunktionen betreibt der 1898 gegründete US-amerikanische Vermögensverwalter Nuveen Investments: http://www.cefconnect.com
- Eine Vielzahl von Internetseiten widmet sich dem Thema ETF. Ein sehr umfangreiches Lern- und Informationsangebot auf Englisch bietet die professionell betriebene Seite ETF.com: http://www.etf.com
- Ein ähnliches Angebot zum Thema ETF unterbreitet seit 2008 das deutschsprachige Onlinemagazin Extra Funds: http://www.extra-funds.de

Steuern

- Alle aktuellen Doppelbesteuerungsabkommen zwischen der Bundesrepublik Deutschland und ausländischen Staaten finden sich auf der Internetseite des Bundesfinanzministeriums (BMF): http://www.bundesfinanzministerium.de/Content/DE/Standardartikel/Themen/Steuern/Internationales_Steuerrecht/Staatenbezogene_Informationen/doppelbesteuerungsabkommen.html
- Anträge zur Erstattung der zu viel gezahlten Quellensteuer finden sich nach Ländern gegliedert auf einer eigenen Informationsseite des Bundeszentralamts für Steuern (BZSt): http://www.bzst.de/DE/Steuern_International/Auslaendische_Quellensteuer/auslaendische_quellensteuer_node.html
- Alle steuerlich relevanten Dokumente zu kanadischen Wertpapieren, insbesondere das T3-Formblatt, publiziert der Börseninformationsdienst CDS: http://services.cds.ca/applications/taxforms/taxforms.nsf/Pages/-EN-LimitedPartnershipsandIncomeTrusts?Open

Sonstige

- Ein kostenloses und einfach zu bedienendes Onlineportal für finanzmathematische Kalkulationen, welches auch komplexe Renditeberechnungen, so beispielsweise die interne Verzinsung von Kapitalversicherungen, erlaubt: http://www.zinsen-berechnen.de/
- Ein US-amerikanischer Börsendienst mit teils kostenpflichtigen, teils unentgeltlichen Informationsangeboten zu den hier besprochenen Instrumenten: http://www.dividenddetective.com
- Eine seit 2006 privat betriebene US-amerikanische Internetseite mit Informationen rund um das Thema (Hoch-)Dividendenwerte: http://www.dividendyieldhunter.com

ANHANG

ABKÜRZUNGSVERZEICHNIS

ADR	American Depositary Receipt AG Aktiengesellschaft
AGB	Allgemeine Geschäftsbedingungen
AIF	Alternativer Investmentfonds
ASX	Australian Stock Exchange
BaFin	Bundesanstalt für Finanzdienstleistungsaufsicht
BAG	Bundesarbeitsgericht
bAV	betriebliche Altersvorsorge
BBSW	Bank Bill Swap Rate (australischer Interbankenzinssatz)
BDC	Business Development Company
BDI	Baltic Dry Index (Preisindex für den Seetransport von Massegütern)
BetrAVG	Gesetz zur Verbesserung der betrieblichen Altersversorgung
BIP	Bruttoinlandsprodukt
BMF	Bundesministerium der Finanzen
BVerfG	Bundesverfassungsgericht
BZSt	Bundeszentralamt für Steuern
CAC	Collective Action Clause
CAFD	Cash Available for Distribution
CanRoy	Canadian Royalty Trust
CCAA	Companies Creditors Arrangement Act (kanadisches Bundesgesetz zur Regulierung von Unternehmensinsolvenzen)
CEF	Closed-end Fund

DBA	Doppelbesteuerungsabkommen
DBRS	Dominion Bond Rating Service (kanadische Ratingagentur)
DCF	Discounted Cashflow
DIW	Deutsches Institut für Wirtschaftsforschung
DJIA	Dow Jones Industrial Average
DRIP	Dividend Reinvestment Plan (Dividendenwiederanlageplan)
EEG	Erneuerbare-Energien-Gesetz
ESM	Europäischer Stabilitätsmechanismus
ETC	Exchange Traded Commodity (börsengehandelte Schuldverschreibung, die den Preis eines Rohstoffs abbildet)
ETF	Exchange Traded Fund
ETN	Exchange Traded Note (börsengehandelte Schuldverschreibung, die einen Index abbildet)
FBI	Fiscale Beleggingsinstelling (niederländisches REIT-Gesetz)
Fed	Federal Reserve System (US-amerikanische Notenbank)
FSE	Frankfurt Stock Exchange (Frankfurter Börse)
GAAP	Generally Accepted Accounting Principles (Bilanzierungsrichtlinie in den USA)
GP	General Partner (einer MLP)
Green-IPP	Green Independent Power Producer (Betreiber von Anlagen im Bereich der erneuerbaren Energien)
HKE	Hongkong Stock Exchange
IDR	Incentive Distribution Right (Vergütungsrecht des Managements einer MLP)
iNAV	indikativer NAV (Momentaufnahme des Fondsvermögens, während der Handelszeiten laufend neu ermittelt)
INGAA	Interstate Natural Gas Association of America
InvG	Investmentgesetz
InvStRefG	Gesetz zur Reform der Investmentbesteuerung
IPO	Initial Public Offering (Börsengang)

IRS	Internal Revenue Service (US-Bundessteuerbehörde)
ISIN	International Securities Identification Number (internationale Wertpapierkennnummer)
IWF	Internationaler Währungsfonds
KAG	Kapitalanlagegesellschaft
KAGB	Kapitalanlagegesetzbuch
KBV	Kurs-Buchwert-Verhältnis
KG	Kommanditgesellschaft
KGV	Kurs-Gewinn-Verhältnis
KIID	Key Investor Information Document (Kunden-/Basisinformationsblatt)
LIC	Listed Investment Company (australischer börsennotierter Fonds)
LIT	Listed Investment Trust (australischer börsennotierter Trust)
LP	Limited Partner (einer MLP)
LSE	London Stock Exchange
LVRG	Lebensversicherungsreformgesetz
MiFID	Markets in Financial Instruments Directive (Finanzmarktrichtlinie)
MLP	Master Limited Partnership
MW	Megawatt
NASDAQ	National Association of Securities Dealers Automated Quotations
NAV	Net Asset Value (Nettoinventarwert)
NIW	Nettoinventarwert, siehe auch NAV
NYSE	New York Stock Exchange
OECD	Organisation für wirtschaftliche Zusammenarbeit und Entwicklung
OGAW	Organismen für gemeinsame Anlagen in Wertpapieren
OSE	Oslo Stock Exchange
OTC	Over-the-Counter (außerbörsliche Wertpapiertransaktion)

PGV	Preis-Gewinn-Verhältnis
PKDW	Pensionskasse für die Deutsche Wirtschaft
PSO	Public Service Obligation (zweckbezogene Abgabe, hier im Bereich der erneuerbaren Energien)
REIT	Real Estate Investment Trust
RIC	Regulated Investment Company (regulierte KAG)
ROC	Return of Capital (Anteil der Kapitalrückzahlung an einer Ausschüttung)
RRSP	Registered Retirement Savings Plan (steuerbegünstigte private Altersvorsorge in Kanada)
S&P	Standard and Poor's
SBA	Small Business Administration (US-amerikanische Aufsichtsbehörde zur Förderung kleiner Unternehmen)
SEC	Securities and Exchange Commission (US-Börsenaufsicht)
SGX	Singapore Stock Exchange
SIFT	Specified Investment flow-through Tax (kanadische Steuer auf Ausschüttungen bestimmter Income Trusts)
TER	Total Expense Ratio (Gesamtkostenquote, inklusive indirekter Kosten eines Fonds in Prozent pro Jahr)
TSX	Toronto Stock Exchange
UIT	Unit Investment Trust (börsengehandelter Laufzeitfonds in den USA)
VAG	Versicherungsaufsichtsgesetz
VLCC	Very Large Crude Carrier (Bezeichnung für große Öltanker)
WFE	World Federation of Exchanges (internationale Börsenvereinigung)
WKN	(deutsche) Wertpapierkennnummer

QUELLENVERZEICHNIS

Printmedien

Bareis, Werner/Nauhauser, Niels: *Lexikon der Finanzirrtümer – Teure Fehler und wie man sie vermeidet*; Ullstein Buchverlage GmbH, Berlin, 2008.

Beck, Hanno: *Geld denkt nicht – Wie wir in Gelddingen einen klaren Kopf behalten*; Carl Hanser Verlag, München, 2012.

Betz, Anette: *Das Fabelbuch – von Aesop bis heute*; Verlag Carl Ueberreuter, Wien, 2011.

Bogle, John C.: *Keine Investment-Zauberformel – Börsengewinne mit gesundem Menschenverstand*; Börsenmedien AG, Kulmbach, 2007.

Clason, George S.: *Der reichste Mann von Babylon – Erfolgsgeheimnisse der Antike. Der erste Schritt zur finanziellen Freiheit*; Wilhelm Goldmann Verlag, München, 2002.

Dent, Harry S.: *Der Jahrhundert Boom – 2005 bis 2009: Nutzen Sie die besten Börsenjahre der Geschichte*; Börsenmedien AG, Kulmbach, 2005.

Dobelli, Rolf: *Die Kunst des klaren Denkens – 52 Denkfehler, die Sie besser anderen überlassen*; Carl Hanser Verlag, München, 2011.

Ellis, Charles D.: *Winning the Loser's Game – Zeitlose Strategien für Ihre erfolgreiche Geldanlage*; Campus Verlag, Frankfurt am Main, 2011.

Faber, Mebane T.: *Global Asset Allocation – A Survey of the World's Top Asset Allocation Strategies*; The Idea Farm, El Segundo, 2015.

Forbes, Steve/Ames, Elizabeth: *Geld: – Die nächsten 5000 Jahre*; FinanzBuch Verlag, München, 2014.

Friedrich, Marc / Weik, Matthias: *Kapitalfehler – Wie unser Wohlstand vernichtet wird und warum wir ein neues Wirtschaftsdenken brauchen*; Eichborn Verlag in der Bastei Lübbe AG, Köln, 2016.

Gelfarth, Volker: *Die besten Anlagestrategien der Welt – Investieren wie Buffett, Lynch, Graham & Co.*; FinanzBuch Verlag, München, 2. Auflage, 2006.

Goldberg, Joachim/Nitzsch, Rüdiger von: *Behavioral Finance – Gewinnen mit Kompetenz*; FinanzBuch Verlag, München, 2000.

Griffin, Ten: *Charlie Munger: Ich habe dem nichts hinzuzufügen*; FinanzBuch Verlag, München, 2016.

Hagstrom, Robert G.: *Investieren mit Warren Buffett – Sichere Gewinne mit der Fokus-Strategie*; FinanzBuch Verlag, München, 2000.

Hagstrom, Robert G.: *Warren Buffett – Sein Weg. Seine Methoden. Seine Strategien*; Börsenmedien AG, Kulmbach, 3. Auflage, 2016.

Hanke, Ulrich: *Dividenden – Schnell wieder aufgeholt*; in: WirtschaftsWoche, Ausgabe 18 vom 30.04.2012, S. 118-122.

Heinsohn, Gunnar / Steiger, Otto: *Eigentumsökonomik*; Metropolis Verlag, Marburg, 2. Auflage, 2008.

Jünemann, Bernhard/Schellenberg, Dirk (Herausgeber): *Psychologie für Börsenprofis – Die Macht der Gefühle bei der Geldanlage*; Schäffer-Poeschel Verlag, Stuttgart, 2000.

Keynes, John Maynard: *Allgemeine Theorie der Beschäftigung, des Zinses und des Geldes*; Duncker & Humblot, Berlin, 10. Auflage, 2006.

Kiyosaki, Robert T.: *Rich Dad's Investment Guide – Wo und wie die Reichen wirklich investieren*; FinanzBuch Verlag, München, 2015.

Klein, Stefan: *Alles Zufall – Die Kraft, die unser Leben bestimmt*; Rowohlt Verlag, Reinbek bei Hamburg, 2004.

Kommer, Gerd: *Die Buy-and-Hold-Bibel – Was Anleger für langfristigen Erfolg wissen müssen*; Campus Verlag, Frankfurt am Main, 2009.

Kommer, Gerd: *Kaufen oder Mieten? Wie Sie für sich die richtige Entscheidung treffen*; Campus Verlag, Frankfurt am Main, 2010.

Kommer, Gerd: *Souverän investieren mit Indexfonds und ETFs – Wie Privatanleger das Spiel gegen die Finanzbranche gewinnen*; Campus Verlag, Frankfurt am Main, 3. Auflage, 2011.

Kostolany, André: *Kostolanys Börsenseminar für Kapitalanleger und Spekulanten*; Econ Verlag, Düsseldorf, 1997.

Kunz, Anne: *Schuldenkrise – Kalte Enteignung*; in: WirtschaftsWoche, Ausgabe 1/2 vom 09.01.2012, S. 20-23.

Kuske, Bruno: *Das Schuldenwesen der deutschen Städte im Mittelalter*; Verlag der H. Laupp'schen Buchhandlung, Tübingen, 1904.

Malkiel, Burton G.: *Börsenerfolg ist (k)ein Zufall – Die besten Investmentstrategien für das neue Jahrtausend*; FinanzBuch Verlag, München, 2000.

Nezik, Ann-Kathrin (u. a.): *Aus der Traum – Die Europäische Zentralbank senkt die Zinsen auf Rekordtief*; in: Der Spiegel, Ausgabe 19/2003, S. 62–71.

Niquet, Bernd: *Der Crash der Theorien – Eine neue Sichtweise von Wirtschaft und Börse*; Börsenbuch-Verlag, Kulmbach, 1997.

Ogger, Günter: *Der Börsenschwindel – Wie Aktionäre und Anleger abkassiert werden*; C. Bertelsmann Verlag, München, 2001.

Paul, Jim/Moynihan, Brendan: *Was Gewinner von Verlierern unterscheidet*; FinanzBuch Verlag, München, 1998.

Sand, Arne/Schott, Max: *Cashflow-Investing simplified – Mit substanzstarken Aktien und nachhaltig attraktiven Dividenden Vermögen sichern*; FinanzBuch Verlag, München, 2013.

Siegel, Jeremy J.: *Überlegen investieren – Warum sich traditionelle Anlagestrategien doch auszahlen*; FinanzBuch Verlag, München, 2008.

Smith, Adam (Pseudonym): *Das große Spiel ums Geld – The Money Game*; Econ Verlag, Düsseldorf, 1969.

Stock, Christin/Goldberg, Joachim: *Genial einfach entscheiden – Besser denken, handeln und investieren im Börsendschungel*; FinanzBuch Verlag, 2013.

Stooker, Richard: *Income Investing Secrets – Receive Checks for Life*; CreateSpace Independent Publishing Platform, 2012.

Stooker, Richard: *REITs Around the World – Receive Global Profits from Real Estate*; Gold Egg Investing, Manchester, 2012.

Stooker, Richard: *The Death of Capital Gains Investing – And What Replaces It*; Gold Egg Investing, Manchester, 2012.

Taleb, Nassim Nicholas: *Narren des Zufalls – Die verborgene Rolle des Glücks an den Finanzmärkten und im Rest des Lebens*; Wiley-VCH Verlag, Weinheim, 2002.

Taleb, Nassim Nicholas: *Der Schwarze Schwan – Die Macht höchst unwahrscheinlicher Ereignisse*; Carl Hanser Verlag, München, 2008.

Vaupel, Michael: *Mehr Geld verdienen mit Rohstoffen – So profitieren Sie von Gold, Silber, Kaffee, Zucker, Mais, Indium und Palladium*; FinanzBuch Verlag, München, 2013.

Weber, Martin: *Genial einfach investieren. Mehr müssen Sie nicht wissen – das aber unbedingt!*; Campus Verlag, Frankfurt am Main, 2007.

Wehler, Hans-Ulrich: *Deutsche Gesellschaftsgeschichte 1849-1914*; C. H. Beck oHG, München, zweite Auflage, 2006.

Weissenfeld, Horst/Weissenfeld, Stefan: *Börsen-Gurus und ihre Strategien – Mit den erfolgreichsten Investoren zum Erfolg*; TM Börsenverlag, Rosenheim, 2000.

Zdral, Wolfgang: *Spekulieren wie die Profis – Die besten Anlagestrategien der Welt*; Econ Verlag, München, 2000.

Onlinemedien

Allianz Global Investors: Aktie – die »neue Sicherheit« im Depot; Stand vom März 2016, URL: https://www.allianzglobalinvestors.de/MDBWS/doc/Aktie-die-neue-Sicherheit-im-Depot.pdf?c054ea8f003c246f2d1b807bc2629e79fc049f5bwebweb

Arnott, Rob: The Biggest Urban Legend In Finance; Stand vom 30.03.2011, URL: http://www.etf.com/sections/features/9038-arnott-the-biggest-urban-legend-in-finance.html

Australian Centre for Financial Studies: Stapled Securities – Antipodean Anomaly or Adaptable Innovation? Stand vom 16.09.2012, URL: http://www.australiancentre.com.au/publications-and-articles/2012/01152012-davis-stapled-securities-working-paper.pdf

Australian Centre for Financial Studies: Why Stapled Securities? Stand vom 15.06.2012, URL: http://www.australiancentre.com.au/publications-and-articles/2012/06042012-stapled-securities-frdp-3.pdf

Australian Taxation Office: Receiving Interest and Dividends; Stand von 2013, URL: http://www.ato.gov.au/Individuals/Investing/In-detail/Receiving-interest-and-dividends/You-and-your-shares-2012-13/?page=5

AXA Investment Managers: Fondswissen International – Bevölkerungsrepräsentative Studie (Deutschland); Stand von 2013, URL: http://www.dasinvestment.com/fileadmin/user_upload/AKaren/2013_Retail-Studie_DE.pdf

Blackstar Funds: The Capitalism Distribution; Stand von 2008, URL: http://www.blackstarfunds.com/files/TheCapitalismDistribution.pdf

Bloomberg: Germany's Long-Suffering Savers Have a Real Reason to Complain; Stand vom 21.10.2016, URL: http://www.bloomberg.com/news/articles/2016-10-21/germany-s-long-suffering-savers-have-a-real-reason-for-complaint

Bloomberg Business Week: Real estate – Riding the REIT rebound; Stand vom 19.04.2010, URL: http://images.businessweek.com/mz/10/16/20100419_reit_rebound.pdf

CAPITAL Online: 5 Regeln für eine klare Sprache; Stand vom 11.09.2015, URL: http://www.capital.de/themen/id-5-regeln-fuer-eine-klare-sprache.html

CAPITAL Online: Dividenden sind der alte Zins; Stand vom 17.04.2015, URL: http://www.capital.de/investment/dividenden-sind-der-alte-zins-4250.html

CAPITAL Online: Versorgungswerke geraten in finanzielle Bedrängnis – Renten von rund 800.000 Freiberuflern in Gefahr; Stand vom

18.09.2012, URL: http://www.capital.de/politik/:Versorgungswerke--Renten-von-rund-800-000-Freiberuflern-in-Gefahr/100047531.html?mode=print

CORPORATE FINANCE: Die meisten Übernahmen rechnen sich nicht; Stand vom 27.06.2016, URL: https://www.cf-fachportal.de/meldungen/die-meisten-uebernahmen-rechnen-sich-nicht/

Cross Border Business Lawyers: Besteuerung von Kapitalgesellschaften in Australien; Stand vom November 2011, URL: http://www.cbbl-lawyers.de/australien/besteuerung-von-kapitalgesellschaften-in-australien/meta,31,75

Das Investment Online: Kommentar zur bAV – Rente ab 67 trotz Zusage ab 65; Stand vom 07.08.2012, URL: http://www.dasinvestment.com/recht-steuern/news/datum/2012/08/07/kommentar-zur-bav-rente-ab-67-trotz-zusage-ab-65/

Dent, Harry S.: A Brief History of Human Evolution and Economic Progress; Stand von 2004, URL: http://down.cenet.org.cn/upfile/48/20062193842180.pdf

Die Welt Online: Bankbeteiligung – So viel Rendite bringen Genossenschaften; Stand vom 13.09.2013, URL: http://www.welt.de/finanzen/geldanlage/article120011245/So-viel-Rendite-bringen-Genossenschaften.html

Die Welt Online: Diese Anlagetipps gibt Warren Buffett seinen Erben; Stand vom 18.03.2014, URL: http://www.welt.de/wall-street-journal/article125934901/Diese-Anlagetipps-gibt-Warren-Buffett-seinen-Erben.html

Die Welt Online: Konstruktionsfehler – Die Wunderwaffe gegen Bankpleiten versagt; Stand vom 28.02.2016, URL: http://www.welt.de/finanzen/boerse/article152737405/Die-Wunderwaffe-gegen-Bankpleiten-versagt.html

Die Welt Online: Niedrigzinspolitik – Lebensversicherte erleben ein böses Erwachen; Stand vom 22.02.2015, URL: http://www.welt.de/finanzen/versicherungen/article137692294/Lebensversicherte-erleben-ein-boeses-Erwachen.html

Deutsche Bundesbank: Negative reale Verzinsung von Einlagen kein neues Phänomen; Stand vom 27.06.2014, URL: http://www.bundesbank.de/Redaktion/DE/Themen/2014/2014_06_27_einlageverzinsung_in_deutschland.html

DIW Berlin: Politikberatung kompakt – Renditen von Immobilieninvestitionen privater Anleger; Stand vom 02.09.2014, URL: http://www.diw.de/documents/publikationen/73/diw_01.c.488172.de/diwkompakt_2014-089.pdf

Elsässer, Markus: Das meiste Geld verdient man mit dem Wort »Nein«; Stand vom 25.04.2016, URL: http://www.markuselsaesser.com/de/blog/post/das-meiste-geld-verdient-man-mit-dem-wort-nein-15413

Faber, Mebane T.: Asset Allocation Strategie; Stand vom 31.07.2013, URL: http://mebfaber.com/2013/07/31/asset-allocation-strategies-2/

Focus Online: Abgeltungsteuer – Worauf Fondsanleger achten müssen; Stand vom 04.05.2011, URL: http://www.focus.de/finanzen/steuern/abgeltungsteuer/tid-22086/abgeltungsteuer-worauf-fondsanleger-achten-muessen_aid_621783.html

Focus Online: Alterspyramide 2030 – Wenn Sie nach dieser Linie geboren wurden, haben Sie ein Problem; Stand vom 24.03.2015, URL: http://www.focus.de/finanzen/altersvorsorge/rente/alterspyramide-2030-wenn-sie-nach-dieser-linie-geboren-wurden-haben-sie-ein-problem_id_4564702.html

Focus Online: Drastische Lücken bei Pensions-Rücklagen – Lufthansa, VW, ThyssenKrupp: Bei diesen Konzernen wackeln die Betriebsrenten; Stand vom 11.09.2013, URL: http://www.focus.de/finanzen/altersvorsorge/tid-33423/drastische-luecken-bei-pensions-ruecklagen-lufthansa-vw-thyssenkrupp-bei-diesen-konzernen-wackeln-die-betriebsrenten_aid_1096511.html

Focus Online: Im Kampf gegen Altersarmut versagt die Ministerin; Stand vom 02.09.2012, URL: http://www.focus.de/politik/deutschland/nahles-gegen-arbeitsministerin-von-der-leyen-im-kampf-gegen-altersarmut-versagt-die-ministerin_aid_811474.html

Focus Online: Master Limited Partnership (MLP) – Volles Rohr! Stand vom 29.12.2009, URL: http://www.focus.de/finanzen/boerse/master-limited-partnership-mlp-volles-rohr_aid_466618.html

Forbes Online: A Guide To High Yield Havens – Master Limited Partnerships; Stand vom 07.12.2011, URL: http://www.forbes.com/sites/investor/2011/07/12/a-guide-to-high-yield-havens-master-limited-partnerships/

Grethe, Holger: Gilt bei der Aktienquote: je oller, je doller?; Stand vom 30.10.2014, URL: http://zendepot.de/je-oller-je-doller/

Grethe, Holger: Wie erfolgreich sind Privatanleger an der Börse?; Stand vom 06.02.2014, URL: http://zendepot.de/podcast-013-wie-erfolgreich-sind-privatanleger-an-der-boerse/

Grüner, Thomas: Sind die fetten Jahre vorbei?; Stand vom 18.05.2016, URL: https://www.bilanz.de/maerkte/aktien-chancen

Hahn, Alexander: Ist Diversifikation sinnvoll? Stand vom 06.04.2009, URL: http://www.investor-verlag.de/technische-analyse/ist-diversifikation-sinnvoll/104029102/

Hewitt, Mike: Fate of paper money; Stand vom 28.08.2008, URL: http://dollardaze.org/blog/?post_id=00405

InvestingAnswers: Royalty Trusts; ohne Datum, URL: http://www.investinganswers.com/financial-dictionary/commodities-precious-metals/royalty-trust-1327

Investing For Me: Split-Share Capital and Split-Share Preferred Shares; ohne Datum, URL: http://www.investingforme.com/classroom/investment-type/split-shares

Jacobs, Jay: Report on High Dividend Stocks in Rising Rate Environments; Stand vom 22.12.2015, URL: http://www.globalxfunds.com/report-on-high-dividend-stocks-in-rising-rate-environments/

Jacobs, Jay: What are YieldCos?; Stand vom 07.01.2016, URL: http://www.globalxfunds.com/what-are-YieldCos/

Krause, Klaus Peter: Energiewende – In Dänemark Besinnung, in Deutschland nicht; Stand vom 03.06.2016, URL: http://www.ef-magazin.de/2016/06/03/9153-energiewende-in-daenemark-besinnung-in-deutschland-nicht

LGT Finanzblog: Eintracht macht stark; Stand vom 16.06.2015, URL: http://finanzblog.lgt.com/eintracht-macht-stark/

manager magazin online: Citigroup – Das Schwarze Loch von New York; Stand vom 15.11.2008, URL: http://www.manager-magazin.de/unternehmen/artikel/a-592522.html

manager magazin online: Milliardenzocker Kerviel bekommt hohe Entschädigung von Société Générale; Stand vom 07.06.2016, URL: http://www.manager-magazin.de/unternehmen/banken/jerome-kerviel-societe-generale-muss-entschaedigung-fuer-kuendigung-zahlen-a-1096347.html

Ohne Verfasser: American Depositary Receipt Basics; ohne Datum, URL: http://www.investopedia.com/university/adr/

Pallaris, Savvas/Rahim, Eden: Understanding Covered Call ETFs – A New Approach to a Proven Strategy; Stand von 2013, URL: http://www.horizonsetfs.com/Pdf/FactSheets/Covered_Call_Educational_Report.pdf

Payoff Online: Alerian möchte das Wikipedia für Master Limited Partnerships sein; Stand vom 08.06.2012, URL: http://www.payoff.ch/product/news/interviews/Interview-mit-Kenny-Feng--CEO-Alerian.html

PricewaterhouseCoopers: Compare and contrast: Worldwide Real Estate Investment Trust (REIT) Regimes; Stand vom Mai 2013, URL: http://www.pwc.com/en_GX/gx/asset-management/publications/assets/pwc-compare-and-contrast-complete-worldwide-reit-regimes-2013.pdf

Recht, Karin: Markterwartung: Wohin mit dem Geld?; Stand vom 01.07.2012, URL: https://www.fvsag.com/de/unternehmen/medien/meldungen/artikel/2012/markterwartung-wohin-mit-dem-geld-.html

Reinhart, Carmen M./Rogoff, Kenneth S.: Financial and Sovereign Debt Crises: Some Lessons Learned and Those Forgotten – IMF Working Paper WP/13/266; Stand vom Dezember 2013, URL: https://www.imf.org/external/pubs/ft/wp/2013/wp13266.pdf

Reinhart, Carmen M./Sbrancia, M. Belen: The Liquidation of Government Debt – NBER Working Paper No. 16893; Stand vom März 2011, URL: http://www.nber.org/papers/w16893.pdf

REIT.com: REIT Basics; ohne Datum, URL: www.reit.com

ReitInfo.com: REIT Investor Website; ohne Datum, URL: http://www.reitinfo.com/

REITs Anleger: REITs, Real Estate Investment Trust; ohne Datum, URL: http://www.reits-anleger.de/

Riechert, Matthias: Great Investments For Times of Inflation; Stand vom Juni 2012, URL: http://www.polleit-riechert.com/wp-content/uploads/2012/11/Great-investments-for-times-of-inflation.pdf

Riepe, Mark W.: Does Market Timing Work?; Stand vom 16.12.2013, URL: http://www.schwab.com/public/schwab/nn/articles/Does-Market-Timing-Work

Rölle, Harald: Unternehmensberatung; ohne Datum, URL: http://roelle-buchholz.dc/

ScotiaMcLeod: Convertible Bond Guide; Stand von 2012, URL: http://www.mikereimer.com/media/documents/ConvertibleDebentureOverview2012.pdf

ScotiaMcLeod: Guide to Preferred Shares; Stand von 2013, URL: http://beltramewealthmanagement.com/wp-conent/uploads/2013/12/Preferred-Shares-101.pdf

Simpson, Kevin: Covered Call Fast Start – A Simple, Step by Step System For Better Capital Wealth Planning; Stand von 2009, URL: http://www.covered-call.com/wp-content/uploads/2010/03/Covered_Call_Fast_Start.pdf

Spiegel Online: Die Welt versinkt in Schulden – Studie zu globaler Kreditlast; Stand vom 05.02.2015, URL: http://www.spiegel.de/wirtschaft/soziales/schulden-der-welt-mckinsey-studie-belegt-deutlichen-anstieg-a-1016749.html

Spiegel Online: In der Zinsfalle; Stand vom 06.05.2013, URL: http://www.spiegel.de/spiegel/print/d-94139302.html

Volkswagen AG: Satzung; Stand vom April 2016, URL: http://www.volkswagenag.com/content/vwcorp/content/de/investor_relations/corporate_governance/satzung.bin.html/downloadfilelist/downloadfile/downloadfile/file/Satzung_DEUTSCH_April_2016.pdf

Weber, Martin: Genial einfach investieren – von der wissenschaftlichen Erkenntnis zur praktischen Umsetzung; Stand vom November 2014, URL: http://www.arero.de/presentation/index.htm

Wikipedia: Die freie Enzyklopädie – diverse Einträge; ohne Datum, URL: http://de.wikipedia.org/

Wikipedia: The Free Encyclopedia – diverse Einträge; ohne Datum, URL: http://en.wikipedia.org/

WirtschaftsWoche: Dividenden – Jackpot für Aktionäre; Stand vom 02.05.2012, URL: http://www.wiwo.de/finanzen/boerse/dividenden-jackpot-fuer-aktionaere/6563978.html

WirtschaftsWoche: Xi Jinping – Schritt für Schritt zur Macht über China; Stand vom 15.11.2012, URL: http://www.wiwo.de/politik/ausland/xi-jinping-schritt-fuer-schritt-zur-macht-ueber-china-seite-all/7219548-all.html

Zingel, Harry: Mathematische Grundlagen: wenn in Hamburg ein Schmetterling flattert; Stand vom 15.08.2007, URL: http://www.bwl24.net/blog/2007/08/15/mathematische-grundlagen-wenn-in-hamburg-ein-schmetterling-flattert/

ANMERKUNGEN

1. EINLEITUNG

1 Hier eine keineswegs abschließende Aufzählung: Versuche nicht, in ein fallendes Messer zu greifen. Buy on bad news, sell on good news. Gewinne laufen lassen und Verluste begrenzen. Man muss einer Börsentendenz entgegengehen, nicht nachlaufen. Eine Aktie wird beim gleichen Kurs einmal zu hoch und einmal zu tief eingeschätzt. The trend is your friend. Ein Spekulant ist nervös, wenn er keine Aktien hält und die Börse beginnt zu steigen. Nicht die Nachrichten machen die Kurse, die Kurse machen die Nachrichten. Buy on rumours, sell on facts. Die Börse ist ein Paternoster. An der Börse werden höhere Gewinne als Verluste versprochen. Sell in may and go away. Die Kurse müssen fallen, wenn sie nicht weiter steigen können. Steigen die Kurse, kommen die Privatanleger, fallen die Kurse, gehen die Privatanleger. Sei gierig, wenn andere ängstlich sind, und ängstlich, wenn andere gierig sind. An Gewinnmitnahmen ist noch keiner gestorben.

2 Zu den Geldwerten gehören Bargeld, Giro- und Festgeldkonten, Sparbücher und Banksparpläne sowie Anleihen und sonstige Formen der verzinslichen Geldanlage. Jedem Geldwert liegt eine Gläubiger-Schuldner-Vereinbarung (Kredit) zugrunde, bei dem der Forderung des Käufers eine Verbindlichkeit des Verkäufers gegenübersteht. Als währungsgebundene Nenngröße ist jeder Geldwert unmittelbar dem Risiko des Kaufkraftschwunds sowie Zahlungsausfalls ausgesetzt. Im Gegensatz dazu bezeichnen Sachwerte dingliche Güter. Hierzu zählen beispielsweise Immobilien, Maschinen- und Fuhrparks sowie Rohstoffe und Gegenstände jeder Art (Kunst, Schmuck und Wein). Zwar sind Sachwerte nicht an einen monetären Nennwert gebunden, wohl aber werden deren Preise in Geld ausgedrückt. Aus diesem Grund unterliegen Sachwerte anders als Geldwerte zwar keinem Kredit- dafür aber einem Kursschwankungsrisiko. Juristisch betrachtet sind Geldwerte dem Schuld-, Sachwerte hingegen dem Sachenrecht zugeordnet. Aktien werden in der einschlägigen Literatur typischerweise den Sachwerten zugeschlagen. Das ist aus zweierlei Gründen in dieser Pauschalität nicht korrekt. Zum einen ist der entsprechende Sach- oder Substanzwert stark vom Geschäftsmodell des jeweiligen Unternehmens abhängig – bei einer investiven Immobiliengesellschaft ist er relativ hoch, bei einem reinen Dienstleistungsunternehmen relativ niedrig. Zum Zweiten ist er, sofern denn vorhanden, de facto eine rein theoretische Größe. Einerseits kann ein Anleger den Substanzwert ja gerade nicht nach Belieben realisieren, andererseits ist selbiger in aller Regel hochgradig an das spezifische Ertragspotenzial gekoppelt – kann mit einem Sachwert kein Umsatz erzielt werden, sinkt auch ihr Preis gen null. Langfristig bemisst sich der Wert einer Aktie daher wie bei jeder anderen Investition auch anhand der hieraus zufließenden, auf die Gegenwart abgezinsten Erträge. Unternehmensbeteiligungen sind mithin Er-

trags- und keine Sachwerte. Gleichwohl lassen sich Letztere als dingliche Sicherheiten effektiv zur Sicherung von (Firmen-)Darlehen verwenden und meist problemlos beleihen oder verpfänden.

3 Die Bundesbank selbst schreibt, dass in »den vergangenen Jahrzehnten [...] negative Realzinsen sogar eher die Regel als die Ausnahme [waren].« Bereits vor der Finanzkrise, nämlich in den 1970er-Jahren, Anfang der 1990er-Jahre sowie in den 2000er-Jahren, erhielten Bankkunden insbesondere auf ihre Spareinlagen keine inflationsausgleichende Verzinsung. Diese Phasen real negativer Verzinsung überwogen historisch sogar, wobei der Realzins im Durchschnitt der letzten 48 Jahre nach Berechnungen des Medienunternehmens Bloomberg bei -0,16 Prozent lag.

4 Bereits im März 2015 rentierte die Hälfte der weltweit handelbaren Staatsanleihen nominal mit weniger als einem Prozent. Selbst im notorisch klammen und von chronischer Massenarbeitslosigkeit gepeinigten Spanien lag im April 2015 der Zinssatz für Staatsanleihen mit einer Laufzeit von sechs Monaten erstmals im negativen Bereich. Dennoch war eine entsprechende Neuemission fünffach überzeichnet. In Deutschland wiesen Staatsanleihen Anfang 2016 erst ab einer Restlaufzeit von sechs Jahren eine positive Nominalrendite auf, ab Mitte des Jahres gar erst ab einer von deutlich über zehn Jahren, während sich in Japan zeitgleich mehr als zwei Drittel der überwiegend im Inland umlaufenden Staatspapiere negativ verzinsten. Auch die im Juli 2016 in der ultimativen »Fluchtwährung« schlechthin begebenen Schweizer Staatsanleihen wiesen trotz einer Laufzeit von 50 Jahren erstmals eine negative Rendite aus, die damit sämtliche Obligationen der Eidgenossenschaft umfasste und die Nachfrage nach 1000-Franken-Noten, die aufgrund eines früheren Rückseitenmotivs sogenannten Ameisen, in die Höhe trieb.

2. DAS ELEND DER ARBITRAGE

5 Typischerweise zeichnen Medienberichte nur eine Seite der Medaille, werden Kursveränderungen regelmäßig als Reaktion »der Marktteilnehmer« auf neue Unternehmenszahlen, Branchenentwicklungen, Konjunkturdaten oder sonstige Wahrnehmungen zurückgeführt. Vermutlich steht hinter dieser kontrafaktischen Form der Berichterstattungen der Wunsch oder gar die Notwendigkeit, intuitiv zugängliche Erklärungsmuster für in aller Regel zufällige Entwicklungen reproduzieren zu müssen.

6 Damit unterscheidet sich aus Sicht eines Kursgewinn-Investors der Aktienmarkt wesentlich vom Gütermarkt, wo der in aller Regel auch nachvertraglich zuverlässig taxierbare Nutzwert eines Produktes oder einer Dienstleistung ohne Preisspekulationsmotiv gegen Geld gehandelt wird, was zum wechselseitigen Vorteil gereicht.

7 Aus diesem Grund warnt Charles Munger, der Co-Geschäftsführer von Berkshire Hathaway, Investoren davor, den Markt schlagen zu wollen: »Und es ist unausweichlich so, dass exakt die Hälfte der Anleger nach Abzug des Croupiers-Anteils ein schlechteres als das mediane Ergebnis erzielt [...]. Klüger ist es, sich die Berater zu sparen und den Umsatz zu reduzieren [...].« Auch der »Vater der Wertpapieranalyse« Benjamin Graham beschied in einem seiner letzten Interviews im Jahr 1976 die Frage »Kann der durchschnittliche Manager im Laufe der Jahre bessere Ergebnisse als der Stan-

dard & Poor's Index erzielen?«, klar negativ, denn das »würde ja im Endeffekt bedeuten, dass die Gesamtheit der Börsenexperten sich selbst übertreffen würde – ein logischer Widerspruch«. Seinerzeit betrug der Umsatzanteil institutioneller Investoren an der New York Stock Exchange (NYSE) etwa 50 Prozent. Dieser Anteil ist seither sukzessive gestiegen, wie Charles D. Ellis ausführt, ein bekannter US-amerikanischer Investor, Finanzautor und Berater institutioneller Anleger: »Heute [2010] werden 90 Prozent aller ›öffentlichen‹ Trades an der New Yorker Börse [...] von Investmentprofis in Auftrag gegeben.« Ferner, so Ellis, entfallen »75 Prozent aller Transaktionen auf die Experten der 100 größten, aktivsten Institutionen und ganze 50 Prozent des gesamten Handels an der NYSE auf die Experten der 50 größten und aktivsten institutionellen Investoren«. Damit ist eine systematische Bereicherung überlegener professioneller auf Kosten unwissender privater Anleger also kaum noch möglich. Damals, so Ellis, »konnten die Profis die Amateure überflügeln und taten es auch. Doch das ist 50 Jahre her.« Heutzutage erfolgt so gut wie jeder Kauf respektive Verkauf innerhalb institutioneller Kreise. Konsolidiert betrachtet entsteht den jeweiligen Kunden damit jedes Mal ein Verlust in Höhe der fälligen Transaktionskosten.

8 Die Klassifizierung als Nullsummenspiel gilt nur für die relative, nicht die absolute Performance der Aktienmärkte. Spieltheoretisch entspricht letztere global und über die letzten 200 Jahre betrachtet einer Lotterie mit einem positiven, stark variierenden Erwartungswert von durchschnittlich 0,05 Prozent pro Tag.

9 Um einen Verlust von 10 Prozent zu kompensieren ist ein Gewinn von 11 Prozent notwendig, bei 20, 50 und 90 Prozent Verlust sind es 25, 100 und 900 Prozent Gewinn. Der relative Kursgewinn, der nötig ist, um die anwachsenden Kursverluste ausgleichen zu können, steigt progressiv an.

10 Diese wiederum entspricht einer empirischen Studie des US-amerikanischen Bogle Financial Markets Research Center zufolge im langfristigen Durchschnitt fast exakt dem Unternehmensgewinn. Hierzu wurde die Entwicklung des US-amerikanischen Aktienmarkts zwischen 1900 und 2005 untersucht und dessen Performance in zwei Komponenten zerlegt: eine aus Dividendenrendite und Gewinnwachstum bestehende Anlagerendite sowie den spekulativen Ertrag. Ergebnis: Die nominale Rendite von durchschnittlich 9,5 Prozent lässt sich fast vollständig auf die Anlagerendite (und hier circa je zur Hälfte auf Dividendenrendite und Gewinnwachstum) zurückführen. Der stark schwankende spekulative Ertrag trägt über die 106 Jahre lediglich 0,1 Prozent zur jährlichen Performance bei. Der Vorsitzende, Gründer und Namensgeber des Bogle Financial Markets Research Center, John C. Bogle, bezeichnet den (spekulativen) Aktienhandel daher auch als »ein gigantisches Ablenkungsmanöver«. Denselben Gegenstand aus einer etwas anderen Perspektive hat auch der US-amerikanische Fondsmanager Robert G. Hagstrom untersucht. Hierzu ermittelte er die Korrelation zwischen dem operativen Gewinn und dem Aktienkurs von über 12.000 Unternehmen über verschiedene Zeiträume. Demnach liegt der Korrelationskoeffizient auf Sicht von fünf Jahren zwischen 0,374 und 0,599, bei zehn Jahren bereits zwischen 0,593 bis 0,695. Das heißt, dass die Performance einer Aktie bereits nach einer Dekade Haltedauer im Durchschnitt zu etwa 60 bis 70 Prozent vom operativen Gewinn des jeweiligen Unternehmens abhängt, da umgekehrt die Kursentwicklung in aller Regel keinen Einfluss auf den operativen Gewinn des Unternehmens ausübt.

11 Buffett beschränkt sich keineswegs auf die Rolle des passiven Börseninvestors, sondern nimmt durch den Erwerb signifikanter Beteiligungen aktiv Einfluss auf das operative Geschäft, mit welchem er zudem oft unmittelbar vertraut ist. Ferner verfügen Buffett und seine Beteiligungsholding Berkshire Hathaway über einen privilegierten Zugang zu Informationen und Institutionen. Interessanterweise zahlen die meisten Beteiligungen des Konglomerats überdurchschnittlich hohe Dividenden, während es selbst nichts ausschüttet, sondern lieber Liquidität für günstige Investitionsgelegenheiten zurückbehält. Aufschlussreich ist das Bekenntnis Buffetts, dass seine »bevorzugte Anlagedauer [...] für immer [ist]«, ihm die Gefahren und Kosten exakten Timings also nur zu gut bekannt sind. Darin unterscheidet er sich übrigens in keiner Weise von John Maynard Keynes, der in seinem ökonomischen Hauptwerk mit einer originellen Analogie zum Thema aufwarten kann: »Das Schauspiel moderner Investmentmärkte hat mich hie und da zu der Folgerung getrieben, dass die Unauflösbarkeit des Kaufes eines Investments, nach dem Vorbild der Heirat, von Todesfällen und anderen schwerwiegenden Gründen abgesehen, ein gutes Heilmittel gegen die Übel unserer Zeit sein könnte. Denn dies würde den Investor zwingen, seine Aufmerksamkeit den langjährigen Aussichten und nur diesen zuzuwenden.« Allerdings belegt auch die Kurshistorie von Berkshire Hathaway eine nicht unerhebliche Volatilität, sprich erheblich schwankende Kurse bei einem allerdings beeindruckend konstant steigenden inneren Wert des Portfolios. Der Ausnahmestellung sowohl hinsichtlich seines außergewöhnlichen Geschicks als auch privilegierten Zugangs zu kursrelevanten Unternehmensinformationen scheint sich Buffett auch voll bewusst zu sein. Wohlwollend uneitel hebt sich beispielsweise seine im Aktionärsbrief vom Februar 2014 ausgesprochene Empfehlung hervor, ihm gerade nicht nachzueifern: »Investiert euer Geld in Indexfonds und das war es«, so der überraschende Fingerzeig des Altmeisters im Stock Picking. Exakt so lautet auch der Ratschlag an seine Erben: 10 Prozent des Vermögens sollen sie in kurzfristig verfügbare Liquidität, 90 Prozent in einen marktbreiten US-amerikanischen Aktienindex investieren. Bemerkenswerterweise möchte Buffet also nicht, dass im Falle seines Ablebens der Nachlass in der von ihm maßgeblich geprägten Gesellschaft verbleibt beziehungsweise investiert wird. Das bedeutet freilich nichts anderes, als dass er dieser unter seinen Nachfolgern langfristig eine im Vergleich zum Marktdurchschnitt nur unterdurchschnittliche Performance zutraut.

12 Nach Berechnungen des US-amerikanischen Ökonomieprofessors Jeremy Siegel beträgt die inflationsbereinigte Rendite für ein diversifiziertes, mit US-Aktien bestücktes Depot zwischen 1802 und 2003 für alle langfristigen Anlageperioden zwischen 6,5 und 7 Prozent. Die Auswertung der Börsendaten anderer Industrienationen ergab für den Zeitraum zwischen 1900 und 2003 ähnliche Langfristrenditen. Real ließ sich demnach mit Aktien durchweg eine deutlich positive Rendite erzielen, im Gegensatz zu zahlreichen Anleihemärkten, die Siegel ebenfalls untersucht hat. Hier lagen die Renditen über den gleichen Zeitraum bestenfalls im minimal positiven Bereich, siehe auch Kapitel 15.

13 Der marktbreite Index umfasst die Aktien der 500 größten US-amerikanischen Unternehmen mit Börsennotiz. Diese werden entsprechend ihrer Marktkapitalisierung, dem Produkt aus aktuellem Kurs und Anzahl der umlaufenden Anteile, gewichtet. Der klassische S&P 500 ist ebenso wie der Dow Jones Industrial Average (DJIA) und

der Nikkei 225, deren Komponenten allerdings nach ihrem Anteilspreis und nicht nach Marktkapitalisierung gewichtet werden, als reiner Kurs- oder Preisindex konzipiert. In seine Berechnung fließen also lediglich die Notierungen der jeweils enthaltenen Aktien ein, nicht jedoch etwaige Dividendenzahlungen, Sonderausschüttungen oder Kapitalveränderungen. Diese berücksichtigt hingegen der identisch zusammengesetzte, allerdings als Performance-Index ausgelegte S&P 500 Total Return respektive analog der DJIA Total Return. Bei einem Performance- oder Total-Return-Index werden Ausschüttungen aus den im Index enthaltenen Titeln unmittelbar in diesen reinvestiert. So führen Dividendenzahlungen selbst im hypothetischen Fall unveränderter Aktienkurse zu einem höheren Stand des Börsenbarometers. Sofern Ausschüttungen vorgenommen werden, entwickelt sich daher ein Performance-Index grundsätzlich und kontinuierlich besser als der entsprechende Kurs- oder Preisindex. Dieser Unterschied kann gut am Deutschen Aktienindex (DAX) demonstriert werden, dessen Berechnung klassisch als Performance-Index erfolgt, parallel dazu jedoch auch fortlaufend als Kursindex notiert wird. Für beide Varianten erfolgte die Normierung bei 1000 Indexpunkten per 31. Dezember 1987. Am letzten Handelstag des Jahres Ende 2015 notierte der klassische DAX (Performance-Index) bei 10.743 Punkten und damit fast auf den Punkt doppelt so hoch wie sein Pendent (Kursindex) mit 5390 Punkten.

14 Die Fondsgesellschaft Fidelity hat den DAX einer analogen Auswertung für den Zeitraum Januar 1991 bis Januar 2006 unterzogen. Auch in diesem Fall belegt das Ergebnis die enormen Risiken des Market-Timings. Ein Anleger, der über den gesamten Zeitraum investiert war, kam demnach trotz zahlreicher Kurseinbrüche (Asienkrise 1997, LTCM- beziehungsweise Russlandkrise 1998, Dotcom-Crash 2000 bis 2003) auf eine nominale Rendite von 9,7 Prozent pro Jahr. Wer allerdings in diesem Zeitraum allein die besten 20 Tage im DAX verpasste, schlug mit durchschnittlich 1,3 Prozent Rendite pro Jahr selbst vor Kosten noch nicht einmal die Inflationsrate.

15 Der US-amerikanische Analyst und Investor Harry S. Dent weist in mehreren Publikationen auf die mittel- bis langfristig enge Korrelation zwischen Börsentrends und demografischer Entwicklung hin, die er über das den repräsentativen Lebenszyklus prägende Konsummuster und dessen Auswirkung auf die Unternehmensgewinne als wesentlichen Treiber der Aktienrenditen kausal verknüpft. Sollte Dents Hypothese zutreffen, ist bis mindestens Mitte des 21. Jahrhunderts mit weiter steigenden Kursen an den Weltbörsen zu rechnen. Etwa zwischen 2050 bis 2070, so der deutsche Bevölkerungswissenschaftler Herwig Birg, tritt dann aller Wahrscheinlichkeit nach das historisch noch nie dagewesene Szenario einer Schrumpfung der Erdbevölkerung ein, die »Human Bubble« (Dent) oder »demogafische Blase« verliert sukzessive an Luft. Dieser Strukturbruch könnte demnach eine Umkehr des über 250 Jahre währenden globalen, übergeordneten Bullenmarktes einleiten.

16 Der Banker und Finanzbuchautor Gerd Kommer weist darauf hin, dass eine rein nominale Betrachtung aus Anlegersicht nur wenig Aussagekraft hat und um zwei Faktoren bereinigt gehört. Zum einen beinhaltet der Dow Jones Industrial Average als reiner Kursindex (ebenso wie der S&P 500) keine Dividenden. Die Ausschüttungsrendite betrug jedoch selbst während der Großen Depression im Schnitt 5 Prozent und trug damit wesentlich zum Gesamtergebnis bei. Zum anderen fiel sei-

nerzeit das Preisniveau beträchtlich – allein die Großhandelspreise sanken in der Spitze um über ein Drittel –, sodass die reale Rendite um die Geldaufwertungs- beziehungsweise Deflationsrate höher lag als die nominale Rendite; so sanken nach Berechnungen von William J. Bernstein beispielsweise auch die Dividenden der im Dow Jones enthaltenen Aktien während der Großen Depression real nur um 25 Prozent. Unter Berücksichtigung dieser beiden Faktoren wurde der Vorkrisenhöchststand von 1929 bereits 1936 wieder erreicht. Der vergleichsweise kleine Bärenmarkt zwischen 1937 und 1942 ist seiner Meinung nach eher dem Vorlauf und Beginn des Zweiten Weltkriegs und nicht der Großen Depression zuzurechnen, somit also als separates Ereignis zu werten. Kommers Ausführungen belegen dabei eindrucksvoll die Bedeutung hoher und stabiler Dividenden auf die Performance gerade in Krisenzeiten.

17 Der deutsche Finanzmarktanalyst Joachim Goldberg bemerkt hierzu, dass marktbreite Aktieninvestments in der historischen Langfristbetrachtung, wie nicht anders zu erwarten, durchgängig höher notieren als Portfolios bestbeleumundeter Anleihen, dass der Renditeabstand zwischen beiden Anlageklassen in Höhe von etwa 4 Prozentpunkten nach gängigen Risikobewertungsmodellen jedoch viel zu groß ist. Dieses weltweit zu beobachtende Phänomen wird auch Aktienprämienrätsel oder »Equity Premium Puzzle« genannt. Nach Goldberg halten Anleger Aktien deshalb für riskanter, als sie es in Wirklichkeit sind, weil die häufige Betrachtung des eigenen Depots zu einer übertriebenen Risikoeinschätzung und infolge zu vergleichsweise überzogenen Renditeforderungen führt. Folgendes Beispiel soll dies verdeutlichen: Die Veränderungsrate (Rendite) der vier aufeinanderfolgenden Messpunkte (Kursstände) 100, 80, 120 und 105 weist eine erhebliche Schwankungsintensität (Standardabweichung) von gut 31 Prozent auf. Wird die Anzahl der Beobachtungen auf drei reduziert und beispielsweise der zweite Messpunkt ausgeblendet, sinkt die Volatilität bei gleicher Gesamtperformance bereits um knapp die Hälfte auf gut 16 Prozent. Bei Heranziehung allein des Start- und Endwertes sinkt sie naturgemäß gar auf null. Die relativ häufige Performance-Messung eines durchaus schwankungsanfälligen Aktiendepots vermittelt demnach ein höheres Risiko, als wenn die Gewinne und Verluste weniger häufig bilanziert werden. Im letzten Fall gleichen sich die zahlreichen Auf- und Abwärtsbewegungen innerhalb der Betrachtungsperiode aus und dem langfristigen Trend an. Interessant ist in diesem Zusammenhang eine 1993 veröffentlichte Studie von Shlomo Benzarti und Richard Thaler. Die beiden US-amerikanischen Ökonomen wiesen darin nach, dass der Risikohorizont des durchschnittlichen Anlegers lediglich ein Jahr beträgt und mit periodischen Umschichtungsquoten von 75 Prozent des Depotwertes einhergeht.

18 Bei der im allgemeinen Sprachgebrauch so betitelten Auszeichnung handelt es sich wörtlich um den »Preis der Schwedischen Reichsbank in Wirtschaftswissenschaft zur Erinnerung an Alfred Nobel«, der jedes Jahr zusammen mit den offiziellen Nobelpreisen verliehen wird. Im Gegensatz zu Letzteren wurde er nicht vom Namenspaten selbst, sondern von der Schwedischen Reichsbank im Jahr 1968 anlässlich ihres 300-jährigen Bestehens gestiftet und im Folgejahr erstmals verliehen. Die Auswahl der Preisträger erfolgt allerdings wie bei den Nobelpreisen für Physik und Chemie auch durch die Schwedische Akademie der Wissenschaften.

19 Im Jahr 1998 veröffentlichte das *Wall Street Journal* die Auswertung einer Aktionärsbefragung. Demnach war der durchschnittliche Investor der Meinung, er werde um etwa 2 Prozent pro Jahr besser abschneiden als der Gesamtmarkt. Charles Munger schätzt hingegen, dass nur etwa 3 bis 4 Prozent aller Anleger langfristig tatsächlich besser als dieser performen, was bei einem Zeitraum von fünf Jahren statistisch auch nicht anders erwartet werden kann. Munger zitiert in diesem Zusammenhang eine 2012 veröffentlichte Studie, derzufolge 91 Prozent der befragten Anleger der Ansicht sind, eine mindestens genauso hohe Performance wie der Gesamtmarkt erzielen zu können.

20 Allein Nick Leeson bescherte im Jahr 1995 der Barings Bank einen Verlust von 825 Millionen Pfund Sterling, Jérôme Kerviel im Jahr 2008 der Société Générale ganze 4,82 Milliarden Euro und Kweku Adoboli der schweizerischen UBS im Jahr 2011 insgesamt 2,3 Milliarden US-Dollar. Allein die altehrwürdige, im Jahr 1717 gegründete Barings Bank ist hierüber mangels Regierungs- respektive Steuerzahlerunterstützung in Konkurs gegangen. Zumindest Jérôme Kerviel, dessen dreijährige Haftstrafe wegen Untreue, Fälschung und Manipulation von Computerdaten im Juni 2015 endete, konnte sich für die vermutlich notwendige berufliche Neuorientierung über eine Finanzspritze in Höhe von 450.000 Euro freuen. Zur Zahlung dieser Summe hat ein Pariser Arbeitsgericht am 7. Juni 2016 seinen Ex-Arbeitgeber verurteilt, der nach Meinung der Richter keinen »wirklichen und ernsthaften« Grund zur Kündigung des Börsenhändlers gehabt habe.

21 Anbei eine Auswahl bekannter kognitiver Verzerrungen: Ankerheuristik, Attributionsfehler, Barnum-Effekt, Bestätigungsfehler, Dunning-Kruger-Effekt, Framing-Effekt, Halo-Effekt, Home Bias, Hot-Hand-Phänomen, Kontrasteffekt, Kontrollillusion, Prävalenzfehler, Projektionsfehler, Reihenfolgeneffekt, Rückschaufehler, Status-quo-Bias, selektive Wahrnehmung, Survivorship-Bias.

22 Auch der US-amerikanische Geschäftsmann und Autor des weltweit vermutlich bekanntesten Finanzratgebers Robert Toru Kiyosaki betont mehrfach den Umstand, dass der »durchschnittliche Investor [...] kein Geld am Markt [verdient]. Ich habe so viele Investoren gesehen, die im einen Jahr Geld verdienen und im nächsten alles wieder verlieren. [...] Es ist traurig, dass neun von zehn Investoren keinen Gewinn machen.« Von seinem väterlichen Freund und Mentor hat er dabei die 90/10-Regel übernommen, nach der 90 Prozent der Börsenperformance von 10 Prozent der Investoren erzielt werden und umgekehrt.

23 Ein anschauliches Beispiel dafür liefert die Ölkrise im Jahr 1973. Trotz Drosselung der Erdölproduktion in den Förderländern verfügten die Industrienationen theoretisch über genügend Vorräte, um den Versorgungsengpass zu überbrücken. Allein das Schüren von Knappheitsszenarien in den Medien führte vielerorts zu erhöhten privaten Bevorratungskäufen, die dann tatsächlich zur Verknappung führten. Zuletzt war im Zuge der Finanzkrise ab 2007 zu beobachten, dass bereits die Verbreitung von Mutmaßungen über die wirtschaftliche Lage von Kreditinstituten tatsächlich zu finanziellen Schwierigkeiten derselben durch Banken-Runs führte – also zu einem hohen Einlagen- und damit Liquiditätsentzug seitens der Kunden in kurzer Zeit.

24 Eine Alternative stellt natürlich der Insiderhandel dar. Die Verwertung von Insiderinformationen generiert tatsächlich hervorragende, gerade für Kursgewinn-Investoren besonders attraktive Chance-Risiko-Profile. Allerdings ist die Nutzung solcher Informationen in den meisten Jurisdiktionen illegal. Zudem besteht bei diesem Ansatz in aller Regel das größte Hindernis darin, auch tatsächlich an kursrelevante Informationen zu gelangen, bevor sie das breite Publikum erreichen.

25 Gleichwohl weist der Professor für Betriebswirtschaftslehre und ausgewiesene Fachmann für Finanzmarktforschung Martin Weber darauf hin, dass es an validen historischen Daten beziehungsweise Zeitreihen mangelt, um die langfristige Überlegenheit von Aktieninvestments gegenüber anderen Anlageformen statistisch mit hinreichender Sicherheit zu belegen. »Man benötigt mindestens 25 unabhängige Beobachtungen«, führt Weber aus, »um verlässliche Schlussfolgerungen zu ziehen. Die geballte Information eines Jahrhunderts liefert uns aber nur vier 25-Jahres-Zeiträume, die sich nicht überlappen und deshalb unabhängig sind. Um ein repräsentatives Ergebnis zu erhalten, reichen 100 Jahre bei Weitem nicht aus. Es sind vielmehr mindestens 25 x 25 = 625 Jahre notwendig.«

3. CASH IS KING

26 Hierbei bezeichnet der Prinzipal den Auftraggeber, der Agent den Beauftragten. Die Prinzipal-Agent-Theorie beziehungsweise Agenturtheorie untersucht dabei Möglichkeiten und Gestaltung effizienter Vertragsbeziehungen zwischen beiden Parteien. Ein wesentlicher Faktor ist dabei die Minimierung von Missbrauchsanreizen.

27 »Es war einmal ein Mann, ein rechter Glückspilz, der eine Gans besaß, die ihm jeden Tag ein goldenes Ei legte. Das gefiel dem Mann, aber nachdem eine Zeit vergangen war, begann er darüber nachzudenken, woher das Gold der Eier wohl käme. ›Es kann nur so sein‹, dachte er, ›dass in ihrem Bauch ein ganzer Goldklumpen steckt!‹ Und weil er nie von allem genug kriegte, packte ihn die Gier. Er beschloss, die Wundergans zu schlachten, um das ganze Gold auf einmal zu bekommen. Gesagt, getan. Doch als der Mann seine Gans aufschnitt, stieß er nur auf das, was alle Gänse in ihrem Bauch haben. So brachte ihn seine Habsucht um den vermeintlichen Riesenreichtum, aber auch um das tägliche goldene Ei, das ihm seine Gans getreulich weiter gelegt hätte, bis sie von selber gestorben wäre.«

28 Dies gilt übrigens nicht nur für Anleger sondern auch für zahlreiche bonitätsstarke Unternehmen, die aufgrund der ausgeprägten Niedrigzinsphase Schulden günstiger als Dividenden finanzieren können. Seit 2012 sind daher zahlreiche Firmen wie beispielsweise Intel und Siemens gezielt dazu übergegangen, verhältnismäßig gering verzinste Anleihen zu begeben, um damit relativ hoch rentierende eigene Aktien zurückzukaufen. Die Unternehmen sparen durch dieses Vorgehen Geld, während sich gleichzeitig die (künftigen) Erträge auf weniger Aktien verteilen, deren Kurs zudem von den Rückkäufen profitiert. In diesem Kontext wirken Aktienrückkäufe also als Kursstabilisator und Renditehebel gleichzeitig – sofern sich die finanzwirtschaftliche Lage zumindest nicht verschlechtert.

29 Der US-amerikanische Finanzbuchautor Richard Stooker hat den Indexstand des Dow Jones Industrial Average unter der Maßgabe berechnet, dass mit Beginn seiner Erhebung im Jahr 1886 alle ausgeschütteten Dividenden unmittelbar und in voller Höhe in den Index reinvestiert worden wären. Dieser hätte demnach im Jahr 1999 einen Stand von knapp über 900.000 Punkten aufgewiesen. Dieselbe Rechnung hat der deutsche Wirtschaftsjournalist Christian Kirchner für den Zeitraum 1900 bis 2015 angestellt. Er kommt inklusive reinvestierter Dividenden sogar auf einen Indexstand von über zwei Millionen Punkten. Weiter macht Kirchner darauf aufmerksam, dass aufgrund des über Dekaden wirkenden Zinseszinseffektes letztlich nicht nur die Hälfte, sondern gut 90 Prozent der Aktiengewinne aus (thesaurierten) Dividenden resultiert. Letzteres belegt wiederum recht eindrucksvoll eine Rückrechnung, die Charles D. Ellis für den US-amerikanischen Aktienmarkt im Zeitraum 1927 bis 1999 durchgeführt hat. Ein zu Beginn dieser Periode angelegter US-Dollar hätte am Ende derselben ohne Wiederanlage der Dividenden, also allein durch Kurssteigerungen, ein Endvermögen von 105,96 US-Dollar erbracht, mit Wiederanlage der Dividenden hingegen 2.591,79 US-Dollar, ein knapp um den Faktor 25 höheres Resultat.

30 Hierzu ein Beispiel: Wird die Dividende einer AG in Höhe von 5 Prozent anstatt auf einmal am Jahresende fortlaufend als Monatsdividende ausgeschüttet, erfolgt die Zahlung im Schnitt nach sechseinhalb statt zwölf Monaten. Durch die Wiederanlage und Mitverzinsung der monatlichen Zahlungen steigt die effektive Dividendenrendite annualisiert auf 5,25 Prozent.

31 Eine Studie der in New York ansässigen Fondsgesellschaft Global X Funds aus dem Jahr 2015 hat den Einfluss von Zinsänderungen auf die Performance eines Hochdividendenportfolios für den Zeitraum 1960 bis 2014 untersucht. Sie umfasste die 10 Prozent der an NASDAQ und NYSE notierten Aktien mit der höchsten Dividendenrendite. Über den gesamten Zeitraum betrachtet betrug die Ausschüttungsrate des monatlich aktualisierten Depots durchschnittlich 6,4 Prozent, wobei die Ausschüttungen 46 Prozent zum Gesamtergebnis von knapp 14 Prozent per annum beitrugen. Die Outperformance gegenüber dem als Vergleichsindex herangezogenen S&P 500 Total Return betrug im Schnitt 3,5 Prozent pro Jahr. Gemessen an der Rendite zehnjähriger US-Staatsanleihen waren im Beobachtungszeitraum insgesamt zehn Phasen steigender Zinsen zu verzeichnen. In sieben der zehn Phasen schnitt das Hochdividendenportfolio besser ab als der Vergleichsindex. Die drei Phasen von insgesamt gut drei Jahren Dauer, in denen sich das Hochdividendenportfolio schlechter als der Vergleichsindex entwickelte, zeichneten sich durch deutlich überproportional hohe Zinssteigerungsraten aus. Ferner interessant: Die Performance des Hochdividendenportfolios und die des S&P 500 Total Return hingen insgesamt nur schwach zusammen, der Korrelationskoeffizient betrug mäßige 0,57. Die annualisierte (Über-)Rendite pro Risikoeinheit (Sharpe Ratio) lag beim Hochdividendenportfolio um 0,6 Prozentpunkte höher als beim Vergleichsindex.

32 Tatsächlich besteht in einem inflationären Umfeld die latente Gefahr, dass insbesondere Dividendenwerte Scheingewinne ausweisen und ungedeckte Ausschüttungen vornehmen. Diese entstehen, wenn Umsätze zu den bereits gestiegenen Preisen generiert, Kapitalgüter wie Anlagen oder Immobilien jedoch noch zu den vorinfla-

tionären Beschaffungskosten bilanziert und abgeschrieben werden. Gut geführte Unternehmen berücksichtigen den Einfluss der Inflation auf die Erhaltungs- beziehungsweise Wiederbeschaffungskosten und bilden entsprechende Rücklagen, um einer Aufzehrung des Kapitalstocks vorzubeugen.

33 Eine Gegenüberstellung der Gewinne und Ausschüttungen aller im MSCI World, einem über 1600 Aktien aus 23 Industrienationen umfassenden Weltindex, vertretenen Unternehmen belegt für den ereignisreichen Zeitraum zwischen 1995 und 2012 zudem, dass die Dividendenentwicklung nicht nur stabiler verläuft als die der Kurse, sondern auch als die der Unternehmensgewinne. Mathematisch betrachtet entspricht sie der geglätteten Kurs- beziehungsweise Gewinnverlaufskurve. Das gleiche Phänomen lässt sich auch am Immobilienmarkt beobachten: Verteuert beziehungsweise verbilligt sich Grundeigentum, steigen respektive sinken die Mieten tendenziell in geringerem Ausmaß. Die Mietrendite wird daher oft als ein Indikator zur Abschätzung von Über- und Unterbewertungen innerhalb des jeweiligen Marktsegments herangezogen.

34 Insbesondere im angelsächsischen Raum nutzen zahlreiche Unternehmen und Kapitalsammelstellen zur Bekräftigung ihrer Dividendenpolitik das Instrument der »managed distribution policy«. Dabei handelt es sich um eine durch das Management erlassene Ausschüttungsrichtlinie, die in Höhe und Zeit terminierte Auszahlungen über die nächsten zwölf Monate umfasst. Ein Anleger kann demnach entsprechende Wertpapiere in der Gewissheit gut kalkulierbarer Zahlungsströme erwerben. Oftmals wirkt eine »managed distribution policy« dämpfend auf die Kursschwankungen (siehe Kapitel 3.2) und macht daher einschlägige Titel für Einkommens-Investoren besonders attraktiv. Die aus der »managed distribution policy« resultierende Verpflichtung ist allerdings nicht mit einer Garantie zu verwechseln. Insbesondere wenn die vorgesehenen Ausschüttungen nicht aus dem CAFD oder den hierfür gebildeten Rücklagen bedient werden können, muss substanzmindernd auf Aktiva der Gesellschaft, beispielsweise durch den Verkauf von Vermögenswerten, zurückgegriffen oder die Kreditlinie in Anspruch genommen werden. Das Management kann in einem solchen Fall auch entscheiden, die »managed distribution policy« zu ändern oder auszusetzen. Hiervon wurde beispielsweise im Zuge der letzten Finanzkrise, insbesondere im Verlauf des Jahres 2009, häufig Gebrauch gemacht.

4. BUSINESS DEVELOPMENT COMPANIES

35 Eine »Investment Company« ist nach US-amerikanischem Recht eine Gesellschaft, deren Kerngeschäft im Kaufen, Halten und Verkaufen von Wertpapieren zu Investitionszwecken besteht. Sie investiert dabei die Mittel im Auftrag ihrer Anleger, die im Gegenzug entsprechend ihrer Beteiligung an den Gewinnen und Verlusten partizipieren. Das Gesetz unterscheidet drei Gattungen von »Investment Companies«: Zum einen die bereits erwähnten CEFs, zum anderen »Mutual Funds« sowie »Unit Investment Trusts« (UIT). Die »Mutual Funds« entsprechen dabei weitestgehend den auch in Deutschland weit verbreiteten offenen Investmentfonds, deren Anteile von einer KAG direkt oder indirekt über Banken und Versicherungen ausgegeben und zurückgenommen werden. Bei CEFs handelt es sich um börsennotierte geschlossene Fonds.

Hierzu werden zunächst Fondsanteile bis zu einem vorgegebenen Volumen oder innerhalb eines vorgegebenen Zeitraums emittiert, anschließend wird der Fonds geschlossen. Die KAG hat dann keine Möglichkeit mehr, neue Anteile herauszugeben oder zurückzunehmen. Anders als bei der deutschen Variante, den schwer liquidierbaren geschlossenen Fondsanlagen, werden CEFs in den USA jedoch nach Abschluss der Emission an einer Börse notiert, das heißt, die Anteile werden laufend bewertet und sind in der Regel jederzeit handelbar. Ein UIT schließlich ist ebenfalls ein börsengehandelter Fonds, der allerdings nicht aktiv gemanagt wird und eine definierte Laufzeit hat. Mit Laufzeitende wird das Fondsvermögen liquidiert und an die Anteilseigner werden ausgezahlt.

36 Der Act of 1940 erlaubt allen »Investment Companies«, nur innerhalb fester Relationen zum Fondsvermögen Fremdkapital, Mezzanine-Kapital sowie Finanzderivate aufzunehmen beziehungsweise zu emittieren. Fremdkapital muss dabei jeweils zum Monatsultimo zu mindestens 300 Prozent durch Vermögenswerte gedeckt sein, Fremdkapital zuzüglich jeglicher Mischformen und anderweitiger potenzieller Verpflichtungen zu mindestens 200 Prozent. Das hat unter anderem zur Folge, dass keine Dividenden deklariert und ausgezahlt werden dürfen, solange die Deckungsquoten abzüglich geplanter Ausschüttungen unterschritten werden. In jüngerer Zeit gibt es allerdings Bestrebungen, diese Regelungen zumindest für BDCs aufzuweichen und die Deckungsquote von 200 auf 150 Prozent abzusenken.

37 Eine »nahestehende Person« beziehungsweise »Interested Person« ist nach US-amerikanischem Recht eine Person, die in der Lage ist, die Strategie oder das operative Geschäft eines Unternehmens maßgeblich mitzubestimmen. Hierzu gehören beispielsweise Geschäftsführer, Führungskräfte, leitende Angestellte und Eigentümer mit mehr als 10 Prozent der stimmberechtigten Gesellschaftsanteile sowie deren Familienangehörige und enge Vertraute beziehungsweise Mitarbeiter.

38 Eine RIC ist die US-amerikanische Frühform des Wertpapierfonds, welche die Kapitalanlagen beziehungsweise Investitionen von mehr als 100 Anteilseignern verwaltet. RICs wurden mit dem Act of 1940 zu einer Zeit ins Leben gerufen, als die Institution des Publikumsfonds noch nicht breitenwirksam etabliert war. Sie sollte auch Kleinanlegern die Chance eröffnen, sich kostengünstig an einem professionell gemanagten Wertpapierportfolio zu beteiligen. Interessant ist in diesem Zusammenhang die bis heute zwingende Vorgabe für alle RICs, mindestens 90 Prozent der erzielten Erträge abzüglich der Kosten an die Anteilseigner auszuschütten. Das belegt erneut den ursprünglich auf Einkommen und nicht primär Kurssteigerungen zielenden Ansatz von Aktieninvestments.

39 Allied Capital repräsentiert auf Unternehmensebene den Archetyp eines Schwarzen Schwans. Gegründet wurde das Unternehmen 1958, zwei Jahre später folgte der Börsengang der Beteiligungsgesellschaft. Nach Jahrzehnten nie gekürzter und oft erhöhter Dividenden folgte im Jahr 2008 deren komplette Aussetzung sowie ein Kurssturz von über 30 auf unter einen US-Dollar. Ein Jahr später wurde das Unternehmen durch die BDC Ares Capital übernommen. Ursächlich für diese Entwicklung war lediglich eine einzige Portfolioposition, ein auf Unternehmensfinanzierungen spezialisierter Dienstleister, der im Zuge der Finanzkrise Insolvenz anmelden musste. Die Beteiligung selbst machte zwar lediglich 14 Prozent des Portfolios aus, al-

lerdings hatte sich Allied Capital dazu verleiten lassen, vollumfänglich für die Verbindlichkeiten der mit hohem Kredithebel operierenden Gesellschaft zu bürgen, um deren Finanzierungskosten zu senken respektive die Rendite zu erhöhen.

5. MASTER LIMITED PARTNERSHIP

40 Im Gegensatz zu einer Kapitalgesellschaft (GmbH, AG) handelt es sich bei der Kommanditgesellschaft um eine Personengesellschaft, zu der sich zwei oder mehr Personen beziehungsweise Unternehmen zusammenschließen. Für die Verbindlichkeiten der Gesellschaft haftet mindestens ein Gesellschafter (Komplementär) unbeschränkt, alle weiteren Gesellschafter (Kommanditisten) lediglich beschränkt, in der Regel mit ihrer Einlage.

41 Diese wird üblicherweise in die drei Bereiche Upstream (Produktion), Midstream (Verarbeitung, Transport und Lagerung) sowie Downstream (Distribution und Verkauf) unterteilt.

42 Bei ausschüttenden Wertpapieren ist die sogenannte Payout Ratio, auch Deckungsgrad oder »coverage ratio«, eine wichtige Kennzahl. Diese entspricht dem periodisch verfügbaren Discounted Cash-Flow dividiert durch die Summe der Ausschüttung. Die Kennzahl gibt also Auskunft darüber, inwieweit eine Dividende auch tatsächlich erwirtschaftet wurde. Unternehmen mit einem höheren Deckungsgrad verfügen über mehr Mittel, um Investitionen zu tätigen oder Einnahmeausfälle zu kompensieren, ohne Schulden aufnehmen beziehungsweise die laufende Dividende kürzen zu müssen.

6. INCOME TRUSTS

43 Als »Windfall Profits« oder »Windfall Losses«, also Zufallsgewinne beziehungsweise -verluste, werden Änderungen der Ertragslage oder Vermögenshöhe bezeichnet, die allein auf dem Eintritt eines unvorhergesehenen oder nicht geplanten Ereignisses, einem positiven oder negativen Schwarzen Schwan, beruhen.

44 Allemal interessant ist der historische Ursprung der Trust-Konstruktion: »Das Trustrecht und der Trust selbst entstanden in England während des 12. und 13. Jahrhunderts zur Zeit der Kreuzzüge. Der Ursprung soll in der Feudalzeit liegen. Der feudale Grundeigentümer, der an einem Kreuzzug teilnahm, benötigte einen geeigneten und verlässlichen Verwalter der Güter während seiner Abwesenheit, der auch eine ausreichende Vertretungs- und Verfügungsmacht hatte. Dies wurde im Rahmen einer Rechtsbeziehung geregelt, indem der feudale Grundeigentümer sein Eigentum an einen Verwalter (Trustee) übertrug mit der bindenden Auflage, dieses Eigentum nach seiner Rückkehr wieder an den ehemaligen Eigentümer zurückzuübertragen. Der am Kreuzzug teilnehmende vorherige Eigentümer der Güter wurde so zum Begünstigten (»Beneficiary«) aus der Absprache. Als Trustee wurde bevorzugt ein guter Freund des Feudalherrn eingesetzt.«

45 DRIPs sind keineswegs auf Income Trusts beziehungsweise kanadische Wertpapiere beschränkt, zahlreiche Einzelwerte, aber auch viele Fonds aus dem angelsächsischen Raum bieten Investoren solche Wiederanlagepläne für ausgeschüttete Dividenden an. Diese stehen jenseits der Income Trusts regelmäßig auch ausländischen Anlegern offen. Aus Sicht des Anbieters sind die stets optionalen DRIPs ein ebenso günstiges wie flexibles Instrument der Kapitalbeschaffung. Der ganz wesentliche Vorteil für den Investor besteht in der kostenlosen Abwicklung der Wiederanlage über die entsprechende Gesellschaft oder KAG, bei der keine Börsenspesen und in der Regel auch keine Verwaltungsgebühren seitens der Bank oder des Brokers anfallen. Das Ausübungsrecht kann vom Anleger fallweise zu einem vom Anbieter im Voraus bestimmten Tagesschlusskurs wahrgenommen werden, eventuelle Bruchstücke werden üblicherweise auf ganze Anteile gerundet.

46 Der S&P/TSX Composite Index ist das kanadische Pendant zum DAX und umfasst die nach Marktkapitalisierung 220 größten an der TSX gelisteten Unternehmen. Konzipiert ist er als Kurs- oder Preisindex. Der Börsenwert der im Index enthaltenen Aktien beläuft sich auf circa 95 Prozent des gesamten kanadischen Aktienmarktes.

7. REAL ESTATE INVESTMENT TRUSTS

47 Nichtsdestotrotz ist einer bevölkerungsrepräsentativen Mehrländerstudie zufolge die Wertpapierkategorie »REIT« 93 Prozent der befragten Deutschen unbekannt und lediglich 5 Prozent der Teilnehmer ein Begriff.

48 Ursache hierfür war unter anderem der Umstand, dass der Gesetzgeber mit dem Community Reinvestment Act und American Dream Downpayment Act amerikanische Banken verpflichtete hatte, Hypothekendarlehen auch an nicht kreditwürdige Schuldner, sogenannte NINJAs – ein Akronym für »No Income, No Job or Assets«, sprich »kein Einkommen, keine Arbeit oder keine Vermögenswerte« – zu vergeben. Die Verbriefung und der Verkauf derartiger Forderungen wiederum war eine Maßnahme, um sich von den amtlich verordneten Hochrisikopositionen (teilweise) trennen zu können.

49 Die in der Einleitung erwähnten und jahrzehntelang als sichere Anlage vertriebenen offenen Immobilienfonds traten zuletzt den Beweis dafür an, dass das magische Anlagedreieck aus solidem Sachwert und preiskonstantem Geldwert bei täglicher Verfügbarkeit durchaus sehr risikobehaftet sein kann. Direktinvestitionen in Immobilien verschleiern die zum Teil erhebliche Preisvolatilität lediglich, da keine tägliche und öffentliche Preisfeststellung erfolgt.

8. ROYALTY TRUSTS

50 Der feudaladelig anmutende Name ist dabei tatsächlich dem entsprechenden Zeitalter entlehnt, wie der lexikalische Eintrag ausführt: »Der Begriff stammt aus dem mittelalterlichen England, als an die englische Krone (eben die ›Royalty‹) Gebühren für

die Nutzung ihres (Land-)Eigentums in Form von Pacht durch die Pächter zu entrichten waren.«

51 Daneben existieren einige wenige Royalty Trusts, die sich im Medizin- und Pharmaziesektor engagieren sowie Patente und Nutzungsrechte aller Art kommerziell verwerten. Hierzu gehören auch Franchiseunternehmen wie der in Kapitel 6 vorgestellte SIR Royalty Income Fund. Aufgrund der herausragenden Bedeutung und Dominanz dieser Wertpapiergattung im Rohstoffsegment konzentrieren sich die weiteren Ausführungen auf ebendiesen, gelten jedoch analog für jeden börsennotierten Royalty Trust.

52 Im Vergleich zu den Erträgen einer AG bieten Royalty Trusts regelmäßige, gut kalkulierbare und weniger schwankungsanfällige Payoffs, was in der Regel zu einem geringeren Risikoabschlag in deren Bewertung und damit höheren Einnahmen des Veräußerers führt.

53 Seine diesbezügliche Maxime lautet vollständig wie folgt: »Ich versuche Aktien von Firmen zu kaufen, die ein idiotensicheres Geschäft betreiben. Denn früher oder später wird jedes Unternehmen mal von einem Idioten geführt werden.«

54 So schreibt der deutsche Rohstoffexperte Michael Vaupel: »Rohstoffe haben gegenüber Aktien von Unternehmen übrigens den Vorteil, dass sie nicht pleitegehen können. Es gibt keine ›Gewinnwarnungen‹, keine kriminellen Vorstände, keine Trickse-reien. Die Fakten liegen bei Rohstoffen auf dem Tisch. Es geht immer um Angebot und Nachfrage, nicht um heiße Luft.«

55 Dies sei am Beispiel eines Royalty Trusts mit einer Restlaufzeit von 20 Jahren veranschaulicht, der zum Laufzeitende keine Ablösezahlung vorsieht. In diesem Fall muss ein Investor die veranlagte Summe über den Anlagezeitraum kontinuierlich abschreiben. Der Abschreibungssatz entspricht somit 5 Prozent pro Jahr. Das heißt, nur wenn die Dividendenrendite des Trusts (abzüglich Steuern und Gebühren) jenseits des jährlichen Substanzverzehrs von 5 Prozent pro Jahr liegt, erhält der Anleger eine positive Kapitalverzinsung. Die Abschreibungsrate selbst muss der Anleger zurücklegen, möchte er nach 20 Jahren über den ursprünglichen Kapitaleinsatz verfügen.

56 Bei Rohstoffaktien wirkt der Rohstoffpreis als Hebel sowohl für Gewinne wie auch Verluste. Beispiel: Eine Mine fördert ein Mineral zu Produktionskosten von 90 US-Dollar je Tonne. Bei einem Marktpreis von 100 US-Dollar pro Tonne erwirtschaftet der Minenbetreiber einen Gewinn von 10 US-Dollar je abgesetzte Tonne. Steigt der Marktpreis des Minerals um 10 Prozent auf 110 US-Dollar je Tonne, verdoppelt sich der Gewinn des Minenbetreibers auf 20 US-Dollar je verkaufte Tonne. Dies gilt analog auch für sinkende Preise.

9. PREFERRED SHARES

57 Hierzu ein Beispiel: Ein Investor hält 100 Preferred Shares mit einem Nennwert von je 25 US-Dollar. Der Durchschnittspreis der entsprechenden Aktie liegt bei 50 US-Dollar. Somit erhält der Anleger im Fall eines Aktienausgleichs 25 geteilt durch 47,5 (95 Prozent von 50) beziehungsweise 0,526 Aktien je Preferred Share.

58 Dadurch sind die Kapitalkosten von Preferred Shares im Vergleich zu einer klassischen Fremdkapitalfinanzierung, beispielsweise über Anleihen oder Bankkredite, bei gleichem Zinssatz um den entsprechenden Körperschaftsteuersatz höher.

10. CONVERTIBLE BONDS

59 Auch hierzu ein Beispiel: Ein Unternehmen emittiert eine Wandelanleihe mit einer Laufzeit von fünf Jahren zu 1000 US-Dollar. Der Zinssatz beträgt 5 Prozent pro Jahr, das Wandlungsverhältnis liegt bei 25 Aktien je Wandelanleihe. Die Wandelparität beträgt damit 40 US-Dollar je Aktie (1000 US-Dollar geteilt durch 25). Der Käufer einer Wandelanleihe hält diese nun beispielsweise drei Jahre. In dieser Zeit bezieht er pro Jahr 50 US-Dollar Zinsen, insgesamt also 150 US-Dollar. Am Ende des dritten Jahres steht der Kurs der Aktie mit 60 Euro oberhalb der Wandelparität. Der Anleger übt das Wandlungsrecht aus und erhält 25 Aktien mit einem Marktwert von insgesamt 1500 US-Dollar (60 US-Dollar mal 25). Sofern er die Aktien umgehend verkauft, hat er einen Zins- und Wandlungsgewinn von insgesamt 650 US-Dollar oder 65 Prozent in drei Jahren erzielt.

60 Seit 2009 nutzen zahlreiche Kreditinstitute als Lehre aus der Lehman-Pleite sowie dem Ratschlag diverser Ökonomen folgend CoCo-Bonds zur potenziellen Stabilisierung ihrer künftigen Solvenz. Im Falle einer Schieflage, deren Definition freilich nicht ganz unproblematisch ist, dürfen diese Papiere in Aktien umgewandelt werden. Dieser quasiautomatische Rettungsschirm stärkt bei Eintritt des auslösenden Ereignisses das Eigenkapital, reduziert die Verbindlichkeiten und schont infolge der eingesparten Zinszahlungen die Liquidität des betroffenen Emittenten.

61 Um dies bei US-amerikanischen Wertpapieren auch gewährleisten zu können, haben zahlreiche europäische Banken und Broker mit der US-Steuerbehörde Internal Revenue Service (IRS) entsprechende Verträge geschlossen. Damit verbunden sind rigide Vorschriften, was den Nachweis und die Offenlegung der Identität von nicht in den USA zur Einkommensteuer veranlagten Ertragsempfängern angeht. Zudem ist dieses Prozedere nur für Empfänger aus einem Land möglich, das, wie die Bundesrepublik Deutschland, mit den USA ein Doppelbesteuerungsabkommen geschlossen hat.

11. SCHIFFFAHRTSGESELLSCHAFTEN

62 Der Begriff »Schweinezyklus« stammt ursprünglich aus der Agrarwissenschaft und bezeichnet eine periodische Produktionsschwankung. Diese wurde wissenschaftlich erstmals 1927 auf dem Markt für Schweinefleisch erfasst. Mittlerweile ist der

Begriff auch in der Ökonomie für entsprechende Phänomene außerhalb der Landwirtschaft gebräuchlich.

63 Während die stetig wachsende Handelsflotte die Weltmeere besegelt, exportieren die niederländischen Bauern vor allem die Überschüsse der bis heute bedeutsamen Butter- und Käseproduktion, für die das Land nach wie vor international bekannt ist.

12. YIELDCOS

64 Der Begriff der erneuerbaren oder regenerativen Energien ist physikalisch falsch. Dem Energieerhaltungssatz folgend kann Energie weder verbraucht noch erneuert oder produziert, sondern lediglich umgewandelt werden, das heißt, deren Gesamtmenge bleibt stets gleich. Zudem ist einerseits die auf dem Prinzip der Kernfusion basierende Sonnenenergie auf die lange, aber eben nicht unendliche Lebensdauer des Gestirns beschränkt, andererseits erneuern sich auch die auf Kohlenstoffkreisläufen respektive Abbauprodukten abgestorbener Pflanzen und toter Lebewesen basierenden fossilen Brennstoffe langfristig wieder. Nichtsdestotrotz werden die gängigen Bezeichnungen aus Verständnisgründen auch in dieser Publikation durchgehend genutzt.

65 Die entsprechende Grundlage in Deutschland ist das Gesetz für den Ausbau erneuerbarer Energien, kurz das Erneuerbare-Energien-Gesetz (EEG).

66 Zudem ist und bleibt es vorerst fraglich, ob und wie lange bestimmte Technologien im Bereich der erneuerbaren Energien ohne Subventionen inklusive konventioneller Reservekapazitäten (aufgrund der mangelnden Grundlastfähigkeit von Wind- und Solarenergieanlagen) ökonomisch betrieben werden können. Hierbei ist allerdings zu berücksichtigen, dass auch die auf Basis fossiler Energieträger und Kernenergie betriebenen Anlagen beziehungsweise deren Eigentümer bis heute davon profitieren, dass Forschung und Entwicklung, Entsorgung und Folgekosten, Anschubfinanzierungen, Bürgschaften und Subventionen sowie jahrzehntelange Tarifregulierungen und Oligopolbildung preisverzerrend wirken.

13. SONSTIGE

67 Ein Beispiel soll dies illustrieren: Ein russisches Unternehmen wird an der Moskauer Heimatbörse zu 298 Rubeln gehandelt, was zum Wechselkurs vom 27. Oktober 2015 circa 4,60 US-Dollar entspricht. Angenommen, eine US-amerikanische Bank möchte zu diesem Zeitpunkt zehn Millionen Anteile des russischen Unternehmens als ADR im Verhältnis zehn zu eins in den USA notieren lassen, so beträgt der Emissionskurs eines Anteils zehn mal 4,60 also 46,00 US-Dollar. Insgesamt umfasst das Emissionsvolumen durch Bündelung von jeweils zehn Aktien eine Millionen ADRs.

68 Dies gilt zumindest bei den sogenannten »Sponsored«-ADR-Programmen. Es existiert auch eine »Unsponsored«-Variante, bei der die Initiative zur Auflegung und Emission eines ADR allein von einer Bank oder einem Großhändler ausgeht, die

dann natürlich die Kosten hierfür auf die Investoren umlegen (zum Beispiel über ein Agio). Diese Variante ist allerdings an vielen Börsen nicht zum Handel zugelassen und von daher kaum verbreitet.

14. AKTIEN

69 Das Halbeinkünfteverfahren wiederum wurde ab 2009 von der Abgeltungsteuer abgelöst.

70 Freilich entspricht das bilanzielle Eigenkapital keineswegs durchgängig der Börsenkapitalisierung eines Unternehmens. Analog zu börsennotierten Fonds kann eine Aktie bezogen auf das Eigenkapital der Gesellschaft mit Auf- oder Abschlag gehandelt werden (siehe Kapitel 16.2). Eine Kennzahl, die diese Relation erfasst, ist das Kurs-Buchwert-Verhältnis (KBV). Hierbei wird der Kurs einer Aktie ins Verhältnis zum anteiligen Buchwert gesetzt. Der sogenannte »faire Wert« oder »Fair Value« liegt bei eins, hierbei spiegelt die Marktkapitalisierung exakt das Eigenkapital wider. In diesem Zusammenhang kommt eine Studie der Boston Consulting Group zu dem Ergebnis, dass zwischen 1925 und 2012 der Börsenwert der 500 größten US-Konzerne zumindest im langfristigen Durchschnitt ziemlich genau dem jeweiligen fundamentalen Firmenwert entsprach. Letzterer wurde dabei mit dem Wert des Eigenkapitals respektive der Summe der künftigen Cashflows gleichgesetzt (vergleiche auch die Studie des Bogle Financial Markets Research Center, Anmerkung 10).

71 Mit Ausnahme von Google sind selbst die Ausschüttungen schon traditionell eher reserviert gegenüberstehenden US-Technologiefirmen, neben Microsoft und Apple beispielsweise Cisco und Dell, seit 2004 vermehrt dazu übergegangen, ihren Aktionären eine regelmäßige Dividende zu zahlen. Dieser Wandel dürfte freilich auch dem Umstand geschuldet sein, dass die hohen Barbestände aufgrund des sinkenden Zinsniveaus zunehmend keine lohnenden Investitionen beziehungsweise Anlagen mehr erlauben. Insofern könnte sich das aktuelle geldpolitische Umfeld letztlich als Dividendenfördermaßnahme erweisen und dazu geeignet sein, den spätestens in den 1980er-Jahren eingesetzten Niedergang der Dividendenkultur zu stoppen.

72 Fraglich ist indes, ob diese beeindruckende Konstanz friktionsfrei in die Zukunft fortgeschrieben werden kann. Ausgerechnet die zur Stützung strauchelnder Großbanken und maroder Staatshaushalte praktizierte Geldpolitik der EZB könnte sich als Sargnagel für das Geschäftsmodell der seit jeher konservativ aufgestellten Genossenschaftsinstitute in dieser Form erweisen. Der ganz überwiegende Teil ihrer Gewinne resultiert nämlich in Ermangelung eines nennenswerten Investmentbankings aus der Differenz zwischen Soll- und Habenzinsen, der sogenannten Zinsmarge oder Zinsspanne. Diese hat sich durch die EZB-induzierte Manipulation der (Leit-)Zinsen sukzessive verengt, da zumindest der Habenzins aufgrund der alternativ immer möglichen Bargeldhaltung nicht beliebig in den negativen Bereich abgesenkt werden kann.

15. ANLEIHEN

73 In Deutschland wird dies anhand der jährlichen Ausschüttungen aller DAX-Konzerne in Relation zu den entsprechenden Zinszahlungen auf die deutschen Staatsschulden deutlich. Letztere lagen seit Einführung des deutschen Leitindex im Jahr 1988 bis einschließlich 2013 per annum mindestens doppelt so hoch wie die Dividendensumme der 30 größten AGs. Für 2014 betrugen die Zinszahlungen der öffentlichen Haushalte aufgrund der massiven Verzerrung durch die EZB etwa 55 Milliarden Euro, mit 28,5 Milliarden Euro entfiel gut die Hälfte davon auf den Bund, während die im DAX vertretenen Unternehmen circa 30 Milliarden Euro ausschütteten. Die Summe machte über 90 Prozent der 33 Milliarden Euro aus, die alle börsennotierten Unternehmen Deutschlands insgesamt an Dividendenzahlungen leisteten. Weltweit wurde im gleichen Jahr zum ersten Mal über eine Billionen US-Dollar an Dividenden ausgeschüttet, weit weniger als die Hälfte der im selben Zeitraum fälligen Zinszahlungen auf die global knapp 60 Billionen US-Dollar Staatsschulden.

74 Der Nennwert darf analog zu Aktien nicht mit dem Kurswert verwechselt werden. Lediglich bei Fälligkeit erfolgt die Tilgung in der Regel durch Zahlung des Nennwerts. Zuvor kann der Kurs einer börsennotierten Anleihe schwanken, das heißt, der Kurswert kann höher oder niedriger ausfallen als ihr Nennwert. Letzterer ist wiederum allein für die laufenden Zinszahlungen maßgeblich, da sich der Kupon ausschließlich auf diesen bezieht.

75 Der Geldzins setzt sich dabei immer aus drei Komponenten zusammen, dem Inflationsausgleich, der Risikokompensation sowie der eigentlichen Liquiditätsprämie. Die Liquiditätsprämie reflektiert dabei den Umstand, dass durch die Kreditvergabe die zuvor liquiden Mittel bis zur Fälligkeit gebunden und nicht zu Konsum- oder Investitionszwecken verfügbar sind.

76 Einer solchen Skala kann die kumulierte Ausfallwahrscheinlichkeit einer Anleihe innerhalb eines bestimmten Zeitraums anhand des empirischen Datenbestandes der bewertenden Agentur zugeordnet werden. Diese beträgt bei S&P über fünf Jahre betrachtet bei einer Bonitätsnote von AAA, AA und A weit unter ein, bei BBB gut zwei, bei BB über 12, bei B knapp 32 und bei C schließlich über 54 Prozent.

77 Diese Unterscheidung spielt insbesondere bei institutionellen Investoren wie beispielsweise Pensionskassen oder Versicherungen eine wichtige Rolle, da diese oft per Gesetz oder durch ihre eigenen Statuten verpflichtet sind, nur Anleihen von Schuldnern zu kaufen, die über eine bestimmte Mindestbonität verfügen. Zudem legt das Rating in der Regel fest, ob eine Anleihe als zentralbankfähige Sicherheit eingesetzt werden kann oder nicht. Dies ist insofern von Bedeutung, als sich Banken ausschließlich über Zentralbankgeschäfte refinanzieren können, für die sie wiederum von der Zentralbank akzeptierte Vermögenswerte benötigen, zu denen vor allem Anleihen der Kategorie »Investment Grade« gehören.

78 Der älteste noch umlaufende Konsol wurde von Großbritannien im Jahr 1923 ausgegeben und seinerzeit mit einem Kupon von 2,5 Prozent ausgestattet.

79 Im Rang dahinter folgen noch die Darlehen gewährenden Gesellschafter sowie zu guter Letzt die Eigenkapitalgeber.

80 Dies muss bei festverzinslichen Wertpapieren so sein, da sich der Kupon stets auf den Nennwert bezieht und über die gesamte Laufzeit stets gleich bleibt. Weicht der Kurswert vom Nennwert ab, ändert sich folglich auch die Rendite. Sie steigt bei sinkendem und sinkt bei steigendem Anleihekurs. Neuemissionen orientieren sich dabei immer an der jeweils aktuellen Verzinsung vergleichbarer Altanleihen. Tendenziell, wenngleich nicht ganz so mechanisch, gilt dieser Zusammenhang auch für Aktien, Immobilien und prinzipiell alle Einkommen generierenden Vermögenswerte – Cashflow und Preis sind letztlich untrennbar aneinandergekoppelt. Aus diesem Grund ist der (Markt-)Zins die wichtigste ökonomische Schlüsselgröße schlechthin, da seine Veränderung alle Vermögenspreise maßgeblich beeinflusst.

81 Die Staatsverschuldung der USA notierte nach Ende des Zweiten Weltkrieges bei über 120 Prozent des BIP, die Großbritanniens gar bei knapp 250 Prozent der jährlichen Wirtschaftsleistung. Die anschließende Entschuldung via Finanzrepression erfolgte in der Baby-Boomer-Ära eines fast drei Jahrzehnte währenden Nachkriegsaufschwungs mit Wachstumsraten von 3 bis 4 Prozent pro Jahr. Die zudem schleichend ablaufende Entwertung des Geldvermögens wurde angesichts einer deutlich spürbaren Verbesserung der materiellen Lebensbedingungen – Eigenheime, Autos, Fernseher und Haushaltsgeräte wurden für eine breite Mittelschicht zugänglich – zumindest gefühlt mehr als aufgewogen. Die öffentlichen Haushalte profitierten angesichts dieser historisch kaum zu reproduzierenden Umstände gewissermaßen von einem Hans-im-Glück-Effekt.

82 Diese langfristige Entwicklung dürfte vor allem auf die erhebliche Steigerung der Lebenszeit zurückzuführen sein. Der Zins in Form der Liquiditätsprämie kompensiert schließlich die temporäre Verwendungsmöglichkeit des überlassenen Geldes zu Konsumzwecken, reflektiert also ein Zeitphänomen. Somit schlägt sich auch eine Verlängerung der für Konsumgelegenheiten zur Verfügung stehenden Zeit in einer sinkenden Liquiditätsprämie nieder.

83 Dass Wirtschaftswachstum und Wertpapierrenditen nicht positiv korreliert sind, macht Jeremy Siegel am Beispiel der Entwicklung von Brasilien und China zwischen 1992 und 2003 fest. Brasilien durchlebte eine politische und wirtschaftliche Krisenzeit mit Inflationsraten von bis zu 5000 Prozent pro Jahr und einem Rückgang der realen Produktion von insgesamt 6 Prozent, kämpfte mit steigenden Haushaltsdefiziten, einer Energiekrise sowie zahlreichen Bestechungsskandalen und einer allgemein verbreiteten Korruption. China verzeichnete derweil ein hohes Wachstum von über 9 Prozent pro Jahr, gleichzeitig erfolgte eine Verbreiterung und Vertiefung marktwirtschaftlicher Strukturen, gepaart mit zahlreichen Aktienemissionen und hohen Auslandsinvestitionen. Für Anleger kehrt sich dieses so gegensätzliche Bild jedoch exakt um: Die Aktienrenditen in China gehörten mit minus 10 Prozent pro Jahr in jener Phase zu den schlechtesten der Welt, in Brasilien hingegen mit über plus 15 Prozent per annum zu den besten. Diesen Zusammenhang konnte Siegel anhand empirischer Daten sowohl für insgesamt 25 (Schwellen-)Länder als auch für lange Zeiträume (ab 1900) ermitteln. Demnach geht hohes Wirtschaftswachstum tendenziell aufgrund regelmäßig überhöhter Erwartungen und Preise mit niedrigen Renditen einher und umgekehrt. Dieses von ihm als »Wachstumsfalle« bezeichnete Phänomen lässt sich auch auf Einzelaktien übertragen.

16. KAPITALANLAGEGESELLSCHAFTEN

84 Dass Buffett hierbei mit seiner Ausnahmestellung kokettiert, wird daraus ersichtlich, dass er, wie in Anmerkung 11 ausgeführt, Investoren im Allgemeinen und seinen Erben im Speziellen ausdrücklich eine auf breiter Diversifikation basierende Buy-and-Hold-Strategie empfiehlt. Angesichts der kultischen Verehrung seiner Person und seines Investmentstils sowie des publizistisch allzu oft damit einhergehenden Drangs, Unvergleichbares vergleichen und für die Allgemeinheit nutzbar machen zu wollen, muss hierbei fast schon selbst von einer Verzerrung, einem regelrechten Buffett-Bias ausgegangen werden.

85 Neben begünstigenden oder belastenden politischen und unternehmerischen Entwicklungen wirken natürlich auch schlichtweg zufällige und völlig unkalkulierbare Ereignisse auf Wertpapierkurse ein. So kann beispielsweise eine medial skandalisierte Aktie auf Talfahrt den Kurs völlig solider, aber namensähnlicher Unternehmen mit in die Tiefe reißen. Umgekehrt greift dieser Namensähnlichkeitseffekt natürlich auch bei boomenden Märkten, wie es zuletzt Ende der 1990er-Jahre bei zahlreichen Dotcom-Titeln zu beobachten war.

86 Die großen Finanzskandale in Deutschland ereigneten sich daher regelmäßig im undurchsichtigen Dunstkreis geschlossener Fonds sowie einzelner AGs, weniger bei Publikumsfonds.

87 Konkret muss ein Fonds für jeden US-Dollar aufgenommene Schulden im Minimum drei US-Dollar Vermögenswerte vorhalten beziehungsweise zwei US-Dollar für jeden US-Dollar Nennwert bei emittierten Preferred Shares, siehe Anmerkung 36. Ende 2012 nutzten etwa zwei Drittel aller US-amerikanischen Fonds Fremdmittel im Rahmen ihrer Anlagestrategie.

88 Die TER wird in Prozent pro Jahr bezogen auf das Fondsvermögen ausgedrückt.

89 Bei Anleihefonds betragen die indirekten Kosten im Schnitt 1 Prozent, bei Geldmarktfonds 0,5 Prozent pro Jahr.

90 Eine weitere, allerdings schwer erfassbare Kostenkomponente sind die sogenannten Markteinwirkungskosten einer KAG. Entscheidet sich diese, eine im Vergleich zum üblichen Handelsvolumen vergleichsweise große Anzahl eines Wertpapiers zu erwerben oder zu veräußern, wirkt die Order selbst kursbeeinflussend. Der ursprünglich avisierte Marktpreis ist dann meist nicht (mehr) zu erzielen, beim Kauf muss ein höherer, beim Verkauf ein niedrigerer Kurs hingenommen werden.

91 Bei einem direkten Börseninvestment entfallen zwar ein etwaiger Ausgabeaufschlag und Rücknahmeabschlag, dafür muss der Anleger allerdings die Geld-Brief-Spanne einpreisen. Diese ist bei börsengehandelten Wertpapieren, Devisen und Rohstoffen als Differenz zwischen Geld- (Kauf-) und Briefkurs (Verkaufskurs) definiert. Auf diese Handelsspanne, auch Spread genannt, die in illiquiden Märkten durchaus breiter als die höchsten gängigen Ausgabeaufschläge ausfallen kann, wird in diesem Abschnitt noch näher eingegangen. Der Spread kann von Wertpapier zu Wertpapier und von Börse zu Börse variieren und sich als Kostenfaktor unter Umständen bedeutsamer erweisen als die Gesamtkostenquote TER. Hier muss der Anleger also bei Vorlage mehrerer Alternativen gründlich abwägen. Grundsätzlich gilt: Je kürzer die Haltedauer, desto wichtiger der Spread.

92 Eine Ausnahme stellen Kapitalerhöhungen beziehungsweise DRIPs dar, siehe Anmerkung 45. Umgekehrt bieten Fonds wie auch Unternehmen bisweilen optionale Rücknahmevereinbarungen (»Repurchase Agreement« oder »Tender Offer«) über bestimmte Kontingente zu festgelegten Kursen an. Steuerrechtlich werden Ausschüttungen und Wiederanlagen im Rahmen eines DRIP als Ertragsgutschrift mit anschließendem Kauf, ausgeübte Rücknahmevereinbarungen als Verkauf mit gegebenenfalls zu versteuernden Kursgewinnen eingestuft.

93 Die Krux hierbei ist der Umstand, dass klassische Fonds typischerweise ohnehin in viele Wertpapieren investiert sind, welche auch in der jeweiligen Benchmark, in der Regel einem Index, enthalten sind, schließlich beinhaltet das Benchmarking als ersten Schritt die Auswahl eines geeigneten Vergleichsmaßstabes. Für einen aktiven Fonds, der gemäß seinen Anlagerichtlinien in deutsche Standardwerte investiert, wird aus diesem Grund hierfür unweigerlich der DAX herangezogen werden. Dies allerdings, so Charles D. Ellis, führt dazu, »dass die Fonds mit üblicherweise 80 oder mehr Prozent ihres Portfolios ›den Index umarmen‹ oder verkapptes Indexing betreiben. Damit bleiben nur 20 Prozent des Portfolios, die 100 Prozent der Gebühren erarbeiten müssen. Dass dies gelingt, ist eher unwahrscheinlich. [ ] Über 50 Jahre lang haben Investmentfonds insgesamt gesehen auf den S&P 500 kumuliert 180 Basispunkte pro Jahr verloren – mit einem Ertrag von 11,8 Prozent gegenüber 13,6 Prozent für die Benchmark. In den vergangenen zehn Jahren sind die Erträge von Indexfonds besser ausgefallen als die von über 80 Prozent aller US-Investmentfonds.« Burton Malkiel kommt aus diesem Grund auch zu dem Schluss, dass die beste Schätzung für die künftige Performance eines Investmentfonds im Verhältnis zu anderen Fonds derselben Anlagekategorie auf zwei Faktoren gestützt werden kann, den Portfolioumschlag sowie die (direkten und indirekten) Kosten.

94 Der Bekanntheitsgrad von ETFs ist, der bereits zitierten Mehrländerstudie folgend, siehe Anmerkung 47, in der deutschen Bevölkerung ähnlich rudimentär ausgeprägt wie derjenige von REITs. 86 Prozent der befragten Studienteilnehmer sind ETFs gänzlich unbekannt, lediglich 12 Prozent geben an, dieses Anlageinstrument zu kennen.

95 Von einem ETF zu unterscheiden ist die Exchange Traded Note (ETN) sowie die Exchange Traded Commodity (ETC). Der Kurs dieser beiden börsengehandelten Instrumente entwickelt sich abzüglich Gebühren identisch zum Wert des zugrunde liegenden Index, zum Beispiel bei ETNs auf Aktien und Währungen oder bei ETCs auf Rohstoffe. Im Gegensatz zu einem ETF, dessen Sondervermögen keinem Emittentenrisiko unterliegt, besteht sowohl bei ETNs als auch ETCs ein Kreditrisiko, da der Käufer in der Regel eine unbesicherte Inhaberschuldverschreibung mit langer Laufzeit erwirbt, also eine Gläubiger- und keine Eigentümerstellung innehat. Im Gegenzug sind beide Wertpapiere günstiger als ein vergleichbarer ETF, da sie direkt, also ohne den Erwerb entsprechender Indexkomponenten oder sonstiger Sicherheiten, von einer Bank emittiert werden können. Da der Emittent die Wertentwicklung selbst garantiert, fallen auch keine weiteren Kosten an, das heißt, nach Emission haben ETNs und ETCs (fast) keinen Tracking Error. Lediglich die minimale Verwaltungsgebühr schlägt hier zu Buche.

96 So kann beispielsweise auch ein ETF, der ein aus deutschen Bundesanleihen bestehendes Portfolio hält, mithilfe eines Swap-Partners einen chinesischen Aktienindex nachbilden. Hierzu muss der Swap-Partner lediglich jederzeit garantieren, für die Kursdifferenz zwischen dem Portfolio mit Bundesanleihen und dem chinesischem Aktienindex aufzukommen. Entwickelt sich der Index besser als das Portfolio, muss er den Fehlbetrag ausgleichen, entwickelt sich das Portfolio hingegen besser als der Index, kann er den Überschuss vereinnahmen.

97 Der Erwerb einer Kaufoption eröffnet dem Erwerber die Möglichkeit, einen relativ niedrigen Kapitaleinsatz mit hohem Hebel versehen zu können. Ohne Berücksichtigung der Handelsgebühren erzielt der Käufer immer dann einen Gewinn, wenn der aktuelle Kurs des Basiswerts abzüglich des Ausübungspreises größer ist als die Optionsprämie. Der Gewinn entwickelt sich dabei überproportional zu den Kurssteigerungen des Basiswerts. Das Gleiche gilt analog für Verkaufsoptionen, die von sinkenden Kursen des Basiswerts profitieren. Verbunden ist diese progressive Gewinnchance freilich mit dem gar nicht so unwahrscheinlichen Risiko eines Totalverlusts, sofern nämlich der Basiswert unterhalb (bei Verkaufsoptionen: oberhalb) des Ausübungspreises verharrt. In diesem Fall wird die Option spätestens am Ende der Laufzeit wertlos, zwischenzeitig kann sie zum jeweils aktuellen Kurs an der Börse gehandelt werden.

17. PRAKTISCHE UMSETZUNG

98 Die Vermögensanlage im Ausland ist grundsätzlich legal, die dort erzielten Erträge sind im Rahmen der steuerlichen Veranlagung in Deutschland anzugeben.

99 Ausschüttungen erfolgen in derjenigen Währung, in der das jeweilige Wertpapier notiert. So erfolgt beispielsweise die Dividendenzahlung US-amerikanischer Unternehmen grundsätzlich in US-Dollar. Verfügt ein entsprechender Anleger lediglich über ein Verrechnungskonto in Euro, schreibt die Depotbank den Betrag abzüglich einer Konvertierungsgebühr gut. Diese kann je nach Institut durchaus 1 Prozent und mehr der Gesamtsumme betragen. Besonders ärgerlich: Wird die Ausschüttung in über US-Dollar abzurechnende Wertpapiere wiederangelegt, fällt die Gebühr ein zweites Mal an.

100 Bei mehreren Konten in unterschiedlichen Währungen ist unbedingt zu prüfen, ob das jeweils zuständige Sicherungssystem nur Beträge in der Heimatwährung oder auch in Fremdwährungen berücksichtigt.

101 Verleiher sind in der Regel Banken, Fonds und Großaktionäre. Sie erhöhen durch den Verleih der von ihnen verwalteten Wertpapiere beziehungsweise die dafür in Rechnung gestellten Gebühren ihre (Portfolio-)Rendite. Mit der Zusatzrendite geht allerdings das Ausfallrisiko des Entleihers einher. Geht dieser während der Vertragslaufzeit pleite, muss der Verleiher sich in die Reihe der restlichen Gläubiger einreihen. Im Zusammenhang mit der Insolvenz von Lehman Brothers im Jahr 2008 wurde publik, dass andere Banken und KAGs nicht nur ihre eigenen Wertpapiere, sondern auch die ihrer Kunden an die Investmentbank verliehen hatten. Vor allem

in den Allgemeinen Geschäftsbedingungen (AGB) angelsächsischer Banken und Broker sind Klauseln durchaus üblich, die ein solches »Security Lending« erlauben.

102 Ein Anleger aus dem deutschsprachigen Raum mag nach erfolgter Recherche zu dem Schluss kommen, dass die so gewonnene Auswahl kaum heimische Wertpapiere umfasst. Dies ist zweifellos korrekt, da kontinentaleuropäische Titel innerhalb des hier infrage kommenden Spektrums deutlich unterrepräsentiert sind. Auf die Gründe hierfür wurde bereits zur Genüge eingegangen. Nun ist ein außereuropäischer Investitionsschwerpunkt hinsichtlich obigen Kapitalanlegers allerdings durchaus erstrebenswert. Zur Begründung: Eine effektive Risikodiversifikation sollte neben dem (Wertpapier-)Portfolio stets sämtliche Vermögenswerte eines Investors umfassen, zu denen auch künftige Arbeitseinkommen, Rentenansprüche sowie selbst genutzte und vermietete Immobilien gehören. Bereits der Gegenwert des (Lebens-)Arbeitseinkommens stellt altersabhängig in vielen Fällen den größten Vermögenswert dar, an den unweigerlich auch die gesetzliche wie betriebliche Altersvorsorge gekoppelt ist. Zudem befindet sich etwaiges Wohneigentum regelmäßig in geografischer Nähe zur Arbeitsstätte, was oft auch auf vermietete Objekte zutrifft. Aus Sicht des eingangs zitierten Anlegers ist damit bereits ein Großteil der Vermögenswerte örtlich stark konzentriert und der heimischen Jurisdiktion, Wirtschaftsentwicklung und Währungsordnung unterworfen, die hieraus erwachsenden Risiken also alles andere als diversifiziert. Die Investition in Wertpapiere trägt demnach kaum zur Risikostreuung bei, wenn diese denselben Parametern ausgesetzt werden. Dies gilt insbesondere dann, wenn die Anlage über Mitarbeiterbeteiligungs-Programme des Arbeitgebers erfolgt. Egal, wie vorteilhaft die Konditionen sein mögen, der Vermögensverlust bei Risikoeintritt steigt damit beträchtlich. Wird der Arbeitgeber insolvent, ist nicht nur das Arbeitseinkommen, sondern auch das gerade dann dringend benötigte Kapital perdu. Ferner ist gegebenenfalls auch der betriebliche Altersvorsorgeanspruch ausfallgefährdet. Handelt es sich zudem um ein bedeutendes Unternehmen in der Region, dürfte die Pleite aller Wahrscheinlichkeit nach allein durch den Kaufkraftverlust den lokalen Immobilienmarkt in Mitleidenschaft ziehen.

103 Professor Weber empfiehlt aufgrund empirischer Forschungsergebnisse einen möglichst handlungsarmen, auf kostengünstige ETFs gestützten Investmentansatz, der weltweit zu 60 Prozent in Aktien, zu 25 Prozent in Anleihen und zu 15 Prozent in Rohstoffe anlegt. In Kooperation mit der Fondsgesellschaft DWS hat er im Jahr 2008 mit dem Arero Weltfonds (FSE: DWS0R4, ISIN: LU0360863863) einen solchen ETF aufgelegt, der mittlerweile ein Volumen von über 300 Millionen Euro umfasst. Leider tätigt der Fonds keinerlei Ausschüttungen und ist daher für Einkommens-Investoren uninteressant.

104 Wird eine Order »billigst« oder »bestens« platziert, erfolgt die Ausführung ohne Einschränkungen zum nächsten handelbaren Kurs. Dieser kann durchaus beträchtlich von demjenigen zum Zeitpunkt der Orderfreigabe abweichen. Bei marktengen Titeln kann der Spread schon mal 10 Prozent und mehr ausmachen. Gerade bei Dividendenaktien verwässert ein hoher Aufschlag die erzielbare Dividendenrendite.

105 Beispielsweise könnte eine Aufteilung in jeweils einen Fonds mit Investitionsschwerpunkt auf BDCs, MLPs, Royalty Trusts, REITs, Income Trusts, Preferred Shares, Convertibles, YieldCos, Dividendenaktien, Infrastrukturunternehmen und Co-

vered-Call-Anlagen erfolgen. Die Zusammenstellung repräsentiert eine aktienlastige Variante, bei der keine Anleihen beziehungsweise Anleihefonds berücksichtigt wurden.

106 Ein hoher realisierter Kursverlust bei gleichzeitig vereinnahmten Ausschüttungen kann demnach bei Überschreitung des Sparerfreibetrages eine Steuerzahlung nach sich ziehen, obwohl in der Einkommensart unter dem Strich ein Verlust zu verzeichnen ist. Tatsächlich gibt es nur vereinzelte Möglichkeiten im Bereich der Kapitalerträge, einer steuerlichen Veranlagung zu entgehen. Eine davon ist die Investition in Offshore-MLPs.

107 Auch deutsche Fonds müssen, selbst wenn sie Erträge thesaurieren, also dem Fondsvermögen wieder zuschlagen und nicht an die Anleger ausschütten, auf Zinsen, Dividenden und Kursgewinne Abgeltungsteuer abführen. Im Gegenzug rechnen Fonds die gezahlte und anrechenbare ausländische Quellensteuer automatisch gegen. Die insgesamt durch den Fonds gezahlte Abgeltungsteuer kann sich der Anleger allerdings im Rahmen seiner Steuererklärung anrechnen oder, sofern der Sparerpauschbetrag nicht ausgeschöpft wurde, sogar erstatten lassen. Bei ausländischen Fonds müssen in Deutschland steuerpflichtige Investoren Angaben über periodische Erträge und Gewinne auf Basis des Jahresberichts oder der Steuerinformation des Fonds selbst in der Steuererklärung angeben. In diesem Fall kommen Anleger um die Abgabe einer Einkommensteuererklärung nicht herum.

108 Unabhängig vom Doppelbesteuerungsabkommen können jedoch im Rahmen der Steuererklärung maximal 25 Prozent ausländische Quellensteuer beziehungsweise der aktuelle Abgeltungsteuersatz auf den einzelnen Kapitalertrag angerechnet werden. Das heißt, die Ausschüttungen eines einzelnen Investments können in keinem Fall eine Steuererstattung im Inland nach sich ziehen.

109 Neben dem Doppelbesteuerungsabkommen enthält vor allem der sogenannte WM-Datenausweis Hinweise zur steuerlichen Behandlung von Wertpapieren. Die Datenausweise werden von der Firma WM Datenservice erstellt, die eine umfassende Finanzdatenbank mit Informationen zu allen global relevanten Finanzinstrumenten unterhält. Die Firma ist auch für die Vergabe der deutschen WKN sowie der ISIN deutscher Emittenten zuständig.

110 Eine Ausnahme ist die EU-Zinsrichtlinie, bei der in bestimmten Ländern, so zum Beispiel der Schweiz, auf Zinserträge von in der EU sesshaften Bürgern eine Steuer in Höhe von 35 Prozent erhoben wird. Diese wird als Vorauszahlung eingestuft und hat keine abgeltende Wirkung, zieht also die Abgabe einer Einkommensteuererklärung nach sich, in deren Rahmen auch der zu viel gezahlte Betrag erstattet wird.

111 Zunächst deshalb, da die Finanzverwaltung nicht nur Unternehmen, sondern auch Privatpersonen zur Auflage machen kann, quartalsweise angemessene Steuervorauszahlungen zu leisten. Dies ist regelmäßig dann der Fall, wenn der betroffenen Person relativ konstante, zum Zeitpunkt des Zuflusses nicht besteuerte Einkünfte wie solche aus selbstständiger Arbeit, Mieten oder eben Kapitalerträgen zufließen. Die exakte Berechnung der Steuerlast erfolgt dann regelmäßig im Folgejahr.

STICHWORTVERZEICHNIS